董晓萍 李国英 主编
"教育援青"人文学科基础建设系列

经典民俗学十二讲

董晓萍 著

商务印书馆
The Commercial Press

图书在版编目(CIP)数据

经典民俗学十二讲 / 董晓萍著. — 北京：商务印书馆，2022 (2024.6 重印)
ISBN 978-7-100-21108-6

Ⅰ.①经… Ⅱ.①董… Ⅲ.①民俗学—中国 Ⅳ.① K892

中国版本图书馆 CIP 数据核字（2022）第 077956 号

权利保留，侵权必究。

经典民俗学十二讲
董晓萍 著

商 务 印 书 馆 出 版
（北京王府井大街36号 邮政编码100710）
商 务 印 书 馆 发 行
北京盛通印刷股份有限公司印刷
ISBN 978-7-100-21108-6

2022年6月第1版	开本 880×1230 1/32
2024年6月北京第2次印刷	印张 11¼

定价：58.00元

教育部人文社会科学重点研究基地重大项目
"跨文化视野下的民俗文化研究"

青海省人民政府－北京师范大学高原科学与可持续发展研究院与
北京师范大学跨文化研究院"丝路跨文化研究"重大项目
（项目批准号：19JJD750003）
综合性研究成果

教育部人文社会科学重点研究基地
北京师范大学民俗典籍文字研究中心
青海省人民政府－北京师范大学高原科学与可持续发展研究院与
北京师范大学跨文化研究院"丝路跨文化研究"重大项目组
资 助 出 版

"教育援青"人文学科基础建设系列

编辑委员会

乐黛云 〔法〕汪德迈（Léon Vandermeersch） 王　宁　程正民
〔法〕金丝燕　陈越光　董晓萍　王邦维　王一川　王　宾
李　强　周　宪　宋永伦　李国英　李正荣　汪　明

总序 "教育援青"国家战略与人文学科基础建设

近年国家推进"教育援青"战略,加强中国特色社会主义高等教育体系建设,高度重视多民族共同发展的高等教育事业,这项举措意义重大。西部高等教育与国家发展战略的关系,从来没有像今天这样关系密切。跨文化学对外研究世界各国多元文化,对内研究本国多民族优秀文化,可以在"教育援青"中发挥特殊作用。北京师范大学是我国高等师范教育的最高学府,在这次"教育援青"中与青海师范大学携手,责无旁贷,编写人文学科基础建设用书是实际行动之一。近期建立的青海省人民政府-北京师范大学高原科学与可持续发展研究院与北京师范大学跨文化研究院合作从事"丝路跨文化研究"的重大项目,正是诸项落实措施中的一种。这项工作的目标,是要着眼高端、立足长远、繁荣西部文化生态,认真总结西部多民族跨文化协同发展的历史经验,重视从西部高校培养具备跨文化对话能力的新型人才,促进西部高校教育的内生型发展,具体有三:一是服务于党和国家的"十四五"规划大局,辅助青海高原可持续社会建设;二是开拓内地重点高校与西部高校对口支援学科建设的新基地,实现优势教育资源共享;三是纳入双赢机制,建设青海多民族凝聚力教育事业,满足西部高校师资队伍建设与人才培养的需求。

一、建立落实国家战略的"长效机制"

我国多民族千百年来和睦相处，建设中华文明，共同创造了极为宝贵的国家文化财富，这是我国的独特历史。在中国共产党的百年党史中，始终以人民利益为最高利益，促进各民族互相尊重与平等发展，这是中国共产党创造的先进经验。在高等教育方面，20世纪以来，自五四运动、战争年代，至和平建设时期，北京多所高校专家学者投入民族社会调查和全国各民族民间文学搜集运动中，与西部高校师生携手，为今天国家大力开展的非物质文化遗产保护工作打下了基础。新中国成立七十余年来，特别是改革开放后的四十余年中，我国经济社会迅速发展，多民族高等教育蒸蒸日上，取得了众所瞩目的成就。这引来西方霸权国家的恐慌，他们挑衅我国的主权，侵犯中华民族共同体的文化权利，引起我国和世界一切爱好和平的国家与人民的强烈不满。面对世界格局的变动，我们要头脑清醒，坚持中国的道路自信、理论自信、制度自信和文化自信，同时也要认识到"教育援青"国家战略不是短期行动，而是长期任务。

北京师范大学党委书记程建平教授在2021年3月发表《构建中西部教育"结伴成长"机制》一文，明确提出了"长效机制"

的理念。他总结高校党建工作的历史经验,从正在启动的高校"十四五"规划现实任务着手,指出"长效机制"应包括:第一,把西部高校建设当作国家重点高校自身建设的一部分,共建双赢;第二,选拔"学术水平要高、办学能力要强,而且还要肯干、投入"的优秀校长,派驻西部高校,带领当地领导班子携手创建共赢局面;第三,勤奋深耕,促进内外双循环发展,"深层次的帮扶,是要帮助西部高校实现由'外部输血'到'自我造血'的转变"。总体说,这项重要的国家任务要重视吸引社会公益力量,加强内地重点高校与西部高校联手建设的对内影响力和对外辐射力,"青海师范大学高原科学与可持续发展研究院与北京师范大学跨文化研究院正式签署战略协议,标志着双方的对口支援工作再结硕果"[①]。

"长效机制"理念的另一层深意,是建设中国特色社会主义高等教育体系中多民族凝聚力教育的长期稳定模式,高校学者对此也有长期的认同和社会实践的传承。20世纪一批留学归国的学术大师,包括清华大学的费孝通先生、北京大学的季羡林先生、北京师范大学的周廷儒先生和钟敬文先生等,都曾为西部留下宝贵的精神遗产。费孝通先生留英归来,是西部社会人类学调研和高校民族教育的早期开拓者。季羡林先生留德归来,曾发表专题文章《少数民族文学应纳入比较文学研究的轨道》,指出:"我们对国内

---

① 程建平:《构建中西部教育"结伴成长"机制》,《中国教育报》2021年3月15日第5版。另见毛学荣、史培军《西部高校如何走好高质量跨越发展路》,《中国教育报》2021年3月15日第5版。

少数民族文学,包括民间文学在内,虽然进行了一些研究,但是总起来看是非常不够的,而且也非常不平衡。"①周廷儒先生留美归来,是青海高原地理科学考察与研究的先驱,并培养了门下第一位博士,即现由北京师范大学派往青海师范大学的史培军校长。钟敬文先生留日归来,是我国民俗学高等教育的奠基人。他与费孝通、季羡林和周廷儒的看法相同,多年支持西部民间文学事业的发展,还曾亲自致力于西部高校民族民俗学人才的培养工作②。这些学术大师都是钟情于祖国西部的"海归",是广大后学景仰的名师楷模。现在他们的大学问需要转型,这就要求今人能够继承和发展。我国比较文学学科的创建人乐黛云先生、法国汉学家汪德迈先生、法国跨文化学领军人物金丝燕教授、我国传统语言文字学家王宁先生和李国英教授、现代公益文化学开拓者陈越光先生、印度学和东方学学者王邦维教授、俄罗斯文艺学学者程正民先生和李正荣教授、文艺学和艺术学学者王一川教授、跨文化民俗学学者董晓萍教授等,都为此做出了贡献。他们也都高度重视西部高等教育③。

---

① 季羡林:《比较文学与民间文学》,北京大学出版社1991年版,第333页。
② 参见董晓萍《钟敬文先生对新时期民俗学科的重大建树——兼谈〈北京师范大学学报〉与民俗学科的发展》,《北京师范大学学报》2012年第5期,第30—39页。
③ 参见曹昱源《青海师范大学与北京师范大学合作启动"青海高原丝路跨文化研究"重大项目》,乐黛云、〔法〕李比雄主编《跨文化对话》第44辑,商务印书馆2021年版,第260—261页。

二、跨文化学在文化内部多民族相处与对外文化交流两端发挥作用

在我国,跨文化学不可替代的功能是,对外研究人类命运共同体文化,对内研究中华民族凝聚力文化,在高校培养具备跨文化能力的新型人才,这对于在世界百年未有之大变局中,在"教育援青"国家战略的背景下,加强西部高等教育,是一种必要的助力。

此时特别要提到语言学、民俗学、民族学、历史学、东方学和社会学的贡献。五四以后,在我国传统国学中,从文史哲三门,发展出上述现代人文社会科学。在新中国时期,在社会主义新文化建设中,建成了相应的高等教育人才培养机制。自20世纪60年代人文思潮革命后,国际上出现跨文化历史学的研究倾向。我国在扩大改革开放和深化对外交流后,转向文明互鉴视野下的人文社会科学研究,再转向跨文化中国学教育[①],这是一个逐步发展的过程。

在这次实施"教育援青"的国家战略中,跨文化学的介入,可以对西部高等教育带来以下促进发展的新视点:

一是纳入多元文化交流机制,提升健康文化生态的建设水平,补充多民族凝聚力教育事业的新个案。在中华文明长期发展的过程中,中央与地方、上层与民间、汉族与兄弟民族、中国与外部世

---

① 参见董晓萍《文化主体性与跨文化》,《西北民族研究》2019年第2期,第66—69页。

界，彼此互动，形成了和而不同、和平共处的中国模式。这是一种中国模式，它在世界四大古老文明中独立呈现，并友好共享。今后还要在新的层面上建设，并将之综合运用到跨文化对话之中，以便更加有利于向世界提供中国经验。

二是纳入文化生态平衡机制，筑牢内地高校与西部高校对口支援的基础。文化生态资源的差异化，与国家教育事业多元统一的格局，在某种程度上说，这是一个矛盾统一体。但当今世界变局又说明，在捍卫国家文化主权的前提下，重新认识这个矛盾统一体，建立平等、尊重和优势共享的教育机制，是十分必要的。它有利于搞好世界治理、国家治理和社会治理。中国历经数千年而稳定发展的奥秘，就在于用心构筑和创新维护这个矛盾统一体。当然，世界发展到今天，我们还要补充建设跨文化知识体系，耐心观察和认真建设单一文化与多边文化的接触点与交流点，精准发力，营造新时代的优秀人文文化，用现代汉语说叫"对口"。具体到北京师范大学与青海师范大学的合力共建、扎实落地的一步，就要进行学科"对口"建设支援，这样才能掌握差异中的平衡点，打造共赢空间。

三是纳入未来价值机制，辅助青海可持续发展，提升服务于"十四五"规划的大局意识。内地高校与西部高校虽不乏差异，但双方也长期拥有共享价值，即中华民族共同体价值观。中国儒家文化最早揭示了人际关系中的价值文化，而这种古老的关系价值还要依靠充分吸收我国多民族跨文化相处的历史智慧和现代经验,并提炼新思想,才能构建未来价值观。

在高等教育方面,跨文化学教育的特点,就是强调跨文化中国学教育,高度重视我国多民族文化资源、教育经验及其社会功能。当代内地高校与西部高校的共建活动,已不再是少数精英的单边意愿和单向的教学输出活动,而是多边行动。跨文化中国学教育要通人脉、爱和平,教育各民族新一代大学生和研究生,在现代社会中掌握跨文化学的理论与方法,做到文化间的互相欣赏、忍耐差异、宽容彼此和尊重他者,成为新型国际化人才。今日求学,明天放飞。

三、西部高校"人文学科基础建设系列"著作的特征

自2018年起,随着"教育援青"工作的推进,在青海师范大学方面,已将青海地区的社会发展、多民族高等师范教育与"两弹一星"精神教育三位一体进行建设。2021年以来,青海师范大学高原科学与可持续发展研究院与北京师范大学跨文化研究院携手合作,共同从事"丝路跨文化研究"重大项目。在该项目的教学科研成果中,专门设立"人文学科基础建设系列",拟于2021年年内完成,交由商务印书馆出版,于2022年春季和秋季学期投入使用。

"人文学科基础建设系列"的定位是,促进建设中华民族共同体格局下的跨文化中国学教育事业。

这套"人文学科基础建设系列"的理念是,服务于"长效机制"

的基础学科建设，而不是编制短期支教的培训班方案。作者都是人文科学领域有代表性的学者、教授和博士生导师，具有几十年指导本科生和研究生的经验。他们以无私奉献的情怀投入这项工作，针对西部高校学科建设的实际需求，提供跨文化中国学的教育成果，同时输入国际前沿学术信息，做到高端教育与对口帮扶相结合，专业需求与交叉研究相结合，以及内地高校优势教育资源与青海多民族特色资源保护吸收相结合，人人争取在"教育援青"中多出一份力。

"人文学科基础建设系列"的适用学科，包括汉语言文字学、民俗学、民间文学、民族学、文艺理论、古代文学、现代文学、中印比较佛学、东方学、比较文学与世界文学，以及其他相邻学科和注意吸收人文学科研究成果的自然科学学科。

"人文学科基础建设系列"的使用范围，适合高校的基础课、专业课和选修课使用，也为西部高校利用这套教学用书再去培养下一代人才做好准备。

"人文学科基础建设系列"的撰写和出版，得到北京师范大学和青海师范大学领导的大力支持，商务印书馆学术编辑中心做了大量实际工作，北京师范大学-青海师范大学高原科学与可持续发展研究院、北京师范大学跨文化研究院给予充分重视，在此一并郑重致谢！

董晓萍　李国英

2021年6月25日

目 录

绪论：经典民俗学 …………………………………………… 1
第一讲　民、民俗与民众知识 ……………………………… 26
第二讲　粮食民俗 …………………………………………… 70
第三讲　土地民俗 …………………………………………… 93
第四讲　水利民俗 …………………………………………… 112
第五讲　建筑民俗 …………………………………………… 168
第六讲　传统工艺民俗 ……………………………………… 206
第七讲　民俗艺术 …………………………………………… 223
第八讲　手机民俗 …………………………………………… 245
第九讲　民俗非遗 …………………………………………… 267
第十讲　社会民俗 …………………………………………… 286
第十一讲　中国民俗学史 …………………………………… 301
第十二讲　所谓印欧文化圈 ………………………………… 332

后　记 ………………………………………………………… 342

绪论：经典民俗学

经典民俗学（Classical Folkloristics）是对20世纪内获得国际公认学术成就、对从一元到多元民俗学的理论建设和学科建设产生过推动作用，拥有重大社会影响的民俗学者、精品著作和民俗学派的总称。

经典民俗学建立于21世纪初。它总结20世纪民俗学走过的道路，评价20世纪民俗学的科学研究和学科建设的历程，重读原典和田野作业笔记，寻检前人已经提出却长期被忽略的原创观点、研究方法与具体问题，反思民俗学从故事类型法的形式主义研究出发，从以本土民俗学研究为主，转向多元民俗学建设的历程，肯定前人的历史贡献并继续和发展，也指出其在不同社会历史条件下所形成的不足。经典民俗学的收获是对民俗学与民众叙事知识共为双主体的学科特征的共识，促进回归民俗学本体论的本质研究，阐释经典民俗学的未来传承价值，强调民俗学投入人类共同体文化建设的重大意义。

获得20世纪公认的国际学术声誉、并可列入经典民俗学范畴的代表人物与学派主要有：以科隆父子（Julius Krohn & Kaarle Krohn）和劳里·航柯（Lauri Honko）为代表的芬兰学派，以赫德尔（Johann Gottfried von Herder）、格林兄弟（Brother Grimm）和鲍辛格（Hermann Bausinger）为代表的德国学派，以史禄国（Y. M. Sokolov）、普罗普（Vladimir Propp）、巴赫金（M. Bakhtin）、李福清（Riftin，Boris Lyvovich）和梅列金斯基（Eleasar Meletinsky）为代表的俄罗斯学派[1]，以帕里（Milman Parry）和洛德（Albert Bates Lord）、阿兰·邓迪斯（Alan Dundes）和鲍曼（Richard Bauman）为代表的美国学派，以柳田国男为代表的日本学派，以钟敬文为代表的中国民俗学派，等等。他们在一元与多元复杂交织的环境中诞生，具有崇高的科学精神、热爱民众的温暖胸怀和独立开创的学术领域，根植本土，也与国际对话，取得巨大成就。

经典民俗学的性质是一种断代学术史。在20世纪的百年中，它从欧洲中心论起步，在单边文化研究中立足，有成绩，也有坎坷，还产生了很多问题。20世纪80年代以后，它转向多元文化研究，最终形成带有学术史框架的学者研究与民众叙事知识体系交汇的综合体。20世纪产生了人文社会科学门类下的诸学科，各学科都会或多或少地涉及他文化研究，唯有经典民俗学是自我与他反观、他理解和他逻辑的共生学科，因而成为最直面多元文化研究的人文学科。它用长达一个世纪的时间，探索一元与多元文化研究中的对立、差异、对话与跨文化的全程记录，留下了这方面最基础和最丰富的原典著作，积累了描述、分析和翻译民众叙事知识系统的各类出版物。

经典民俗学著作的阅读分类，可分为国际的和国别的两类。

---

[1] 作者的这部分撰写和资料查阅感谢以下欧洲教授的帮助：芬兰赫尔辛基大学教授劳特·塔尔卡（Lotte Tarkka）、芬兰科学院教授傅罗格（Frog）、爱沙尼亚塔尔图大学教授于鲁·瓦尔克（Ülo Valk）、俄罗斯圣彼得堡大学教授尤里·别列兹金（Yuri Berezkin）、法国阿尔多瓦大学金丝燕教授、法国国家图书馆助理馆员罗曼（Romain Lifebver）博士和爱沙尼亚塔尔图大学爱沙尼亚语与比较民俗学系莉丽阿（Liilia）女士。

比较而言,西方民俗学界的出版物较多,包括国际的与国别的两种。亚洲国家的国别民俗学著作相对较少,地处"印欧文化圈"的印度与欧洲民俗学运动关系甚密,但在国别民俗学著作上自愧弗如。中国民俗学属于中国历史文明的独立系统,中印毗邻,但不在"印欧文化圈"内。中西民俗学之间存在文化传统和社会历史的巨大差异,也不能轻易做比较,所以中国的经典民俗学还要自己总结。

中国是文化大国兼民俗大国,保持了罕见的文化连续性。20世纪的中国经典民俗学矿藏巨大,出版物很多,其中,钟敬文主编的《民间文学概论》和《民俗学概论》大体勾勒了中国经典民俗学的纲要,当然还有其他很多著作可藏可读。这些经典民俗学著作以本土民俗学研究为主,外国为辅,但近年已引进跨文化学以图拓展,而兼容并蓄的中国能力,中国人久已有之。

一、国际范围内经典民俗学的五个发现

无论国际与国别,经典民俗学的独立地位都与五个发现有关,对此中外民俗学者都有贡献。这些发现的背景与过程,正是民俗研究与民众叙事知识系统搜集资料与文化分析的变迁与对接的历史。

(一)发现不对称分类

1954年至1962年间发生了民俗学、人类学与民族志学的革

命,这场革命始于一个惊人的发现,就是美国学者康克林(H. C. Conklin)在菲律宾的哈努诺人中间,发现了民众知识的新分类,它由哈努诺人的颜色命名、神话、仪式和日常习俗组成另外的叙事系统,不曾为外界所知。它由康克林打开窗口,使人文学者的研究由此实现跨越。

康克林曾到菲律宾哈努诺族人的聚居区进行田野调查,接触到当地民族的色彩叙事。他发现,在当地人对植物的命名和使用上,竟然存在着某种内在文化的秩序。一个世纪之前,达尔文从动物身上发现了内在秩序,一举成名。康克林这次发现的是植物,以及人与植物的关系。1954年,他以《哈努诺族文化与植物界的关系》为题,完成了耶鲁大学的博士学位论文。1955年,他的论文《哈努诺族的色彩分类》发表于《西南人类学杂志》第11卷第4期。1958年,《哈努诺人咀嚼槟榔的习俗》发表于《第四届远东史前史大会会议文集》,在《目录》第56号。他告诉人们,菲律宾的哈努诺族有150种植物分类,1800个塔萨克,其中有1300个在现代植物学的分类中,还有500个不在分类中。这多出来的数字与现代植物学的科学分类数字是不对称的,但在当地土著哈努诺族的宇宙观和神话思维中是对称的。在统一标准的科学分类与多样化的民俗分类之间存在差异。康克林所发现的,正是民族志之中的民俗不对称分类规则。

人类文化中存在很多不对称分类现象,但以往学者都热衷于研究对称现象,以致自然科学的对称分类法似乎显得万用万灵。不对称现象无法纳入自然科学的分类,就被视而不见。然而,学者只要走进民俗,就会发现多样化的不对称规则。仅以民俗学专业师生耳熟能详的故事类型举例,将芬兰学派的世界故事类型与中国故事类型相比,就能发现很多不对称分类,比如AT1361洪水神话①，在AT中是1361号，只有这一个编号，再看中国的洪水故事，艾伯华（Wolfram Eberhard）就找出18个不对称分类②。丁乃通（Nai-tung Ting）是追随欧洲分类的，也找到2个不对称分类③。比他们更早，俄罗斯民俗学者普罗普不满足于芬兰学派的世界统一故事分类，建立了俄罗斯自己分类的故事形态学，他还成功地处理了不对称分类的"异文"，独创了拆功能法，从不对称现象的表层深入挖掘，发现了功能项的组合规则，首次对民众知识的他逻辑进行了解释。普罗普的发明先于康克林30年，但还不是从植物上发现的。康克林找到的是植物。

我们从康克林的著作中看到，哈努诺族人对植物分类的表述采用叙事法，由神话、故事和仪式构成。这些表述都不属于科学生物学的性状分类，而是对植物特点进行具象化的描述，但并不妨碍哈努诺族植物叙事有自己的严密系统。哈努诺族人讲神话，说故事，不被自然科学系统所承认，但这丝毫不影响他们因循自己的社会模式和生活方式。他们不需要外来科学家的教导，他们传承祖先留下来的民间叙事知识，接受这类叙事的权威性，接受叙事所告知的民俗文化意义。列维-斯特劳斯（Claude Lévi-Strauss）后来撰写《野性的思维》就受到康克林的启发④。

---

① Antti Aarne, *The Types of the Folktale*, translated and enlarged by Stish Thompson, Helsinki: Suomalainen Tiedeakatemia, 1987, p. 405.
② 参见〔德〕艾伯华《中国民间故事类型》，王燕生、周祖生译，商务印书馆1999年版，第523页。
③ 参见〔美〕丁乃通《中国民间故事类型索引》，郑建成等译，中国民间文艺出版社1986年版，第243—244页。
④ 参见〔法〕列维-斯特劳斯《野性的思维》，李幼蒸译，商务印书馆1987年版，第13—14页。

康克林的发现提出了新问题:即学者怎样才能描写民众知识?这种知识的性质,是当地人的现实,还是学者构想出来的貌似相同的现实?对用哲学头脑操作出来的概念革命与民众生活经验中使用的认知叙事,学者加以区别了吗?

民俗学者对民众不对称分类知识的研究结果,强调两点:一是描写民众知识时,不要忘记现实在模式中。至于传统,它是动态变化的模式。学者要寻找的不是它的表象,而是它的表象与语境互文而生的双喻含义。二是学者的研究目标,是接近双喻含义,再将其提取出来,提升为学术问题。如果找不到双喻含义,学者就等于描写具有相同阶段、相同秩序、相同行为和相同解释的想象的知识系统,就等于掉入了进化论的陷阱。

(二)发现不等价结构

法国学者列维-斯特劳斯发现了不等价思维结构,即文化解释与社会模式有差延,在以往的学者思维中,两者有不同的价值;但在民众知识体系中,两者价值不等而共存。他采用了康克林的研究意见,指出不对称分类可以提升为更普遍的研究方法。但他的视野也不局限于康克林的意见。他还使用了涂尔干(Émile Durkheim)的学说,但不赞成涂尔干单纯关注社会与个人的关系论。他更倾向于莫斯(Marcel Mauss),在社会与个人之间增加对心理、风俗和神话因素的考量,为此他提出社会、历史、神话、思维四结构。

在列维-斯特劳斯的讨论中,神话是直接叙事结构的文本。由于神话的存在,在四结构表述中,文化与社会可以做同步等价解释的,含有社会结构和部分历史结构;文化与社会不同步和不等价存在的,含有神话结构、思维结构和部分文化结构。[①]而不等价共存,正是民众知识系统的重要功能。民众通过这种功能,维系文化与社会的两种关系。民众知识游刃于不等价结构中,发挥多样化的价值。

在列维-斯特劳斯之后,还有一批西方学者出版了类似的著作,其中以克利福德·格尔茨(Clifford Geertz)的《文化的阐释》最为轰动一时。这一派的基础是语言学,又吸收了经济学、历史学、政治学和精神分析学,用于分析民众知识结构中的他理解和他逻辑。他们还强调,学者的研究,就是学者与民众双方都处在寻找双喻意义的过程中。

(三)发现不等厚叙事

1960年代至1970年代,美国学者匹克(K. Pike)、克利福德·格尔茨和斯高特(James C. Scott)等,通过对美洲、亚洲和

---

① 参见〔法〕列维-斯特劳斯《结构人类学》,谢维扬、俞宣孟译,译林出版社1995年版;《野性的思维》,李幼蒸译,商务印书馆1987年版。

非洲民族志的研究,发现了不等厚叙事规则①,提出薄知识(thin Knowledge)和厚知识(thick Knowledge)的概念。

这个发现起源于美国语言学家匹克在1960年代自创的etic和emic两个术语。其中的etic,来自语言学的术语phonetic,原意是"语音",指从外部描写语言发音的物理性特征。它是人类发声器官所能发出的任何可分辨的声音单位,并不受语言环境的限制,是普遍存在的现象。emic,来自语言学的术语phonemic,原意是"语义",指具体语言所能区分意义的声音单位,它受特定语言环境和音位的限制。由于这两个术语的概括力强,在其他人文社会科学的研究中也能使用,有方法上的通用性,所以后来被很多学科挪用。什么是薄知识?它从语音演化而来,属于静态的、稳定的物理性知识。什么是厚知识?它从语义演化而来,属于动态的、变化的社会性知识。斯高特在他的研究中最早使用薄知识和厚知识的概念。他认为,农民由于相对闭塞的环境、独立的个体劳动、地方的社区利益与口头文化的传统所致,会产生"脱离统治制度的正统规范的控制"的倾向。他们接受大传统的政治和宗教信仰有局限性。当正统意识广泛传播,并"被注入民众意识中去"时,在农民中间,不可避免地要遇到"滑动"或者"调整"。在一些不发达国家和地

---

① K. Pike, *Language in Relation to a Unified Theory of the Structure of Human Behavior, 1966*.转引自王海龙、何勇《文化人类学历史导引》,学林出版社1992年版,第372页。另见〔日〕绫部恒雄《文化人类学的十五种理论》,中国社科院日本研究所社会文化室译,国际文化出版公司1988年版,第146页。此书又将"匹克"译成"派克"。关于etic和emic,中文译法不同,有"客位"和"主位"、"他观"和"自观"、"外部描述法"和"内部描述法"等几组对译词,但所指英文原意是一样的。〔美〕克利福德·格尔茨:《文化的阐释》,韩莉译,译林出版社1999年版。James C. Scott, *The Moral Economy of the Peasant: Rebellion and Subsistence in Southeast Asia*. New Haven, Yale University Press, 1976.

区,农民的传统文化不仅区别于上层阶级的绅士文化,而且还含有对上层绅士文化的憎恶成分。农民文化总是在"亵渎"或"象征性"地批评绅士阶级的价值观与信仰①,这样就会产生大量的厚知识。斯高特认为,农民决定如何使用薄知识和厚知识叙事,对专制价值体系进行抵制,或者反抗,或者无奈服从。学者使用薄知识和厚知识的概念,有助于考察农民与统治阶级的价值观和思想体系的联系,将无奈顺从与承认合理性而接受的两者区别开来。很多下层阶级的成员,如果认为公开反抗过于冒险,不如违心地顺从,就会使用薄知识。这不意味着他们真正接受了统治阶级的价值观和思想体系②。我们从斯高特的研究中可以看到,民众知识叙事系统的薄知识和厚知识的性质,正是民众精神世界的他理解和他逻辑的体现。

(四)发现不同步社会

20世纪后期,民俗学和人类学者发现了民俗知识与社会事实的反向叙事规律,与此同时,本土民俗学被带入国际民俗学中,而不是国际民俗学被带入本土民俗学中,跨文化学的研究导向应运而生。学者通过跨文化视野下的民俗研究发现,人类社会模式的文化多样性在史前时期和前现代化时期就已经发生了,但以往学

---

① James C. Scott, "Hegemony and Peasantry", in *Politics and Society* 7, 1977, pp. 275, 277.
② James C. Scott, *Weapons of the Weak: Everyday Forms of Peasant Resisitance*, New Haven, Yale University Press, 1985, pp. 314-350.

者带着单一文化的有色眼镜去看待,将父系社会和父权制的概念视为人类文明进步的形态,将母系社会当作神话叙事、无稽之谈,将早期社会的多样化现象误解为"落后的"或"非先进文明的"对象不予研究。

开展跨文化学与民俗学的交叉研究,要求学者使用多元文化观分析多样化的社会模式,对原先排斥在外的资料重新进行考察,结果看到,史前时期存在过母系社会,而且还有较为广泛的世界分布,其文化形态充满了多样性。在母系社会与其他非父系社会中,民众知识叙事系统十分丰富,很多叙事延续至今。

发现不同步社会给学者换了头脑,它提醒学者,不能对多元社会史和多元文化现象进行简单化处理。从跨文化研究的视角出发,补充民俗学的方法,促使学者按照已发现的差异性社会文化现象,重新提出问题,做出适当的解释。这种多元化的研究方法也被称为跨文化的平行观察法,近年已在北欧国家铺开。通过这些探索,学者对史前社会、中世纪和前现代化社会中的民众知识,提出了更为精细的解释。

(五)发现民俗诸科学

中国是个多民族多地区国家,在国家内部保留了文化多样性。钟敬文根据中国实际提出,中国民俗学属于"民俗诸科学"[①]。它的

---

① 钟敬文:《自序》,《钟敬文文集·民俗学卷》,安徽教育出版社1999年版,第1页。

含义是，中国民俗学中的学者研究与民众知识系统的关联自成体系、结构庞大、分支众多，属于一门独立的系统科学。它的地位应与自然科学系统和人文社会科学系统一样，是民俗科学系统。钟敬文的这个发现有别于以上各种发现，具有综合性和总体性，它由20世纪中国经典民俗学形成过程中的四种倾向逐步合成，即新国学倾向、文化史倾向、社会史倾向和国际化倾向。

1. 新国学倾向

新国学倾向出现于"五四"时期，它的做法是批评传统国学中轻视民俗民间文学的弊病，继承传统国学的民本思想和国风精神，建设新国学。

传统国学是中国文化研究的整体性学问，其中包括本土民俗民间文学观念的基础成分。传统国学与民俗学从来就不是对立的。"五四"先驱们批评传统国学中的"不合时宜的陋见"[1]，提取其优秀遗产，用民俗学的现代人文理论与方法进行研究。

新国学倾向在"五四"以后的延安时期和新中国成立初期的发展中，要正确处理新问题，包括社会主义意识形态化、民族形式[2]、保持多民族特色等。其中，对"有价值有意义的民间口头作品，再来一番创造，使它具有新的意义和作用"[3]，有的可以原封不动，"只要从人民的口头忠实地把它记录下来，就能够发挥新的作

---

[1] 钟敬文：《民间文艺学的建设》，《钟敬文民间文学论集》（下），上海文艺出版社1985年版，第1页。
[2] 钟敬文：《口头文学：一宗重大的民族文化财产》，《民间文艺学及其历史》，山东教育出版社1998年版，第65页。
[3] 同上书，第66页。

用"①。凡属"人类真正有益的东西,它的作用远比我们能够想象的更为深大","在时间的考验上,也不容易成为一种文化的化石。它是一道不枯竭的流泉。如果一个民族或全人类有一种值得长久保留,并且能长久发挥教养作用的文化财产,那么,从口头记录下来的有价值的民众创作,至少要在那中间占一个位置"②。民俗诸科学虽然体系庞大,但新国学的研究始终是基石。

2. 文化史倾向

中国是文化大国兼民俗大国,学术研究中的文化史倾向突出,民俗学也不例外,钟敬文提出以下观点。

民俗是国别特质文化,"当我们开始接触一个民族时,她的人民的生活中所流行的风俗、习尚,是最容易引起我们的观感的。它的色彩跟我们自己民族的差距越大,它所引发起来的观感也就越强烈。民族的风俗、习尚,可以说是每个民族存在的一种标志"③。

民俗有人类文化史价值。对于现实社会而言,民俗有现实价值;对于后世社会而言,民俗有文化史的价值。它的形式是稳定的符号,它的意义是动态的文化。民俗诸科学分支众多,但有文化才有未来。

3. 社会史倾向

通过民俗观察社会人口的"兴、观、群、怨",辅助社会治理的

---

① 钟敬文:《口头文学:一宗重大的民族文化财产》,《民间文艺学及其历史》,山东教育出版社1998年版,第66—67页。
② 同上书,第67—68页。
③ 钟敬文:《钟敬文文集·民俗学卷》,第447页。

做法，在中国古已有之。"五四"时期受到当时西方先进学说的影响，民俗与民间文学被用来解释被侵略被压迫民族的实体文本，民俗学者从中看到社会史的整体问题，发现国家的未来。钟敬文在1930年年初的一篇文章中说：

> 记得刚刚逝世的梁任公先生，曾经说过这样的几句话："我国幅员广漠，种族复杂。数千年前的社会组织，与现代号称最进步的组织，同时并存。试到各省区的穷乡僻壤，更进一步到苗子番子居住的地方，再拿二十四史里头蛮夷传所记的风俗来参证，我们可以看见现代社会学者许多想象的事项，或者证实。"

> 真的，这话一点没有说错。我对朋友谈起天来，也常常道："我们所处的这个庞大而古老的中国，当前所有一切的文物，在'现代的'这个意义上，是显然地表明出它拙劣、腐烂、落后了。但我们如果换一副眼光去看，这就是说暂时丢开了恳挚地希望着祖国的复兴的热忱，而以纯客观的科学者研究的态度临视着它，那末，我们不但不至于感伤失望，却反要忍不住踊跃三百呢！"[1]

民俗诸科学虽然具备多功能，但在参与社会改革的实践上，没有几个人文学科能够替代它。在20世纪前半期，它成为争取国家解放和民族独立的工具。

---

[1] 钟敬文：《钟敬文文集·民俗学卷》，第524页。

4. 国际化倾向

民俗诸科学观导向一种值得关注的研究，即中国民俗学派及其一国多民族民俗学的学说。

钟敬文提出一国多民族民俗学研究，主要侧重本土民俗研究，但也以开放的眼光，对外吸收芬兰、日本、德国、法国、俄罗斯和美国民俗学的成分，为我所用。1999年，钟敬文出版《建立中国民俗学派》一书，阐述了中国民俗学这种学术性格。

20世纪末，在中国现代化的进程中，全球化全面袭来，钟敬文进一步分析外来学说的优长或不足，吸收有利因素，丰富中国民俗学的理论与方法。在20世纪晚期，他连续撰写三篇评介外国学者研究中国民俗学著作的论文，提倡多元化的研究。

他在第一篇论文《一位外国学者对中国民俗学的贡献》中，介绍美国民俗学者詹姆森（Raymond D. Jameson）的《中国民俗学三讲》。他说："那些金头发、蓝眼睛的传教人士、外交人员、学校教师以及新闻记者、商人、医生，接踵而来（后期，除了西洋人，来华经商、教书、考察的还有东洋人）。……有的是不怀好意，……也有的心地比较善良，对我们的传统文化感到兴趣，从而对它进行认真研究的。……往往获得优异的成绩，即使在时间经过相当距离之后，还值得我们加以研读，乃至于赞赏。"①钟敬文对詹姆森研究的中国的三个故事类型——灰姑娘、狐妻和狸猫换太子，从资料和方法上，给予充分肯定。他查阅了他的日本老师松村武雄的《中国

---

① 钟敬文：《一位外国学者对中国民俗学的贡献——詹姆森教授〈中国民俗学三讲〉中译本序》，《北京师范大学学报（人文社会科学版）》1995年第6期。

神话传说集》,书中列举了戴尼斯的《中国民俗学》,却没有提到詹姆森和这本书,这并不能改变他的看法,他把自己在北京内城旧书肆里淘得此书当作一次快乐的奇遇。

他在第二篇论文《中国民众思想史研究的新收获》中,推介美国汉学家欧达伟(R. David Arkush)的《中国民众思想史论》,强调中华民族拥有多元统一的主体文化。他肯定美国学者根据中国实际材料进行探索,使其研究达到更高的层次,"起到那些皇皇专著未必能企及的作用"[1]。

他在第三篇论文《中国民间文化研究的珍贵成果》中介绍日本同行伊藤清司的《中国大陆古文化与日本》。钟敬文留学日本,年轻时曾与日本民俗学界的巨擘松本信广开展对话[2],晚年推介松本信广教授的弟子伊藤清司的著作。[3]

钟敬文在晚年注重从古今中外"方方面面"考察民俗学的成果。他说:"全球化也好,现代化也好,不是把我们自己给'化'掉,而是应该根据我们的需要,去吸收人类文化中的先进的东西,来壮大我们自己。""中国这个古国,民俗资料是十分丰富的,其中既有为中国所特有的,也有为世界人民所共有的。研究这种文化现象,不仅是中国学者的责任与权利,同时也是各国汉学家的责任与权

---

[1] 〔美〕欧达伟:《中国民众思想史论——20世纪初~1949年华北地区的民间文献及其思想观念研究》,董晓萍译,中央民族大学出版社1995年版,第4页。
[2] 参见钟敬文《老獭稚型传说的发生地——三个分布于朝鲜、越南及中国的同型传说的发生地域试断》,《钟敬文民间文学论集》(下),上海文艺出版社1985年版,第130页。
[3] 参见钟敬文《中国民间文化研究的珍贵成果》,《钟敬文文集·民俗学卷》,第394页。

利。近年来这方面的学界情形有力地证明了这一点。"①

钟敬文是中国经典民俗学的创建者,他提出建设民俗诸科学的意义有以下五点:(1)提出一国多元民俗学研究理论;(2)呼吁建设连续性与继承性统一的民俗文化,在此基础上,保护利用人类文化遗产与非物质文化遗产;(3)提倡增强文化理解力,理解差异文化的价值;(4)民俗是各国生存意识最强的文化,为此人类需要建设更具备人文精神的民俗学去研究它;(5)提出跨文化研究的可能性。20世纪是人类历史上变化最大的世纪,由于战争、社会、经济、生态等种种原因,人类在文化上得之也多、失之也巨。持整体性的眼光治理现代社会"病",发展民俗诸科学,有可观的学术前景。

二、国际民俗学的多元视野

当代欧洲民俗学发展多边民俗学研究,肯定经典民俗学的价值,也批评其不足,提出一系列新的研究问题。了解国际前沿进展,对建设中国民俗学将会有所启发。

(一)意识形态学与民俗学

巴赫金曾指出,在欧洲理性主义运动和启蒙运动中,有一种

---

① 钟敬文:《建立中国民俗学派》,董晓萍整理,黑龙江教育出版社1999年版,第41—42页。

"崇拜"的东西,它能强化"独白"的原则,能生成意识形态的主要因素①。与此相似的是福柯的话语自组织理论,福柯的意思是,在一般情况下,由多个作者生产的陈述、思想和告白是不同的文本,有不同的生产范围,彼此存在的状态也是分散的,但是在特定的历史阶段,当它们具有共同的对话对象时,它们也能构成一些共享的概念②。在两种表达形式中,在涉及权威、思想、陈述与告白时,都有自我规定的世界观标准,都在维护某种社会规范和价值观。将民俗与制度化的话语相比,两者的共通之处在于,彼此会经常发生交集;两者的差异在于,民俗是社会角色中的个体词语实践,有时不能完全融入制度,与制度化的观点未尽一致。话语是制度化的声音。话语意味着纪律。使用话语就意味着对感觉、思想和表达的限定。民俗赋予表达的自由和即兴创作的自由,使用民俗就意味着变化和创造。③

　　爱沙尼亚、拉脱维亚、立陶宛、匈牙利等国家曾在高校民俗学研究与教学上采用苏联模式,与新中国成立初期的情形相似。这

---

① Mikhail, Bakhtin, "Problemy poetiki Dostoyevskogo", *Sobraniye sochinenii* T. 6. Moskva: Institut Mirovoi Literatury imeni M. Gorkogo Rossiiskoi Akademii Nauk. 2002, p. 93.

② Foucault, Michel, *The Archaeology of Knowledge*. London: Routledge 1972, pp. 31-39. Yurchak, Alexei, *Everything Was Forever, Until It Was No More: the Last Soviet Generation*. Oxford: Princeton University Press. 2006, pp. 161-162. 作者注:这里谈到福柯《知识考古学》的基本概念,在文中写为"discursive practice"。福柯此概念在欧美学界已产生了广泛的影响,国际民俗学界已大量应用,圈内已有通用的阐释,作者根据英文作者原意,在此将"discursive practice"译为"话语自组织的实践",争取使中国读者容易理解。在此感谢旅法学者陈力川先生协助译者查阅法文版福柯《知识考古学》的原版所提供的帮助。

③ 参见〔爱沙尼亚〕于鲁·瓦尔克《苏联理论对东欧国家民俗学的影响:科学修辞与文化传统》,董晓萍译,《跨文化对话》2019年第41辑,第98—107页。

些国家的高校民俗学者近年比较集中于研究民俗学与社会主义文化建设和高等教育的关系,于鲁·瓦尔克的《苏联理论对东欧国家民俗学的影响:科学修辞与文化传统》是众多论文中的一篇代表作。他提出,从爱沙尼亚的例子看,苏联理论的影响是,推行科学修辞学,将社会主义意识形态学与历史文化建设相结合,诞生权威新话语;推行新话语文学,开展搜集与编书工作,制造国家提倡的样板文艺。在这一过程中,携带本土文化传统的民俗学呈现出学科资料增量的趋势,但也出现了本土理论与外来概念和问题框架的诸多矛盾。这是一段空降的历史。就今天人们热烈谈论的资源共享而言,究竟在什么程度上可以资源共享?如何协调传统与革新、修辞与原有、内生与外来的关系?总结这种历史,可以促进反思。瓦尔克还提出在科学社会主义建设过程中,提倡马克思主义意识形态,其中一个重要组成部分是宣传科学无神论,从人类集体和个体的两个层面,观察和解释宗教衰亡的规律。[1]但是,另一方面,也要对一个国家在长期社会历史的发展中形成的宗教信仰、仪式、庆典和文本给予承认,同时对建设未来美好社会所需要的民俗信仰加以确认,让多元文化都有自己的位置,这也是科学修辞学的工作。[2]

---

[1] Gordiyenko, N. et al., *Teadusliku ateismi alused*. Tallinn: Eesti Raamat, 1980, p. 9.

[2] Remmel, Atko, "Religioonivastase võitluse korraldusest Nõukogude Eestis", *Ajalooline Ajakiri. The Estonian Historical Journal*, 3 (125), 2008, p. 248.

(二)对学者"想象"的研究

民众知识叙事系统富于想象,那么民众如何想象?对此经典民俗学进行了大量的研究,从19世纪的文本研究,到20世纪80年代之后的思想研究、社会研究和现代文化研究,都对此下了大功夫。但是,经典民俗学缺乏对学者自身知识系统的"想象"研究,而当代欧洲民俗学者认为,不解决学者自身的问题,仍然不可能彻底解决对民众知识的误解问题,不能回归民俗学本体论的本质研究。芬兰民俗学者劳特·塔尔卡(Lotte Tarkka)指出,以往经典民俗学者惯用"想象"的概念,还使用概念与图片相混合的方法,对民众知识叙事文本的内容和形式下结论,结果产生了不少偏差。由于经典民俗学的研究对象以本土民俗为主,或者说以自我民俗为主,这也很容易认为所有的民众"想象"和文本都是自我的,其实任何自我"想象"和插图文本也有他者的因素。经典民俗学的问题是,并没有彻底撇清自我和他者的关系。以往学者把他者的世界界定为经验主义的范畴,对他者知识的理解,包括他者描述的地形地貌、人口分布、社会制度和故事含义等,也都放到自我经验的范畴之外去思考,于是产生对他者的陌生化问题,生成了偏见。现在看,民众的"想象"和叙事文本并没有纯粹的自我文化和自发性,民众知识总是遭遇社会化的建构、文化化的沟通和话语化的建构。经典民俗学的"想象"与图片混搭的观念与做法,又是怎样产生的呢?塔尔卡分析了三种原因:(1)早期芬兰学派对"想象"的概念与插图,强调科学研究,使用书面语言写作,增强了研究结论一元化的倾向；（2）用"想象"的概念和写作语言去呈现民俗的本质，帮助神话和史诗成为一种可沟通与可表达的独立文本，在文本与事实上与民俗体裁割裂开来；（3）对"想象"和图像的本质研究，与"怪异的想象"文本相连，提供了一个对经验化的现实世界的解释模式。① 而威廉·多梯（William Doty）认为，正是这种解释与日常民俗价值脱节。②

（三）重启神话研究

在经典民俗学批评中，有一个热点是重启神话研究，研究的焦点在于神话与仪式是否属于同一个连续文化系统。芬兰科学院学者傅罗格在《权威的动力》③等论文中，批评经典民俗学者不了解神话，他们自认为很了解前现代化社会的神话，自认为对神话文本和神话学的假设很权威，但这种自恋并没有经过多元文化的考验。他们往往通过一个浪漫的设计，或者通过对传统社会的期待式的描述，解释远离现代人的出生地和祖先的身份，忘记传统也是变化的，尤其是神话，也是在变化的传统中传承下来的。神话的权威性依赖于传统的权威性。神话的共享者和使用者也变化得很快，这

---

① Lotte Tarkka, "Picturing the Otherworld: Imagination in the Study of Oral Poetry", in *Retrospective Methods Network (RMN Newsletter)*, Helsinki: 2015, volume 10, pp. 17-32.

② William Doty, "Mythography", *The Study of Myths and Rituals*, 2nd ed, Tuscaloosa: University of Alabama Press, 2000, p. 40.

③ Frog, "Dynamics of Authority between Mythology, Verbal Art and the People Who Use Them" in *University of Tartu's ASTR A project PER ASPERA*, Tartu: 2016, p. 6.

样就必须开展神话仪式的研究,因为神话在传统中存活,仪式依靠人操作。在神话、仪式与权威性之间,建立民众知识叙事系统,才能对神话传承的连续性加以解释。他还指出,当三者之一的权威性被策略性地使用时,神话才能走进社会现实生活,生成当代民俗叙事文本。为此,当代民俗学者需要考虑如何关注神话、仪式与权威性的转化能力,并思考权威性变化的社会动力。

(四)学者与民众的对话

现在我们知道,学者与民众的对话,是两个知识系统互为主体性的对话,但在经典民俗学中,长期以学者为主,民众为辅,彼此并没有建立双主体性的概念。丹尼尔·萨乌伯格(Daniel Sävborg)在《在民众与精英的对话中超自然物的相遇:以前现代化时期的瑞典和中世纪冰岛的故事为例》一文中提供了一个反例[①]。他在研究中世纪瑞典和冰岛的法庭审讯记录时发现,法官作为学者或知识分子,与农民当事人作为被告,完全是两个知识系统。法官按照学者的知识判案,看不懂被告;被告生活在民众知识系统中,也看不懂法官。几位被告都是瑞典人,除了农民,还有一个渔民、一个士兵。据说他们曾与自然精灵发生性关系,犯罪犯法,而几位竟然对此供认不讳,还能说出精灵的名字。法官大为不解,审理的过程相当认真。被告人把人类与精灵视为共存物,没有区分的界限。在

[①] Daniel Sävborg, "Encounters with Supernatural Beings in Popular and Learned Discourse: Examples from Early Modern Sweden and Medieval Iceland", in *University of Tartu's ASTR A project PER ASPERA*, Tartu: 2016, p. 4.

传统的瑞典和冰岛的故事中,精灵生活在树林中或湖水里,与人类频繁来往。法官们认为,精灵与人是不能混同的两类。精灵是另一个世界里的魔鬼。魔鬼需要变形,才能与人结合。法庭上的审与答,是两个知识体系的对话,双方各执一词,但都是认真的。中国有没有相似的叙事呢?有,《山海经》中的人妖婚、《搜神记》中的人神婚、《酉阳杂俎》中的人兽婚、《聊斋志异》中的人鬼婚,都是。我国现代影视剧中的《天仙配》《画皮》和《新白娘子传奇》也还是在讲人与神鬼或动物结为伴侣的故事。

(五) 史诗在全球化下的反操作

史诗是经典民俗学中的经典体裁,但全球化下的史诗还有文化连续性吗?后世社会流传的史诗还有遥远的故乡发源地吗?对于这个早期德国民俗学者格林兄弟提出的问题,现代德国学者尝试给出回答。马蒂亚斯·恩格尔(Matthias Egeler)发表了论文《地方景观的记忆:以〈爱比加·萨伽英雄传奇〉研究为例,反思地方性知识及其问题》,将带有权威性的史诗与全球化下的网红旅游打卡地联系起来研究。他发现,在接待全球移动人口的景观地点,学者知识与民众知识融汇在一起发挥作用。无论是学者利用史诗对景观地点进行概论式的研究与阐述,还是民众不断地构建地方景观知识,两者的交集点,都在普罗普所讲的"功能"上,即双方都在强调"地方景观"的功能。"功能"在史诗的地方景观叙事中承载了"含义",展现了地方景观"记忆"仓库的能量。经典民俗学将史诗视为古老文本进行独立考察,不介入史诗英雄纪念物和史诗地点景观的社会符号,但当代民俗学者近距离观察这类地方景观,看它的故事文本发现,这种文本不会专注于古老的史诗情节。民俗学者必须看到,地方景观知识传播与游客参观史诗景点,在心理上,呈现为一种幽默的对话关系。游客对史诗英雄情节,通过自媒体,进行另类的解释。民俗学者则努力通过故事化的传统方法吸引游客,而在不经意中丢掉史诗的古老类型。他批评说,当前人一定要把史诗的文化连续性与宗教信仰相联系时,史诗景观地点却并没有恢复史诗的一元宗教资源,而是尽量展示多元化的地方知识包容性,创造当代地方叙事的文化多样性。全球化下人口流动性造成了史诗传承的反地方知识操作。① 他还指出,经典民俗学对史诗民俗解释有其他失误。

波兰热舒夫大学(University of Rzeszów)列斯杰科·哥阿尔德拉(Leszek Gardela)对经典民俗学提出更激烈的批评。他提出,经典民俗学谈到斯拉夫人的丧葬仪式都会提到波兰,认为波兰人畏惧墓穴中的死者,害怕葬姿不当,会威胁生者的生存,于是波兰人对死者施行二次葬,将死者的脸朝下,打桩、上枷、斩首、断腿、身体折叠、尸骨化灰等,让他们不能再返回生者的住地。经典民俗学用阶级斗争的观点解释这种考古现象,后来也受到批评。但现在也要提出新问题,例如,让学者烦恼的葬姿现象,是怎样在历史岁月中烙下印记的?为什么从前的学者会这样解释丧葬仪式?有没有可能在当代日常实践中发现类似的丧葬仪式,并从中找到古斯拉夫丧葬民俗的痕迹?从当代波兰学者的研究看,经典民俗学

---

① Matthias Egeler, "The Memory of Landscape: Place Lore and its Problems for Retrospective Approaches on the Example of Eyrbyggja saga", in *University of Tartu's ASTRA project PER ASPERA*, Tartu, 2016, p. 3.

忽略了一些细节，就是死者墓穴中有大量的石头，石头压在死者的头部、胸部和腿部。波兰民间解释这是俯葬，不是畏惧死者，而是畏惧死者的亡魂。俯葬是表示对死者的哀悼，使死者的亡魂能安处于墓穴之中。总之，当代调查研究与经典民俗学的解释是有差别的。①

（六）网络民俗

在全球化与信息化时代到来后，芬兰学派对网络民俗的研究毫不迟疑。前面提到的劳特·塔尔卡发表了多篇研究网络民俗的论文，其中引用率较高的是其中的一篇《口头诗学的互文性、修辞学与阐释学：存档口述资料的一种个案》②。她研究芬兰乡村和教区歌曲的曲目与互联网歌曲文本的重叠率，批评对互联网中出现的民俗文本做简单化分析的倾向，指出，把民俗现象的解释简单化，忽略民俗的多重意义，就会直接导致民俗研究与多元文化发展精神的背离。她所说的简单化方法，就是沿用经典民俗学的做法，直接从网络民俗文本中摘取民俗的原初要素，如经济地位或社会冲突等，其目的是为社会应用服务。她说，经典民俗学研究方法

---

① Leszek Gardela, "Vampire Burials in Medieval Poland: An Overview of Past Controversies and Recent Reevaluations", *Lund Archaeological Review,* 21, 2015, pp. 107-126.

② Lotte Tarkka, "Intertextuality, Rhetorics and the Interpretation of Oral Poetry: The Case of Archived Orality, in Pertti J. Anttonen and Reimun Kvideland", eds., *Nordic Frontiers: Recent Issues in the Study of Modern Traditional Culture in the Nordic Countries*, Turku: Nordic Institute of Folklore, 1993, pp. 165-193.

的失误在于,"文化现实并不是存在于文本的'背后'或'周围世界'的东西,文化现实是在文本生产的过程产生的"①。她提出的另一个观点是,民俗体裁的生产不仅是自我文化的生产,也可以理解为他者文化的生产。研究民俗体裁,应包括研究他者的文本、他者的歌手、他者的主体性和他者文化的上下文。他者民俗体裁的形式通过对话方式渗透到自我的民俗文本中,形成民俗学研究的新焦点。

在欧洲,批评与发展经典民俗学已成为近年民俗学工作的热点。它的着眼点不是个别学派的兴衰,也不限于以往我们所说的"反思"和"反观"。它从整体上突破以往民俗学的一元研究方法,将民俗学在多元文化平等发展的时代加以推进,成绩至少有三点:(1)在领域上,促进民俗学研究从文本研究转向社会研究、文化研究和思想对话研究,带动了民间叙事学的发展;(2)在特征上,将民俗学视为理论民俗学与经验民俗学的二元综合体,开辟了民俗体裁学的新领域;(3)在学科上,将对民俗学的学术评价转为价值评价,由此赋予当代民俗学以国家优秀主体文化研究的理论定位。关注这方面的进展,有助于了解当代欧洲民俗学的走势。

---

① Lotte Tarkka, "Intertextuality, Rhetorics and the Interpretation of Oral Poetry: The Case of Archived Orality, in Pertti J. Anttonen and Reimun Kvideland", eds., *Nordic Frontiers: Recent Issues in the Study of Modern Traditional Culture in the Nordic Countries*, Turku: Nordic Institute of Folklore, 1993, p. 168.

第一讲　民、民俗与民众知识

《绪论》中已谈到,经典民俗学有学者知识和民众知识叙事两个系统,学者与民众是两个理论主体,两者各占一半。在民俗叙事知识中,关键词是"民""民俗"和"民众知识",这三个术语构成经典民俗学的另一半。对这一半的含义的解释与变化,反映了经典民俗学的发展与变化。本讲中重点讨论"民""民俗"与"民众知识"。

一、"民"的定义

在经典民俗学中,对"民"的概念的界定是首要问题。"民"是谁?是社会中下层的民众?是一个国家的国民?还是包括民众与学者两者?厘清这个概念,是梳理经典民俗学史的关键步骤。

(一)中国民俗学中的"民"的定义及其对象论

在钟敬文的《民间文学概论》和《民俗学概论》中,"民"有5个定义,各有其内涵。为了清晰表述起见,现将之分几个方面,如

"民"的概念的提出时间、"民"的社会构成、"民"的划分要素及其共享民俗层面等,列成表格,以利对比和分析。

表1 中国民俗学学者对"民"的概念认识变化一览表

序号	概念及其提出时间	社会构成	划分要素
1	劳动人民（1980年）	工人和农民,以农民为主	不识字人口
2	中下层阶级（1992年）	市民和农民	不识字人口和粗识字人口
3	非官方群体（1998年）	工、农、兵、学、商人、职员（市民）	不识字人口、粗识字人口和识字人口
4	农民主体（1998年）	农民和小城镇居民	不识字人口、粗识字人口和识字人口
5	民族共同体（1999年）	人民群众和官方政府	不识字人口和识字人口

资料来源:
1. 钟敬文主编:《民间文学概论》（第二版）,高等教育出版社2010年版。
2. 钟敬文:《民俗文化学:梗概与兴起》,中华书局1996年版。
3. 钟敬文主编:《民间文化讲演集》,广西民族出版社1998年版。
4. 钟敬文:《建立中国民俗学派》,黑龙江教育出版社1999年版。

在表1中,使用了《民俗学概论》,也辅助使用了《民间文学概论》,对它们所阐释的"民"的性质做分析。可以看到,我国民俗学者认识"民"的性质,经历了三个阶段的变化,即阶级二分法的划分、文化三分法的划分和民族共同体的一分法的划分。这个变化的过程,也是整个20世纪中国民俗学的历程。

20世纪初,在中国民俗学建立之初,曾使用二分法,把社会成员分成上、下两层。对"民"的概念的界定,有三个理论来源:一是传统国学中的民族认同思想,坚持民族独立,反对外来侵略;二是民粹派的非激进社会改革思想,同情被压迫的下层人民,反对上层贵族;三是欧洲文艺复兴思想和启蒙运动思想,认同农业文明,反对工业文明,抵制城市文明。民俗学认为,"民"指"劳动人民",主要是农民。在传统国学中,还有劳心者和劳力者的区分,"民"是劳力者的代称。"五四"时期中西思想碰撞和交流,我国民俗学接受西方现代人文科学思想,建设现代意义上的民俗学,这时他们承认"民",还以承认工农差距和城乡差距为前提。

1970年代末以后兴起文化热,钟敬文先生率先使用三分法进行文化分层。在对"民"的界定上,认为"民"属于中、下层阶层,纳入了中层,即市民。这种社会构成的增加,与国内思想解放有关,也与我国努力实现四个现代化有关。在这种背景下,将"市民"划为中层成员,为"民"的概念增加了新含义:①把中层阶层当作上、下阶层的中间接触面,用来解释我国上、中、下层文化交叉渗透的现象,扩大民俗学的研究领域;②把中层阶层当作城市文明共享群体,用来观察传统民俗文化的变迁轨迹,主要是从农业文明向工业文明转型的复杂性。在表1中,在第3列,已说明这时对"民"的社会成分划定为"农民和小城镇居民",是考虑到我国现代社会转型战略中的城市化对象的。比起二分法,它有发展。

关于从民俗学的角度,进行中华民族共同体的划分,是在全球化下增强文化自觉的结果。这时中国民俗学界改用一分法,强调"民"是国民,也指"民族共同体",这是一种重要的转折。相对于前两种划分法来说,它是一种视角的转换。在这之前,民俗学者从文化内部看"民"和"民俗",现在,转向从文化内部和外部两个角度看"民"和"民俗"。这也是经典民俗学从单边向多边文化考察的体现,钟敬文后来称之为"多民族的一国民俗学"[①],它可以解释中国在长期农业文明中形成的连续文化,也可以解释中国多民族多地区既差异又统一的制度性特征。这样的"民"的文化也不仅惠及自我,而且"丰富世界人类文化史与民俗学的文库"[②]。

总的说,在经典民俗学时期,在我国,界定"民"的观念,有国学根基,有现代意识,也有外来影响。但中国民俗学者的立场都是本土的、爱国的。西方民俗学者不同,他们既有本土立场,也有异文化的立场,这样他们所界定的"民"观念,就会与中国民俗学者有所不同。西方国家还比中国更早地进入了现代化和全球化时期,在自身的本土文化中,经历了"民"与"民俗"的急剧变化,所讨论的问题也更为复杂多样。过去我们可以不管这些,但现在世界处于相互连通之中,没有独善其身,没有闭门发展。民俗学者不了解外面的世界,就会把自己变旧,落伍于学科的发展,乃至于丧失理论的品质。

(二)外国民俗学中的"民"的概念

现代发达国家的民俗学,在讨论"民"的定义上,既照顾历史也面对现实。他们还借鉴文艺学、人类学、社会学、历史学、地理学、

---

① 钟敬文:《建立中国民俗学派》,第27—33页。
② 同上书,第41—43页。

经济学和政治学的理论与方法论,反思经典民俗学的利弊,肯定前人的成绩,也加以改进,以保持思想的解释力和理论的绿色。

外国民俗学中的"民"的定义与对象论的变化大体有三个阶段。

1. 殖民时期、欧洲发现时期与自然科学时期

英国学者约翰·莫纳汉（John Monaghan）和皮特·贾斯特（Peter Just）指出,在"民"的术语界定上,应分为殖民主义、欧洲发现、自然科学三个时期①。殖民主义时期,指前工业革命时期。欧洲发现时期,指欧洲文艺复兴运动时期。自然科学时期,指英国人类学者泰勒使用达尔文的自然进化论创建文化人类学的进化学派的时期。在各个不同时期,学者解释"民"的定义,都有一套不同的概念体系。我们观察对"民"的界定的各种争论,就能看到对"民"的理解的变化,这些变化都与总体社会思潮和概念系统的变化相联系。以下列表说明。在表2中,把不同时期、不同体系、不同层次的概念归纳起来,按"殖民时期""欧洲发现时期""自然科学时期"分成三列,在每列之下,标示该时期对"民"的定义和相关概念。另设第四列,称"中国定义",指在我国的《民间文学概论》和《民俗学概论》中对相关概念的相应提法,它们的具体出处见注释。

---

① John Monaghan & Peter Just, *Social & Cultural Anthropology: A Very Short Introduction*, Oxford: Oxford University Press, 2000, p. 1.

表2　外国民俗学著作中"民"的定义表述一览表

序号	殖民时期	欧洲发现时期	自然科学时期	中国定义
1	野蛮人、原始人未受学校教育，没有文化	未被工业文明污染的人群，纯真、质朴、田园、自然的人群	在劳动中进化的人群	劳动人民
			使用石器与弓箭的人群	
2	小规模而孤立、无文字、对外界一无所知。习俗同质，以家族为中心，群体意识强。不存在年龄层的文化差异，固定不变的社会的成员。	在文明国家里与精英相对的民众	使用铁木器具与机械的人群	中下层阶级
		常民		
		民族全体成员		
3	边缘人	农民	使用带有自动性质工具的人群	非官方群体
4	迷信的人们		使用轿厢工具的人群	农民和小城镇的居民
5	巫师		使用信息工具的人群	民族共同体

资料来源：

1.〔美〕洪长泰（Chang-tai Hung）：《民间文学的发现》，董晓萍译，上海文艺出版社1993年版。

2.〔日〕梅棹忠夫等主编：《文化人类学事典》，日本弘文堂1993年版。

3.〔日〕大藤时彦：《民俗学及民俗学的领域》，玉汝兰译，内部资料。

4.〔美〕布鲁范德（Jan Harold Beunvand）：《美国民俗学》，李扬译，汕头大学出版社1993年版。

5.〔日〕柳田国男：《乡土生活研究法》，周星译，打印稿，1996年。

6.张紫晨主编：《中外民俗学词典》，浙江人民出版社1991年版。

在表2中，提出上述"民"的定义的学者，有欧美学者，也有日本学者，日本学者指柳田国男，他对"民"的概念界定是受到欧洲民俗学的影响的①。从这些外国民俗学者的定义看，"民"的概念发展阶段明显，这与欧美国家民俗学发展较早有关。芬兰在20世纪初基本上完成民俗学的学科建设，出现了民俗学的理论和方法论代表作、样本化的史诗和故事搜集作品、民俗学专业团体机构、民俗学杂志和学科领军人物。德国民俗学也起步很早，赫德尔（Johann Gottfried von Herder）早在1807年就发表了《民谣采集》，格林兄弟于1835年出版了《德国神话学》和有名的《格林童话集》。此外，英国于1878年、西班牙于1882年、法国于1885年、美国于1888年、德国于1890都成立了民俗学会。英国民俗学会主席班恩（Charlortte Sophia Burne）于1890年改编和修订著名的《民俗学手册》，于1914年再版②，此书等于现在的概论性理论著作，我国是在80余年后才出版的。俄罗斯民俗学研究也在"十月革命"前就已开始。在亚洲，中日韩民俗学会的出现时间大体相似。

2. 现代化时期

"二战"以后，西方学术界的思想运动一个接着一个：从反殖民运动，到后现代思潮运动，到民主社会运动，到技术现代化运动，各种思潮的兴起和发展都对"民"的定义和相关概念形成了一次次冲击，民俗学者的研究著述也随之调整观点。从他们的术语变化中，我们可以看出，这时的"民"的定义的变化意外而深刻，而到了

---

① 参见〔日〕福田亚细男《民俗学者柳田国男》，御茶水书房2000年版。
② 参见〔英〕查·索·博尔尼《民俗学手册》，程德琪、贺哈定、邹明诚、乐英译，上海文艺出版社1995年版。在此著中，原文作者查·索·博尔尼，即班恩。

技术现代化运动的时期，"民"的界定发生了实质性的转折。

自20世纪60年代起，西方国家率先进入了现代化时期。在这一时期，对"民"的社会成分和人群结构影响最大的是城市化进程和回归郊区。约在1970年代，欧美国家已基本完成了城市化过程，1980年代后至今，又大体完成了回归乡村的过程。相比之下，我国现在刚刚进入城市化的高潮期，彼此社会节奏的对比见表3。

表3 欧美亚主要国家城市化转型对照表

国家	城市化人口比例（占人口总数的百分比%）			
	1965年	1980年	1985年	1994年
英国	87	89	92	89
美国	72	74	74	76
法国	67	73	73	73
德国	79	83	86	85
日本	67	76	76	78
中国	18	19	22	30

资料来源：

李强：《转型时期的中国社会分层结构》，黑龙江人民出版社2002年版。

在世界发达国家，在1970年代以前，经历了城市化。在这一时期，农民经过进城务工等流动过程，重新确立了个人的价值观，进行了新的身份认同，也对原有的乡村文化增强了民俗意识，并对如何在城市环境中应用民俗，以保障自我生存的地位，提高了能力。1980年代以后，城市人口又向郊区和城乡结合部的"卫星城"转移，在这种回归乡村的过程中，农民和市民再次发生混合性接触,双方对彼此的自然环境、人文空间和民俗传统都再度认同,直至不存在传统意义上的农民和市民。在经历了这两个过程之后,外国学者界定"民"的定义和相关概念,已不能忽视这种变迁。我们把这种变迁称之为混合性社会文化变迁和接触性变迁。

从民俗学的角度看,发达国家10年左右结束了城市化,然后用卫星城混居的手段,制造了不同层面的民俗接触与融合空间,使民俗承担者的"民"在性质上跟着变化。而中国已城市化20年,现在这个过程还没有结束,这样就出现了不同的走势。在中国,在城镇化的进程中,农村人口迅速减少,农民的民俗意识也发生了断裂。在城市,一般市民对农民的接触和混合程度较差,"民"的界限模糊,正如大地震开裂前暴露的不同时期不同地质生物层断裂一样。以下,根据表2和表3,再增加"现代化时期"一列,制成表4。

表4　19世纪至20世纪70年代现代化时期"民"的术语变化一览表

序号	殖民时期	欧洲发现时期	自然科学时期	现代化时期	中国定义
1	野蛮人、原始人,未受学校教育,没有文化	未被工业文明污染的人群,纯真、质朴、田园、自然的人群	在劳动中进化的人群	高度文明民族的历史上和现在的"小人物"	劳动人民
			使用石器与弓箭的人群	两人以上为民	中下层民众

续表

序号	殖民时期	欧洲发现时期	自然科学时期	现代化时期	中国定义
2	小规模而孤立、无文字的、对外界一无所知。习俗同质，以家族为中心、群体意识强。不存在年龄层的文化差异，固定不变的社会的成员	在文明国家里与精英相对的民众 常民 民族全体成员	使用铁木器具与机械的人群	任何拥有独特的口头传统的人都是民	非官方群体
3	边缘人	农民	使用带有自动性质工具的人群	职业类 年龄类 地区类 国籍类	农民和小城镇居民
4	迷信的人们		使用轿厢工具的人群		
5	巫师		使用信息工具的人群		民族共同体

资料来源：
1.〔美〕洪长泰：《民间文学的发现》，董晓萍译，上海文艺出版社1993年版。
2. 廖居甫译：《德国民俗学》，《北京师范大学学报》1991年第2期。
3.〔美〕阿兰·邓迪斯：《世界民俗学》，陈建宪、彭海斌译，上海文艺出版社1990年版。
4.〔日〕大藤时彦：《民俗学及民俗学的领域》，王汝兰译，内部资料。
5.〔美〕布鲁范德：《美国民俗学》，李扬译，汕头大学出版社1993年版。
6.〔日〕柳田国男：《乡土生活研究法》，周扬译，打印稿，1996年。
7. 张紫晨主编：《中外民俗学词典》，浙江人民出版社1991年版。

在表4中，把"现代化时期"对"民"的界定与此前的其他时期相比，可以看出三点变化，一是对研究"小人物"的强调，这是提倡研究普通人的生活传统的开端，由德国学者提出；二是把独特的口头传统作为认定民的一种地方知识，由美国学者提出；三是对"民"的界定视野的放宽，打破了原来的"集体性"概念的束缚，也突破了原来的职业、年龄、地区、国籍的分析框子，提出研究所有人的民俗，也由美国学者提出。

在这一阶段，美国民俗学者道森（Richard M. Dorson）把从殖民时期到现代化时期的"民"的含义排列起来，做了一份清单，又把殖民时期、欧洲发现时期和自然科学时期所做的"民"的界定，统统归为"传统"；把"现代化时期"对"民"的认识，视为与以往有本质区别的"现代"，然后从变迁研究的角度，解释美国的移民、地区化、民族化和大众传媒等因素对"民"的构成的影响，详见表5。

表5 传统和现代时期"民"的术语变化

序号	传统时期	现代时期
1	俗民阶层	社会精英
2	乡土的	城市的
3	农业的	工业的
4	农民	工人
5	文盲	文人
6	手艺	机器
7	口头语言	大众传播媒介
8	落后的	现代的
9	迷信的	理性的

续表

序号	传统时期	现代时期
10	巫术的	科学的
11	边远的	中心的

资料来源:
张紫晨主编:《中外民俗学词典》,浙江人民出版社1991年版。

道森的观点不可不关注,但对美国民俗学的这个特点我们也要清楚。他们在界定民俗学的概念时,带有人类学和语文学的背景,界定的范围很宽,还带有人类学的宏观问题。把道森的清单与上面提到的英国学者约翰·莫纳汉和皮特·贾斯特的三分期法结合起看,能看到英美民俗学在早期的异文化研究和现代时期的差异。

美国民俗学者布鲁范德对"民"的界定接近社会学。他根据美国的现代时期的城市化和卫星城发展后的情况,摆脱了以往的三分期法,而是按照美国现代社会的混合性和接触性社会结构状况,把美国的"民"的对象分成四类,即职业类、年龄类、地区类、种族类或国籍类。他说,在美国的现代社会,体力劳动已不是民俗的伴随物,连飞行员、记者、牧师、电脑编程工程师和系主任都有民俗。现代社会所出现的每一种新事物,都有民俗会跟上来,并能发展自己。[①]他的这番见解是传统民俗学者所没有的。但是,"民"究竟有没有差异性呢?有没有一个可以界定不同国家、不同民族的"民"的基本办法呢?他显然也考虑到这一点,所以又提出:"许多

---

① 参见〔美〕布鲁范德《美国民俗学》,第22—24页,特别是第23页。

争论的焦点是'民俗'一词中的'民'的含义，但这里我们只需阐明一点就够了：这就是不仅古朴的、乡村的民众，而且任何拥有独特的口传传统的民众，我们都应把他们看作是传统的承担者。"①他的意思是，凡拥有一个共享口头传统的群体就是"民"。相同的看法阿兰·邓迪斯也有。他甚至直白地说：

> "民间"（folk）的概念已不再局限于农民或无产者。所有的人群——无论其民族、宗教、职业如何，都可以构成一个独特的民间，并具有值得研究的相应民俗。②

我们能看到，不管怎样，到了现代化时期，民俗学原有定义中的"民"的含义都在变化。变化的结果，不是"民"的范围缩小了，而是扩大了。当这种扩大到了一定程度，无法再用具体对象牢笼，乃至全民化的时候，"民"的含义就成了一种本土知识系统和本土生活传统的承担者，它是相对于现代社会统一性的机器文化和统一性的流行文化的象征。英国学者也说：

> 伴随着时间流逝和知识、经验的获得，任何一项有生命力的、涉及充满活力材料的研究都必须相应地改变和扩大其范围。……（现在）承认迷信信仰和习俗不仅限于农民，也存在于受过教育的人中，……"民众"这个词的含义也被扩大，用来指具有特定思想、行为水平的人们，而不管他们生活于

---

① 〔美〕布鲁范德：《美国民俗学》，第8页。
② 〔美〕阿兰·邓迪斯：《世界民俗学》，第2页。译者在此段文字中将"folk"译为"民间"不准确，一般译为"民众"。

何处。①

我们还能发现,从道森,到布鲁范德,到阿兰·邓迪斯,他们的术语分析,中间都有一个转折点,但他们自己没有提到,就是现代社会的中产阶级在"民"内涵转变中所起的作用,以及由于中产阶级选择"民"的生活方式所造成的社会潮流。仍以美国为例,美国人是不愿意把文化分层的,美国的中产阶级坚持民众化的民主思想,追求历史背景、现实理性和个人风度相统一的生活方式,还有维护自己的思想和行为方式的经济实力,因而他们能使"民"的术语界定一步步趋向于人本回归或对人文精神的提倡②。

综上所述,外国民俗学者在现代化时期对"民"的术语的界定,含有以下要素:

(1)对"民"的对象的看法,由濒危观和消失观,转为变迁观和扩大观;

(2)指出城市化和回归乡村过程的影响;

(3)指出社会流动所带来的接触性变迁和混合性变迁的影响;

(4)指出共享独有的口头传统是了解"民"的一种地方知识;

(5)发现中产阶级的作用。

3. 全球化时期

20世纪90年代,世界进入了全球经济一体化时期,西方国家

---

① "民俗学(大英百科全书)",鲁男译,载张紫晨主编:《民俗学讲演集》,书目文献出版社1986年版,第482—483页。
② 参见李强《转型时期的中国社会分层结构》,黑龙江人民出版社2002年版,第193—194页。

的民俗学者在对"民"的术语界定上,加入了"全球化"的因素;在研究方法上,更倾向于民俗学与多学科结合的综合分析。这方面的成果,我们是需要了解的。在亚洲,中国的邻邦日本、韩国等在新经济发展时期,民俗学者对"民"的认识,也产生了变化。2001年,中国加入了世界贸易组织,国内对"民"的定义也随之在发生转变。归纳东、西方民俗学者对全球化时期"民"的术语的各种界定,我们能看到两个特点:一是全球经济化浪潮对东西方国家的"民"的结构都有冲击,二是世界多元文化交流伴随而来,西方文化对东方文化的接触性变迁增加,这也在"民"的含义和价值观上有所体现。在表6中,将"现代化时期"对"民"定义,与"全球化时期"对"民"的定义列表对照,以便观察和理解。

表6　现代化与全球化时期"民"的定义变化一览表

序号	国别	现代化时期	全球化时期
1	德国	高度文明民族的历史上和现在的"小人物"	传统的匿名的群众
2	美国	两人以上为民	所有民间群体 被民俗定型的社会成员
3	英国 法国	民众知识的运用者	世界民族志的平行承担者
4	日本 韩国	西方思潮与本国信仰的兼有者	享用共同民俗的人
5	中国	农民和小城镇居民	

资料来源:
1. 廖居甫译:《德国民俗学》,《北京师范大学学报》1991年第2期。
2. 〔美〕阿兰·邓迪斯:《世界民俗学》,陈建宪、彭海斌译,上海文艺出版社1990年版。
3. 张紫晨主编:《中外民俗学词典》,浙江人民出版社1991年版。

4. 中国民间文艺家协会辽宁分会编：《民间文艺论集》，程德琪、吴朝阳译，内部资料，1983年。
5. 〔韩〕任东权：《民俗学的本质》，金锦子译，1983年版。
6. 〔日〕谷口贡：《民俗学的目的和课题》，陈岗龙译，《民俗研究》1997年第1期。

在表6中，由"全球化时期"一列可见，在全球化的背景下，民俗学者讨论"民"，已经转向外部立场，即用跨文化的意识评价国别民俗。

在亚洲国家中，有两个人的观点值得注意，一是韩国的任东权，一是日本的谷口贡。任东权，韩国最重要的民俗学者之一，他的看法是：

> 人是精神和肉体的综合调和物，如果抽去精神，那只是已经死去的躯体；如果抽去肉体那又只是亡灵，而不是生命的存在物。因此要从本质上把握人，就必须从肉体性和精神性两个方面来探讨。这一观点早已被很多哲学家在形而上学和形而下学中谈到。
>
> 民俗学是现在的学问，以传承下来并残存于生活中的现象为对象。已经消失或过去存在过的事情不能列为对象，只是在追溯民俗由来的时候才有可能做为问题来研究，但是又属于风俗史的研究。近来由于受外来文化的影响，出现流行外来潮流和宗教等现象，这不能算做民俗，因为这只是一时的现象，还没有被生活化，不过是一种风俗而已。①

---

① 〔韩〕任东权：《人类学和民俗学的关系》，金锦子译，《民俗研究》1989年第2期。

正因为全球化经济和伴随而来的西方强势文化来势凶猛，对本国现代人的诱惑很大，任东权产生了新的担忧。他关注全球化下的本国人的文化选择，呼吁民俗学者先把全球化的变化撂在一边，赶快去寻找和研究民俗传统，以利于维护本民族的主体文化。

日本民俗学者谷口贡提倡民俗学的研究要面向现代社会的民俗形态：

> 提起民俗学，一般人似乎都理解为民俗学是以日常生活的惯例和习俗为对象，探究其来龙去脉和解释其意义的一种学问。这种认识虽然未能全面反映民俗学的全貌，但是的确抓住了民俗学这门学问特有的一面。
>
> 民俗学者有时也在电视和报刊杂志上亮相，来说明正月和盂兰盆会等庆典活动的来由或解释镜饼（日本供神用的圆形年糕）为何做成圆形的意义等。一般的，对没有深刻思考过上述身边的问题的人们来说，民俗学者的解释会让他们感到新鲜并大吃一惊，其意义不在于知道了什么从前不知道的新事物，而是人们明白了坦然自若地天天耳闻目睹的事物或者自己亲身经历着的事物的意义和由来时所引起的惊讶和感动。可以说这是让人们领会到揭开谜底的乐趣的感受。并且，这种乐趣还伴随着求知的兴奋。
>
> 对民俗学感兴趣的人们，还有专门研究民俗学的人们的最初动机，我想大概都和认识到民俗事象的由来与意义而吃惊并感动不已的经验有关。这是其它学问里找不出来的民俗学所独有的特征，也是诱导人们从民俗学的成果认识和了解日本社会和文化之历史的一个重要因素。民俗学包含着围

绕民俗引导人们学习兴趣的求知技巧,也可以说是一种"自我内省的学问"。①

他立足于民俗学的现代性,这是与传统民俗学者有区别的。在他的观念中,在全球化的多元交流和比较中,民俗学已逐步变成一门反思的学问。

在欧洲国家,我们必须关注芬兰民俗学者的观点。傅罗格(Frog)指出:

> 芬兰曾是俄罗斯统辖下的大公国,但芬兰人还保留了自我的东西,包括人口与法律。此外,在归属俄罗斯之后,瑞典的影响削弱,俄罗斯的影响增加。芬兰高校也改说俄语,不说瑞典语,这也让芬兰人的思想产生变化。虽然还不乏政治动荡,反压迫、罢工、暴力对抗时有发生,但在划归俄罗斯后,芬俄之间的边界也打通了。在讲俄语的卡雷利亚地区与芬兰本土的通道上,商队络绎不绝。商人在沿途搜集了大量口头诗歌(oral poetry)和神话史诗,并保存了这些资料。与此不同的是,芬兰的路德教民俗与卡雷利亚俄语区的东正教民俗,还有很多非基督教的史诗、民歌和神话,都因缺乏文化交错的过程消失很快。如果当时就有民俗文献搜集和保护项目,像波顿(Henricus Gabriel Porthan)带领学生做过的那种,哪怕只有一个,也可能是另一种结局,所以如何理解"一种语言,一

---

① 〔日〕谷口贡:《民俗学的目的和课题》,陈岗龙译,《民俗研究》1997年第1期。

种文化，一种民族"的社会意识形态？至今需要深思，当然这在今天都是后话了。①

卡雷利亚俄语区的北部一带，在那个几百年前芬兰和俄罗斯商人穿梭往来的贸易走廊，商人搜集民俗活动刺激了当地民歌与神话的发展，现在那里已成为民歌的圣地，被称为芬兰的"维也纳"。当年伊利亚斯·隆洛德（Elias Lönnrot, 1802—1884）就是在这个走廊地段，被商人的搜集活动所感染，成为第一批搜集者。他为芬兰人民创造的第一部国家史诗《卡勒瓦拉》，后来被芬兰人民视为自己的传统遗产。②

芬兰民俗学有自己的学派，国际影响极大。近半个多世纪以来，芬兰学派克服了形式化和教条主义研究弊病，发展符合本国历史地理实际的民俗学。芬兰民俗学者讨论"民"，不再将"民"看成是单一概念，而是北欧多国交错地缘政治和多语言流动的文化承载者。

全球化时期的思潮趋势及其对"民"的内涵的变化影响有以下特点。

第一，学术国际化的趋势抬头，对"民"的评估也受到西方民俗学思潮和西方民族志方法的影响。

第二，价值本土化的倾向增强，把"民"看成是"民族"的象征。

---

① Haapoja-Mäkelä, Hiedi, Eila Stepanova & Lotte Tarkka, "The Kalevala's Languages: Receptions, Myths, and Ideologies", *Journal of Finnish Studies*, 21 (1-2), 2018, pp. 15-45.

② 〔芬〕傅罗格:《跨文化的芬兰学派》，董晓萍译，中国大百科全书出版社2022年即出。

第三,阐释历史化的做法较为普遍,"民"被当作传承历史传统的生命力所在。

第四,学科现代化的走势明显,民俗学者通过对现代社会的"民"和相关民俗的识别与阐释,赢得民俗学的现代地位,提高自身学科的现代影响力。

第五,情感人文化的目标更为明确,民俗学者通过指出"民"的民俗权益和民众知识的平等性,肯定民俗差异性的作用,反对大国强权文化和经济强势文化。

试想,如果不经历上述不同的社会历史阶段、不受到各种外部因素的影响,"民"的含义就不会产生这些变化。但现代民俗学研究的"民",必须接受这些变化,否则就会失掉自己的研究对象。从我国的情况来讲,民俗学中的"民"的含义蕴藏,现在到了一个层次最多、含量最丰富的时期,因此现代民俗学的研究也就拥有更广泛的社会基础。

二、"民俗"的定义

"民俗"的提法在我国历史上出现很早,这与西方民俗学相比真是一个奇迹。在先秦两汉的《周礼》《荀子》《史记》和《汉书》等历史典籍中,已有"民俗""民风""风俗"和"风物"等词汇,里面所包含的意思,有现代民俗学概念所指的风俗习惯、历史遗传、社会认同、地方活动和民间风谣等。在钟敬文主编的《民间文学概论》和《民俗学概论》中,对"民俗"的界定,是以中国史料为基础的,但不同的是纳入了现代民俗学的分类标准,已将"民俗"的认识从古人的政治伦理观中剥离出来,成为人文科学的对象。

以上,我们对"民"的术语变化阐释得比较详细,这样容易理解下面的阐释。

(一)中国民俗学理论中的"民俗"及其对象论

为了方便观察和思考,对这个问题,我们仍列表说明。

表7 中国"民俗"概念一览表

序号	概念和时间	对象	要素	主要出处
1	民间文学,1920年代	歌谣和传说	爱情、劳动	歌谣周刊
2	民间文学和民俗,1930年代	神话传说故事民俗和文化	民间文学、民俗迷信、符箓、绘画	民间文学集镌
3	民间文学,1950年代至1970年代	口头文学	劳动阶级的特殊文学	民间文学概论
4	社会文化与民俗,1980年代	民俗	属于社会科学的分支	中国大百科全书(第一版)
5	生活文化,1990年代	民俗民间文学	国别的民众传承属于人文科学的分支	民俗学概论

资料来源:
1. 北京大学歌谣研究会编:《歌谣周刊》,1922年版。
2. 钟敬文主编:《民俗学集镌》,上海文艺出版社1983年影印本。
3. 钟敬文主编:《民间文学概论》(第二版),高等教育出版社2010年版。
4. 钟敬文:《中国大百科全书·民族卷》,中国大百科全书出版社1986年版。

由表7可见,在我国民俗学中,"民俗"的定义与对象论的变化,有以下特点。

第一,从民间文学的定义开始,建设民俗学的定义,又用民俗学的理论解释民间文学中的不合理成分。

第二,侧重精神民俗,相对忽视物质民俗和社会组织民俗。

第三,用文化人类学的观点考虑研究对象的共同点。

第四,采用文化诗学的逻辑处理民俗定义中的差异性特征。①

(二)外国民俗学理论中的"民俗"及其对象论

我们仍从殖民时期、欧洲发现时期和自然科学时期三个阶段入手,对这方面研究的主要概念做梳理和归纳。

从殖民时期,到欧洲发现时期,再到自然科学时期,"民俗"的含义的变化有如下特点。

第一,在殖民时期,强调"民俗",是具有与工业文明相对立的含义的。这时的"民俗"是被扼杀、被取代的本土文化对象。

第二,在欧洲发现时期,强调"民俗",是具有与都市文明相对立的含义的。这时的"民俗"是被吞噬、被消灭的乡村文化对象。

第三,在欧洲发现时期,民俗学者还引进了语言学和文学批评的方法,使民间口述作品成为民俗学的研究对象。

第四,在自然科学时期,民俗学者引进了唯物主义的物质工具

---

① 程正民指出,这使中国学者与俄国学者巴赫金的路子比较相像。参见程正民《巴赫金的文化诗学》,北京师范大学出版社2001年版,第235—256页。

论方法,观察"民俗"与社会发展的关系,使民俗成为研究对象。

不过,我国学者对西方民俗学者的"民俗"术语的概括,也有信息不畅达的地方,例如,把英国殖民时期和自然科学时期的"民俗"定义都看成"文化遗留物"或"精神文化"的观点,是不能反映英国学术界后来的变化的。另外,把"传统文化说"看作西方民俗学界普遍流行的观点,也不够准确,而这种看法在无意间会造成一种错觉,似乎西方学者是把民俗限于传统之中,而将在现代生活中不断涌现的新民俗排斥在外的,[①]实际情况也不是这样。当时我国学者还很少顾及现代化和全球化时期"民俗"定义的变化,这也与西方学界的热闹讨论不尽一致。

实际上,西方民俗学界的"民俗"定义在现代化时期发生了转折,在全球化时期变化更大。我们可以像观察"民"的定义变化一样,观察在这两个时期中的"民俗"定义的变化,见表8。

表8 外国民俗学中的"民俗"定义变化一览表

序号	殖民时期	欧洲发现时期	自然科学时期	现代化时期	全球化时期
1	文化遗留物	民众的知识	精神文化和进化文化	高度文明民族的底层文化形式和生活形式	从起源考察变为变迁考察/从民族性考察变为流行文化考察/由民众生活考察变为文化财富考察/生产民俗成为现代文化工业现象

---

① 参见钟敬文主编《绪论》,《民俗学概论》(第二版),高等教育出版社2010年版,第4页。

续表

序号	殖民时期	欧洲发现时期	自然科学时期	现代化时期	全球化时期
2	自足经济、习惯支配行为、权利和义务、拟人化和神圣化思维	农民的风俗	重视民俗的文学核心	口头文化/传统文化/非官方文化/非政府组织文化	在城市中心,在工业革命中,哪里活动哪里就有民俗 没有单一的美国民俗
3	大众古董	民俗在都市产业经济中消亡	在高度文明的社会里,(民俗)被照相机和录音机记录下来,成为忠实可靠的资料	民俗在农民和受教育者中,在城市和乡村都存在	民俗由信息、技艺、观念、产品、作品等组成/它们被用民俗方式被习得、被使用、被传播,就是民俗
4	口头、非正规方式传承的信仰、礼仪、民间文学和民俗			民俗指全体传统,是遗存于一个民族较晚近文化阶段的信仰、故事、民俗、仪式以及其他适应环境和超自然的技术	民俗是不甘寂寞的活化石,由科学和文化积淀而成 大众传统的凝聚点/民族精神的有机部分 新技术和新知识与旧民俗观念共存 民俗是人类抑制恐惧和欲望,寻找安全感的人性证明

资料来源:

1. 〔英〕查·索·博尔尼:《民俗学手册》,程德琪等译,上海文艺出版社1995年版。

2. 董晓萍:《民俗学导游》,中国工人出版社1995年版。

3. 〔英〕爱德华·泰勒:《原始文化》,连树声译,上海文艺出版社1992年版。

4. 廖居甫译:《德国民俗学》,《北京师范大学学报》1991年第2期。
5. 芮逸夫主编:《云五社会科学大辞典·人类学》第十册,台湾商务印书馆1970年版。
6. 张紫晨主编:《民俗学讲演集》,书目文献出版社1986年版。
7. 张紫晨主编:《中外民俗学词典》,浙江人民出版社1991年版。

对照表8,我们分别考察一下现代化时期和全球化时期的资料。

1. 现代化时期

我们可以发现,在现代化时期,"民俗"的含义的界定经历了两个变化。

第一个变化,是城市和乡村民俗对立的说法正在消失,美国民俗学家阿兰·邓迪斯甚至打破了以往的城乡、上下界限,认为,在下定义时,将"民众"和"知识"合起来看,就能证实该假设。

> 在下定义时,将民众(Folk)与知识(Lore)两方面都包括在内,是有可能的。这样做,甚至可以超出先驱者们对民俗一词的理解。……在理论上,一个集团必须至少由两人以上组成,但一般来说,大多数集团是由许多人组成的。集团中的某一个成员,不一定认识所有其他成员,但他会懂得属于这一集团的共同核心传统,这些传统使该集团有一种集体一致的感觉。例如,一个集团是由伐木者或铁路工人组成的,那么,那里的民俗就是伐木者或铁路工人的民俗。①

---

① 〔美〕阿兰·邓迪斯:《什么是民俗》,《世界民俗学》,陈建宪、彭海斌译,第2—3页。

在1960年代的现代化初期，他是当时美国民俗学的理论创新者，他把"民俗"的概念从以往的城乡差别、上下差别的思路中拖出来，面向现代化的社会现实，重新指出它的含义。现在我们也知道，打工者，二三人，出来久了，不是城市居民，也不是乡下农民，但他们仍聚在一起使用民俗。这种民俗与他们的出生民俗有关系，也与他们后来接触的城市民俗有关系。这种民俗的势力很大，民俗学者不能守着书本上的旧定义，就把它给忽略了。

第二个变化，是工具技术论的衰落，民俗学者发现，在人类社会的发展中，不能依靠物质工具的更新，便断定社会的更新，同时也断定民俗的兴衰。他们指出，在全球技术高度发达的信息时代、网络时代、新技术和新知识时代，民俗并没有随着旧工具和旧技术而死亡，反而会跟着高新技术照样发展。

> 在新的技术和知识面前，古老的习惯和迷信消失了，但古老的思想观念却会以新的外表再现。例如，效法那过去确定的形式，信仰又依属归附于现代事物上面，如铁路、飞机、摩托车、飞碟、原子弹。同样，随着城镇的发展，常常出现农民事物都市化的情况。民俗材料已不能再孤立地从农民或过去的记录里寻找。在现代城乡条件、环境下，受现代思想观念影响而产生的新的传统习俗已成为今天民俗学研究的一个重要部分。①

布鲁范德研究了美国20世纪70年代完成城市化后的民俗事象，指出，民俗正在变成"全人类所共有的"现象。它们正受到不

---

① "民俗学（大英百科全书）"，鲁男译，载张紫晨主编：《民俗学讲演集》，第483—484页。

同文化及其在现代社会相互作用的影响,变成传统与现代相混合的、不同文化种类相混合的、不同社会层次需求相混合的民俗。它们已是"永远也不可能被完整记录的思想、内容和进程的传统的复合体"。现代民俗学者的任务,就是探查现代社会的民俗的"交织影响的多种线索"①。而首要的工作,就是把学者已经使用的各种学术术语归类,把自己的概念系统搞清楚,然后在新的起点上发展民俗学,其他的各种争论都是无意义的。

表9　布鲁范德的现代混合民俗概念的分析表

现代传承方式	标准	传统传承方式 (口传、习惯、物质材料)
城市民俗/大众文艺/依靠出版物或其他正式手段传播的民俗	高级的	学术的、进步的
	标准的	大众的、流行的
	民众的	保守的、传统的、农民的
	原始的	文盲的、未开化的

资料来源:
〔美〕布鲁范德:《美国民俗学》。

表10　布鲁范德的现代民俗因素互动影响分析表

标准	口传(兴趣)	习惯(治疗)	物质材料(房屋)
高级	小说	医生治疗	建筑师设计的房屋
标准	电视系列片	成药	宽敞的房屋
民众	讲故事或笑话	家庭治疗	木屋或石屋
原始	部落神话	巫医	蓝草音乐

资料来源:
〔美〕布鲁范德:《美国民俗学》。

---

① 〔美〕布鲁范德:《美国民俗学》,李扬译,汕头大学出版社1993年版,第3—4页。

布鲁范德发现,已经用了一百多年的民俗中的"民众"的"知识"的定义,到了现代化时期,已经没有多少承载力了,或者说已无法承载更多的含义。他说,"以口头或习俗的传统方式传承的所有知识"的时代过去了。他现在给民俗下定义时,排除了对社会发展阶段的考虑,以免造成现代与初民民俗有实质性差异的误解;排除了对社会阶级或阶层的考虑,以免造成民俗传承的等级偏见;他最后选择了广大社会成员所共同认同的标志物做要素,来界定民俗的内涵。

我们可以分析,在美国这种国家,在现代化时期,随着城乡接合部的卫星城的出现,以往纯粹的、封闭的乡村民俗环境已经消失;随着中产阶级对朴素的、生态的民俗的欣赏和利用,以往"落后的""贫困化的""不识字的"民俗印象被改变,连那种为数不多的老人化的、地区化的民俗权威群体也已经收缩,民俗逐渐成为中产阶级、大众文化和上层文化所共同需求的人文文化成分,因而民俗学者也不能不改变解释。

在发达国家和不发达国家之间,民俗含义的变化,存在着不平衡性。过去,我们对西方国家的民俗含义变化,不大做比较,只使用他们的新概念。现在,中国也在现代化,也在城市化,也在逐步形成中产阶层,这时就不能不分析各种新概念背后的社会基础了。在我国,中产阶层虽然还没有完全定型,但他们至少有一个特征是公认的,那就是他们在我国的现代化进程中,远比一般工人和农民都更能自觉地保护民俗,能自动地成为民俗权利和民俗意识的启蒙者、呼吁者、志愿者和行动者。尽管中国的现代化过程与西方国家不同,但在对中产阶层的认识上,西方国家的一些讨论对我们还是有启发意义的。他们认为,城市化不是民俗的对立物,而是一个民俗权利的意识化过程,中产阶级从历史意识、个性风度和审美欣赏的现实出发保护民俗,并把享用民俗当作一种区别于统治阶级的生活方式,增加了保护民俗的技术手段,但不是说技术能直接表达民俗。

美国学者鲍曼(Richard Bauman)更直接地提出,民俗作为"民"的创造物,应该被视为上述诸种含义的整合物,不应该将之用其他任何理由割裂开来,他的一个很有名的民俗定义是:

> 它能在口头传统研究中被发现,是社会和诗性文本的整合。①

芬兰民俗学诞生伊始就把"民俗"放到"民俗对象论"中讨论。但他们的定义不是针对一国的,而是跨文化的。傅罗格指出:

> 泰勒提出了"文化遗留物"说。他认为,民俗是不合时宜的东西,与当代文化记录不一致,不能单独构成研究对象。但"神话"不是民俗,神话在历史上被宗教排斥成"遗留物",但神话记录可以保存至今。19世纪晚期的英国民俗学者也没有将神话与故事截然分开,但他们将"民俗"与"故事"当作同义词②,又把故事定义为在"民俗"与歌谣或民歌等传统分裂

---

① Richard Bauman, *Story, Performance, and Event*, Cambridge: Cambridge University Press, 1986, p. 2.
② Nutt, Alfred & G. L. Gomme, "Folk-Lore Terminology", *The Folk-Lore Journal*, 2 (10), 1884, pp. 311-316. Gomme, G. L., "The Science of Folk-Lore", *The Folk-Lore Journal*, 3 (1), 1885, pp. 1-16.

之后才发展起来的体裁。可见，在关于民俗学对象论的各种概念之间，并没有取得理论统一性，有的说法还前后冲突，无法自圆其说。芬兰民俗学不同。芬兰民俗学自始至终有统一的主要研究对象，即史诗《卡勒瓦拉》。①

这个民俗定义与众不同，来自两个背景：一是芬兰民俗学起步于《卡勒瓦拉》史诗的搜集、编创和研究，在芬兰这个特殊的地域内，史诗就是民俗。没有史诗就没有芬兰民俗，民俗不是"客观"的事物，而是广大人民认同的文本。文本中的史诗英雄精神是芬兰人的心灵灯塔，芬兰人在这个灯塔的照耀下，突破历史、地理、语言和政治的藩篱而团结一处。二是芬兰民俗学学科建设的需要。傅罗格说："芬兰民俗学自始至终有统一的主要研究对象，即史诗《卡勒瓦拉》。"《卡勒瓦拉》成书于19世纪中叶，比起17世纪英国兴起的民俗学和18世纪的德国民俗学派，芬兰民俗学都是晚出的研究势力。中国人讨论民俗更早，从先秦就有民俗的言论被记载下来，至今已有三千余年，更非芬兰民俗学所能比并。但是，问题还有另一面，《卡勒瓦拉》史诗的搜集和创编者隆洛德是教授，芬兰民俗学者是一个教授团体，并设有独立的民俗学教席，所以他们的民俗讨论从一开始就是专业化和理论性的，因此，他们的民俗学学科建设速度最快，能够在英、法、德中后来居上。

在现代化时期，民俗的地位是上升的，它由四个新要素组成：

第一，民俗由权威象征变成生存权利，

---

① 〔芬〕傅罗格：《跨文化的芬兰学派》，董晓萍译，中国大百科全书出版社2022年即将出版。

第二，出现了中产阶级的民俗自觉性，

第三，民俗成为国家现代化文化的传统和根基部分，

第四，民俗的概念多元化为民俗学专业理论建设带来活力。

中国在现代化和全球化时期，也出现了新的民俗研究课题，如政府权力与民俗权利的互动，中产阶级的文化自信与民俗意识，民俗生态资源化的倾向，在城市化进程中民俗传承的途径等，这些还都有待于民俗学者去逐步解决。

2. 全球化时期

美国是经济全球化的发源地，美国学者较早地提出了民俗不是一国之物的看法。

> 长久以来，美国一直是、现在仍然是一个地域广袤、文化错综的国家，因此，很难假设存在一个单一的美国民俗。当然，在这个国家的大部分地区，确实存在着歌曲（如《牧童的悲哀》和《弗兰克与约翰尼》）、故事（《幽灵搭车》）和大量的笑话、迷信、谚语、风俗习惯，以及这一类可以从被调查者那里收集来的东西（这些是民俗学的原始材料），但是，就总体而言，更为恰当的说法是：众多的集团孕育着美国的民俗。①

美国学者说，民俗不以国别界定，而是多元混合文化。总之，没有一国民俗学，这一观点在全球化时期是有它的市场的。托肯

---

① "美国民俗学（美国百科全书1980年版）"，邱希淳译，载张紫晨主编：《民俗学讲演集》，第485页。

（Barre Toelken）提出，民俗学者不如从动力学的角度，研究全球化下的"民俗"定义，指出它的表演、渠道、影响、类型、传统、现实等混合要素，然后去分析它和运用它。

"民俗"，是一个很像"文化"的词汇，它呈现了大量的人文知识和相关表达内容，可以从各个角度对其进行研究。但它最根本的特征是直接来自某些动力间的互动，这表现在方言土语表演文本中，而不是通过那些粗鄙的渠道和混乱的结构所表达的东西，那些其实是被技术手段和官僚教育，或通过某种相对稳定的正统阶级传统所编排出来的。[1]

托肯的论述，能帮助我们思考在经济全球化的掠夺与破坏中，民俗仍能获得生命力的原因。但是，困难的是，学者不好找到民俗的实际对象，毕竟不能把所有的传统文化和民族文化都叫民俗。而在全球化时期，民俗依然能根植于人类文明之中，能够历经社会形态和物质形态的变化而保持生命力，并能继续给人类社会的生活以活力，这是与民俗的节奏性分不开的。至少有两个基本方法可以识别民俗，即重复传统民俗定义中的某些成分和重复民间文学类型中的部分，凡是有这种重复的地方，就是民俗。托肯提出了一个保守分析和动力分析的方法比较表，也值得注意。

---

[1] Barre Toelken, *The Dynamic of Folklore*, Logan: Utah State University Press, 1996, p. 32.

表11 托肯的保守分析和动力分析方法比较表

保守分析		动力分析	
保守/保守	保守/动力	动力/保守	动力/动力
儿童歌（童谣）	民谣	笑话	双关语
猥亵民歌	劳动歌（barns）	传说	谣言
神话	民间故事		传闻逸事
谚语			侃大山（wordplay）

资料来源：
Barre Toelken, *The Dynamic of Folklore*, Logan: Utah State University Press, 1996, p. 41.

　　他指出，在传统民俗学中，对民俗事象的分析是失败的，因为民俗学者所规定的各个分类的民俗事象是组合在一起的，是互不分割地发挥作用的，它们还在现场的即兴表演氛围中，或在地方社会的上下文中，随机应变，互相组合，早已与学者的预先分类相差甚远。他认为，造成这种变化的原因，是在全球化中接触性的、混合性的、变化多端的文化机遇，对民俗事象的选配和组合发挥了相当的作用，全球化还给了民俗的定义的变化以新的动力，所以，现在需要使用动力分析法去分析民俗的变迁，这还对于发现以往的保守分析法的弊病，有一定效用。

　　布鲁范德还较早地提出在全球化下民俗的含义变迁的五种情况。第一，一般观念的运动从高到低，例如希腊复兴时的高雅建筑样式下降为赚钱银行的建筑样式。第二，有的观念和建筑形式没有变更，如谷仓的样子千年不变。第三，有的观念和物质自下而上发生变化，如民间服饰变为上层服饰。第四，有的观念和物质产生跳跃式的变化，如所谓的"原始"诗歌和艺术现在成为最能吸引"高级"理论家的东西。当然，民俗研究本身就是高级的活动。第五，也是最重要的，即任何人都可能生活在任何一个层次的民俗中。这样，现代民俗学者无需再用传统的概念去界定民俗，把民俗说成只属于民众的或老头老太太的东西，也不应该按民俗范畴的方法去定义民俗，把民俗分成口头的（指民间文学）、习惯的（指信仰、习俗、体语、节日、舞蹈戏剧和游戏）、民间物质传统的（衣食住行和民间建筑、工艺等）等，这些都过于学院派，已不能解释现代社会的民俗。①

从中国民俗学的角度讲，对全球化下中西学者所做的民俗定义是应该全面了解的，至于它们在我国的适用性还要独立思考。但有一点是无论中西学者都要承认的，那就是对于民俗的含义的界定而言，学者只能是它的仆人，绝不是它的主宰者。而在这方面，各国学者都经历了从理想化的学院派到面对现实的转变。

总的说，在全球化时期，对"民俗"的定义，有以下特点。

第一，在对民俗的含义的定义工作的价值观上，发生了根本性的变化。以往在这方面工作中所存在的地区歧视、种族歧视、贫困歧视和性别歧视等，受到了冲击，民俗的含义，被界定为世界各国一律平等的、各类文化多样性中的、最具广泛社会整合力量的文化实体，并被赋予自我权利的含义和合理化的生态发展空间。

第二，在对民俗的功能的界定目标上，发生了重要变化，由以往的对生活功能的探讨，转向关注民俗的权利意识的探讨；有的还转向对于非政府组织的政治权利、经济权利和文化权利的研究。

---

① 参见〔美〕布鲁范德《美国民俗学》，第5—7页。

第三，在对民俗的作用的界定利益上，发生了分化。民俗中的一部分成分，经过异文化群体的选择，被用于赢利的原则，给予过度的商业化开发。

第四，在民俗的运作政策上，发生了很大变化，由以往的民间自治运作，变为政府的局部社会控制和市场化的成本运作。

第五，对民俗的制作方式的界定，发生了一定的变化，有些民俗被视为现代媒体工业的产品，与以往民俗志生态环境中的自然民俗，大有差别。

第六，在对民俗的传播介质的界定上，发生了新的变化，承认民俗传承与网络传播相契合的现代趋势。

第七，对民俗的文化定义的工作，已被列入联合国人类遗产保护的权威组织的鉴定和评估标准中，也成为各国政府的一项工作，使民俗中的优秀代表作成了各民族历史传统和情感价值取向的承载实体。

我们由此可以推断，在全球化时期，民俗的含义的定义趋势，是促进优秀民俗被人类遗产化。关于此点，布鲁范德曾说，民俗是"人类文化遗产中正式记载之外的人类普通生活"[1]，我们能看到，现代社会日益加强的人类遗产保护工作正在修正他的说法。目前，已有大批民俗杰作被列入人类文化遗产的正式记载之内，同时被冠以与自然遗产、文化遗产、自然与文化双遗产密切相关的"口头与非物质遗产"的含义，得到了更高的社会关注和国际关注。在这里，需要说明的是，民俗不等同于非物质文化遗产，它与其他"三遗产"也有关系，只不过与非物质文化遗产的关系最切近。我们

---

[1] 〔美〕布鲁范德:《美国民俗学》，李扬译，第2页。

的问题是,要将民俗人类遗产化,还应具备以下要素,包括:时间及其延展性要素,地点及其地方风格要素,居民利益及其民俗权利要素,独有性及其保存程度要素,不可再生性及其生态修复要素,以及政府态度和政府运行中的相关人民生活方式的活态结构要素等。

在全球化时期,在民俗的定义的研究上,还有其他一些课题需要思考,例如:在政企合作中民俗权利的影响和运作,村民自治选举与民俗传承的关系,城市居委会在健身、节日或纠纷等事件中对居民民俗权利的关注与维护,水利工程项目中的移民民俗权益,土地利用项目中的农民民俗权益,妇女儿童健康观中的民俗地位,民间文学表演中的民俗动力,等等,这些都可能在今后被研究、讨论和逐步解决。

总之,由以上分析可见,"民俗"的术语的演变,经历了四个阶段:民众知识阶段、民俗文化阶段、民俗权利阶段和民俗权力阶段。从我国民俗学的情况看,在20世纪中,民俗学者对这个问题的认识,大体处于民众知识和民俗文化的阶段。进入21世纪之后,我国在全球化背景下继续进行现代化的建设,民俗学者对这个问题的认识,也随之进入民俗权利和民俗权力的阶段。

三、民众知识

自20世纪60年代起进入新民族志时期。新民族志理论承认人类文化多元性,肯定各民族文化的独立存在价值。学者所使用的民俗资料被从不同视角观察,运用民众知识的视角,重新解释民俗文化的内涵,在语言、符号、认知、认同、模式、仪式、表演、话语、隐喻、传统和现代等各种被称之为"文化"的现象的诸方面,对基本概念做再界定,对相关理论做再探索,这些变革都提升了民俗学的理论水平。

(一)民众知识理论发展的三阶段

在新民族志时期,民众知识的理论经历了三次比较明显的变化。

第一阶段,直线进化论盛行期。1859年,达尔文(Charles Robert Darwin)出版《物种起源》一书,提出了生物进化论学说。紧接着,人类学家吸收其理论,提出了文化进化论学说。1871年,泰勒(Edward Burnett Tylor)出版了他的经典巨著《原始文化》[1]。1877年,摩尔根(Lewis Henry Morgan)出版了他的经典著作《古代社会》[2]。直至第一次世界大战前,他们的学说一直在人文社会科学学界占支配地位。这一派学说的特点是,认为不同民族的文化具有共同的社会进化路线。按照这个思路去观察各国各民族的文化,会找到相同的历史发展方向。

第二阶段,文化功能论发展期。第一次世界大战以后,殖民地扩张,田野作业者的足迹也随之到达了亚洲、非洲和澳洲,他们认识了异文化的社会,但也把自我文化价值观和行为标准导入他者

---

[1] 〔英〕爱德华·泰勒:《原始文化》,连树声译,上海文艺出版社1992年版。
[2] 〔美〕摩尔根:《古代社会》,杨东莼等译,商务印书馆1971年版。

社会,渗透到调查项目和研究领域中去,结果将某些他者文化事象漏掉了,有的甚至永远得不到记录。

马林诺夫斯基(Bronislaw Malinowski)的做法不尽相同。他两次赴特罗布里恩群岛做艰苦的调查,并于1922年出版了《西太平洋上的远洋航行者》一书,创造了文化功能论学说①。到1942年逝世的20年间,他一共出版了16本书,1944年出版的他的遗著《文化的科学理论及其他》最能代表他的学术观点②。

马林诺夫斯基提出,民族志的最终目的在于把握对象社会的整体文化。寻找这种文化的钥匙就是"功能"。功能,即活动或行为的目的。他在《西太平洋上的远洋航行者》一书中描述当地人的库拉(Kula)的行为,指出,在东部新几内亚的周围岛屿之间,当地人年复一年循环不息地驾驶着独木舟,往来穿梭,赠送贵重礼品,建立了一个"库拉交换圈",即"封闭性的巡回交换物品的方式"。这种风俗使邻近各族人民团结成一个互相关联的社会体系。

马林诺夫斯基把"库拉"作为"功能",以此为起点,对当地文化进行研究。他认为,通过观察民众的行为,可以发现民众的知识分为两个范畴:自然知识和超自然知识。巫术和宗教活动属于超自然知识,被用于控制危险的、反常的和不确定的事物。在他之前,上一代人类学者[如弗雷泽(Franzer)]都把巫术看作是伪科学的,但马林诺夫斯基不是这样,他发明了功能论,提出了相反的意见,把异文化研究推向了深入,同时对后来的民族志理论革命产

---

① Bronislaw Malinowski, *Argonauts of the Western Pacific*, Illinois: Waveland Press, 1984.
② Bronislaw Malinowski, *A Scientific Theory of Culture and Other Essays*, Oxford: Oxford University Press, 1960.

生了重要影响①。1909年,在法国,民俗学者根纳普(Arnold van Gennep)提出了"通过仪礼(Rite of Passage)"的经典概念,并出版了《过渡仪礼》②,1924年又提出了"功能的多面观"的观点,并出版了《民俗学》③,他很快成为颇具影响力的人物,其实他的很多思想都是受到马林诺夫斯基的影响。拉德克利夫-布朗(A. R. Radcliffe-Brown),一度与马林诺夫斯基齐名。他曾于1935年到燕京大学讲学,对我国人类学和民族学界产生了直接的影响。他的核心观点是,个人无关紧要,社会体系才是最重要的④。这一观点后来受到美国同行的猛烈抨击。尽管如此,英国功能学派的影响持续到了第二次世界大战后的20世纪50年代。

第三阶段,民众思想学说上升期。自20世纪60年代开始,人类学和民俗学的学者批评泰勒、摩尔根、弗雷泽的文化观,继续发展马林诺夫斯基的功能论,转向了运用民众自己的观点编纂和研究民众集团的文化资料,认知人类学在美国首先诞生。符号学派等新理论相继产生,刷新了传统人类学和民俗学的研究成果。北欧的芬兰学派强调民俗文化的认同功能,不再拘泥于寻找"最初形式""最早国家"的故事类型分析法。法国的列维-斯特劳斯的结构主义问世,在欧美学界掀起一场头脑风暴。民俗文化研究的各

---

① 〔英〕马林诺夫斯基:《文化论》,费孝通译,商务印书馆1944年版。
② 〔法〕阿诺尔德·范·根纳普:《过渡仪礼》,张举文译,商务印书馆2010年版。此中译本将Rite of passage又译为"过渡仪礼"。
③ Arnold van Gennep, *Le Folklore*, Paris, 1924. Gennep, 国内有"根纳普""汪继乃波"等多种译法,本书采用国内民俗学界比较熟悉的译名"根纳普",以方便读者查阅。
④ 参见〔英〕拉德克利夫-布朗《社会人类学方法》,夏建中译,山东人民出版社1988年版。

种学说从此发生了根本性质的改变。其中,一个最基本的转变,就是对"民众知识"的看法发生了变化。

(二)民众知识的概念

在经典民俗学中,对"民众知识"的概念的界定,有文化的、社会的、心理的、信息的、他者群体的、民族文化基础的不同的角度。每一种界定,都标志了民俗学的内部变化。以下分别简述这些解释。

1. 英国学者的概念

"文化"的解释。泰勒在《原始文化》中说:"文化……包括全部的知识、信仰、艺术、道德、法律、风俗以及作为社会成员的人所掌握和接受的任何其他才能和习惯的复合体。"① 泰勒是第一位对文化下定义的学者。他以社会进化为轴,把文化划分为蒙昧、野蛮和文明的三阶段,这种说法受到了批评。泰勒提出了"文化遗留物"说,指从工业社会的角度看,前工业社会的文化都是野蛮的、低级的和落后的东西,只有工业社会的文明才是理想的、高级的和先进的。前工业社会的文化成分像化石一样,需要到前工业文明里去寻找,以证明人类社会由低级向高级发展的规律。

"社会"的解释。拉德克利夫-布朗指出:"任何一种有重复性活动的功能,如对犯罪的惩罚和葬礼等,都是整体社会生活的一

---

① 〔英〕爱德华·泰勒:《原始文化》,连树声译,第1页。

部分,也就是说,这些活动对维持和延续整体结构做出贡献。"① 以他为代表,一批人类学家主张用"社会结构"的概念表示生活在一个特定区域、具有相同语言、相同行为特征的群体。他们看重社会制度、社会关系和社会组织的分析,试图从中找到异民族的生活规则,并由此说明民众知识的含义。他们的观点与马林诺夫斯基的功能学派不尽相同,也与美国文化人类学家怀特的学说大相径庭。但社会是一个有组织的角色和地位的体系,所谓的共同语言和共同行为不一定都是必要的因素。二战后,有些社会群体就是由政治和经济的体系力量聚合在一起的,这些社会成员虽然生活在一起,但仍使用各自的"民众知识"。

2. 芬兰学者的概念

在芬兰,最早提出民俗学理论体系的是卡尔·科隆(Kaarle Krohn),他对民俗学的一大贡献是提出了"民俗"的新概念。继起的劳里·航柯提出了"民众知识"的新概念。劳里·航柯也是跨文化学者,能用芬、英、俄、德四国语言写作,他在跨文化的学术环境中对民众知识的概念不断更新。这时学者对民众知识的解释,不是学者原来的书斋解释,也不是被调查者的具体解释,而是能体现民俗文化的逻辑和整体文化脉络的理论解释。通过这一解释,人们不但可以了解民众知识的重要性,而且能够认识民众知识在传统社会向现代化转型的过程中所发挥的不可替代的构架和工具作用。下面是劳里·航柯在20世纪80年代提出关于民众知识的

---

① A. R. Radcliffe-Brown: "On the Conception of Function in Social Science", *American Anthropologist*, vol.37, 1935.

第一讲 民、民俗与民众知识

新定义：

> 它是被传统文化所包裹着的民众的"知识"；是被看不见的文化（invisible culture）所包裹着的民众的"知识"，所谓人们常说的"行动有文化压力"；以及上述两者之间的关系。因此，民众的"知识"（lore），有三个相关的、不容忽视含义，根据这个基本事实，民俗学解释文化的"传统"，就与社会学所说的"传统"，不尽相同。从民俗学的角度看，文化传统的基本含义为：它是在持续传播的过程中所被传递的事物；它不是被各种文化所精心制作出来的事物，但却是我们一直把自己认为最好的民俗产品存放在里面的大箱子；它是由一种社会群体所示范表演的事物，这些事物经过了这个群体的个体成员的挑选，或者已被他们的局外代言人所认可。[1]

民众知识论是劳里·航柯的民俗学理论中最重要的组成部分。他认为，民众、民众知识和传统三者，在现实生活中密不可分，不能被人为地切开，它们的运行同属于一个文化传统的系统。进入全球化时期后，他发明了"传统池"（pool of tradition）的概念，用以补充"民众知识"的内涵。"池"即在某种环境中的全部资源谱系，"池"本身也有拥有资源的集合性。让劳里·航柯感兴趣的是"池"的资源组织方式。他用生态学的方法开发民俗学研究方法的武库，又发明了"传统生态学"（tradition ecology）新研究法。他用这种

---

[1] Lauri Honko, eds., *Tradition and Culture Identity*, Turku: Nordic Institute of Folklore, 1988.

方法考察后发现,民俗体裁和其他传统资源与一般有机物一样,都有自己的生态分布和相互作用①。

3. 美国学者的概念

"心理"的解释。美国历史学家怀特说,在人类意识的范畴中,在人类的精神活动过程中,我们发现了文化的决定因素,也发现了心理的决定因素②。怀特是新进化论者,他的主张,反驳了拉德克利夫-布朗单纯强调社会群体的观点,要求重视心理活动在文化中的地位。这就与认知学派的观点比较接近了。

"信息"的解释。美国人类学家德伦伯格(E. Paul Durrenberger)提出,应该"把知识看作是来自异文化的集体、以及集体中的个体成员的双方面的'信息'"③。持此说者认为,信息是一种在双方互动的条件下产生的社会知识,是用于双方交际和沟通的文化指令,民众知识也具有这种性质。只有看到民众知识与以往已取得学术地位的上层书面文化知识一样,是可以相互沟通、相互了解的,就应该承认,它是一种与上层书面文化平等的文化。

---

① Lauri Honko, "Textualising the Siri Epic", *FF Communications*, Helsinki: Suomalainen Tiedeakatemia, 1998, pp. 70-71. Lauri Honko, "Text as Process and Practice: The Textualization of Oral Epics", *Textualization of Oral Epics*, Berlin: Mouton de Gruyter, 2000, pp. 18-19.

② 参见〔美〕怀特(Leslie A. White)《文化的科学》,沈原译,山东人民出版社1988年版。

③ E. Paul Durrenberger, "Rethinking Symbolism", in *Structuralism and Symbolism*, draft, 1995.

（三）中国民俗学者的解释

"民众文化"的解释。钟敬文把民众知识解释为国家社会中的民族文化的基础部分，也称"民俗文化"。从钟敬文的角度看，民众知识经过文化化，才能成为国家社会文化中的较为稳固的部分。[1] 钟敬文把民俗学与文化学结合起来研究，符合中国这个历史文明古国和多民族统一国家的实际。以往民俗学研究的一些禁区，如"迷信""落后"和"民间宗教"等，可以作为历史文化现象，加以重新解释。民俗学者还能介入国家民族整体文化的分层研究和整体研究，进行理论反思和资料构建[2]，使民俗学在人文科学中的地位得到提升。

---

[1] 参见钟敬文《民俗文化学：梗概与兴起》，董晓萍编，中华书局1996年版，第8页。

[2] 参见钟敬文《民俗文化学发凡》，《北京师范大学学报》1992年第5期。

第二讲 粮食民俗

在我国从自然经济的农业社会转向市场经济的工业社会时期，孤立的吃饭问题已经不存在了，但却出现了新的粮食问题，探讨粮食问题，可以看到饮食民俗如何在现代社会被赋予民俗权利，如何被用以维护粮食主权，以及保障多元文化发展的意义。经典民俗学偏重饮食民俗的研究[①]，但没有展开粮食民俗研究。本讲介绍饮食民俗，但重点阐释粮食民俗。

一、粮食民俗的概念与意义

粮食民俗，是以解决粮食需求为核心，在农业粮作物耕种、生产、经销、消费和管理等各环节的民俗现象。粮食民俗研究，是研究民俗在种粮、吃粮和粮食经营中的渗透作用，指出它所产生的精神文化与物质文化现象，分析农民群体、农业生产和农村生活中所传承的这些优秀民俗文化。

在全球化下研究我国粮食民俗，有利于建设适合我国生态环境和社会基础的粮食生产与消费模式。在我国近年的农村经济体

[①] 参见钟敬文主编《民俗学概论》(第二版)，第58—66页。

制改革中出现的"三农"问题,里面大都包含粮食民俗的变化。

在现代社会,粮食民俗问题,不仅是农业社会的问题,也是工业社会的问题,还是现代人类社会所共同面临的问题。西方发达工业国家,以及在一些发展中国家,比我们更早地接触到粮食民俗的问题[1]。解决好我国的粮食民俗问题,有利于我国可持续现代化建设。

二、粮食民俗与自养模式

从粮食民俗研究的视角观察,可以发现我国自养模式的叙事框架,包括:口粮哲学、粮食耕种、食品经销、粮食节日和粮食管理。

全球化给中国人带来的一个巨大冲击,是对民族自养模式的冲击。过去,中国人看不清自己的传统自养模式的好处,后来,在西方粮食文化的洪水般涌入中,忽然看见了。过去,中国是农业社会,讲究自给自足,对口粮百般珍爱。现在,粮食市场化了,人们忽然对口粮不在乎了,还造成了粮食贸易的逆差。过去,中国人的信条是"人是铁、饭是钢,一顿不吃饿得慌",曾经把物质的粮食与精神的食粮视为带有连续性的有机结构,甚至把解决粮食问题当成人口构成、社会规模和基本国策的保障,现在受到环境污染、工业土地利用和食品掺假的打击,对粮食生产和粮农产品本身产生了严重的社会信任危机和心理危机,但中国社会的底子是农业社

---

[1] Carole Counihan and Penny Van Esterik ed., *Food and Culture: A Reader*, New Rork: Routledge, 1997.

会，在全球化的冲击下，需要反思我国传统的粮食民俗和自养模式，促进对传统农业社会模式和现代生存权利的思考。

（一）民俗对粮食农业结构的渗透

在我国，粮食农业结构有三个特点：一是重视生态季节的生产，二是重视多样化品种的平衡和互利，三是重视原产地的地位和权利。它们都有相应的民俗。

重视生态季节的生产，是传统粮食农业的第一要素，在这方面，形成了一整套岁时粮俗。中国是长期的农业国家，粮食生产对环境地理条件和气候条件都有很高的依附性[1]，农民严格地遵守农耕岁时安排生产，不像现代农业利用高技术破季生产。在对粮食产品的质量检验上，重视与自然季节的更替节奏保持一致[2]，并对这类产品有丰富的命名，如称之为"时鲜""时令""新鲜"或"鲜令"等。对完全符合应季标志的最优粮产品，中国人还赋予特殊的文化意义，用来祭祀祖先、交换福运和进行社交活动等，当成精神空间的某种工具，这时粮食就成了符号，用来传达地方知识和社会制度的信息。

在自然经济条件下，农民恪守区域内的主要农作物品种，遵守守土省地的民俗。另外，在有限的土地上，农民还创造了复式农业、综合农业，通过建立作物多样性，满足了日常需求，也能抵御自然

---

[1] 参见钟敬文主编《民俗学概论》（第二版），第32—33页。
[2] 参见同上书，第60—66页。但此书是把岁时问题与节日食品混谈的。

灾害[①]，保证人与自然的和谐生存。

在粮食经营中，重视原产地的利益。在传统社会，粮食的使用和交易，往往由是否出自原产地来决定粮价和行情，这就能保持原产地人民连年生产相同产品的民俗利益。

在这方面，还积累了自己的口头传统，形成了粮食神话故事。在汉族地区，主要讲黄帝教民稼穑和尧舜亲耕的神话。在神话中，中国人的粮食祖先，不是跨国公司的老板，而是民族开基的始祖，他们从天界来到人间，介绍种粮的知识和方法，也讲授粮食与人和动物的生命圈关系。这种粮食神话的传承有两个特点，一是形成了粮食崇拜，养成中国农民以"庄稼为王"的观念[②]，二是鼓励农民按照祖制耕种土地和管理粮食，并用历史传统做武器，抵御外来的变化，把对粮食和土地的增加消费控制在最低水平上。这类民俗世代留传，使中国农民认为，原产地的粮食农业有神圣性，应对原产地表示尊重。其他地方的农民，可以向原产地农民效仿、朝圣和勤谨开耕，但不能替代原产地的唯一地位和价值，更不能复制原产地的管理权威。这方面的观念和行为，久而久之，约定俗成，违背者是没有伦理地位和商业出路的。直到改革开放，中国人对原产地粮农产品的信任，还有所体现。

---

① 参见董晓萍《说话的文化》，中华书局2000年版，第67—68页、第72页。
② 关于对中国农民的"庄稼为王"观念的研究，参见〔美〕欧达伟《中国民众思想史论》，董晓萍译，中央民族大学出版社1995年版。

（二）民俗对粮农日常生活的渗透

从民俗的角度看我国的粮农日常生活传统，大体有三个特点：一是使用粮食的仪式传承，二是贮藏粮食的民居构成，三是在粮食的社会运行上的伦理原则。这些方面，还展现了中国农民的社会关系网络，编制了中国农村生活的地域风情。

关于使用粮食的仪式传承。这是一套种粮和吃粮的观念系统和民俗活动，主要通过仪式的方式，被世代强调和加以传承。我国各地农村生活中都有粮食仪式，分日常仪式和节日仪式两种。日常仪式，指有一部分粮食管理的目的是被用作文化载体，是纯精神民俗，与世俗生活中的饮食无关，如上面约略提到的祭祀神粮。这种粮食就不是给人吃的，而是给神履行职能用的，或被用来进行人、神利益的交换时使用的[1]，这时粮食被认为可以避灾祛邪，保佑农民获得生活安全和生产安全。在中国这个农业大国，粮食太重要，太珍贵，因此还被当作上好的礼品，在个人、家庭与社区之间流动，这时粮食就不是用来自我果腹的，而是被用来调整粮食人口之间的社会关系的[2]，这背后也有一层防灾心理[3]。与之不同的是节日仪式，它被安排在农事季节的转换期举行，有明确的粮食标

---

[1] 参见钟敬文主编《民俗学概论》（第二版），第62页。
[2] 参见同上书，第63—64页。
[3] 对粮食与灾害的民俗认识，我们曾在其他著作中进行了讨论，参见董晓萍、欧达伟《乡村戏曲表演与中国现代民众》，北京师范大学出版社2000年版，第119—126页。

志物，还能对农业社会的粮食管理起到象征性的示范作用，这在中国基层社会一直是有相当效力的。特别是在上面提到的粮食原产地，如山西稷县和河南淮阳县，一般有春、秋两季仪式，吸引了附近的非原产地农民从四面八方赶来参加。在非原产地，农民也有类似的仪式，但未必是春、秋两次，或者有的已经简化，而且都是在家户个体中举行的，没有社区规模和圣地影响。总之，粮食节日仪式长期被用于农业社会的粮食管理，向农民强调遵守生产秩序和社会秩序，已成为一种约定俗成的民间自我管理类型。

中国农民对贮藏粮食也十分重视，并在民居中体现出来。中国很早就形成了一套灌溉、加工和贮存粮食的特殊建筑，如井和粮仓，它们也是民居建筑的一部分，是人居地点的必要构件。对它们的修建和巩固，历来是传统农业社会中的一种"核心技术"。以粮仓为例，其形制从先秦至今，一直十分稳定，很少变化，说明修仓技术的早熟和健全。中国人还对粮仓进行了细致的分类，比如有库粮、军粮、新粮、旧粮、种粮、官粮等，涉及政治、军事、阶级、文化各方面，从中能看出粮食与社会秩序的关系也是早熟而稳定的。再看井，它是灌溉和加工粮食的传统水利建筑，新石器时代就有。它是使粮食从生产领域转入到生活领域和文化领域的关键性的技术工具，因而也被崇拜，被发明了井神，被放到人的头顶上。中国人对粮仓和井的祭祀行为和保护制度传承悠久，还成为一种独立的文化现象。在粮食生产地区，这类建筑都在民居建筑中占有显要位置，围绕着它们，构成了农民的生活中心和社交中心。在河南一些农村，粮囤就安在农舍的寝室里，与睡炕相对，是人粮共存的。华北大部分农村的井也都打在农家小院里，被农民切割出一块庭院空间予以安置和保护，农民也以拥有它们为财富和地位的象征。

在粮食缺乏地区，这类建筑还在传统公共建筑中占有崇高的地位，成为整个村落或社区集体共同祭祀的对象①。

中国人重视粮食的观念是与伦理社会制度相统一的。它包含两个要素，即对国家化农业和家庭化农业中的粮食的伦理使用原则。

在汉语词汇中，把人使用的粮食叫"粮"，把牲畜使用的粮食叫"料"，是有区别的。从先秦起，儒家便承认，粮食是满足人的生理需求的基本物质②，重视粮食，能保证社会安定和礼俗制度的运行。中国人还由此产生了品味粮食的"口感""口福"等观念，将填饱肚子视为人生幸福观中的第一要务。在历史传说中，明才子徐文长为朋友帮忙的最得意回报就是"白吃一餐饭"。在电视连续剧《大宅门》中，长工郑老屁对白七爷最满意的奖酬就是一口气"吃两个卷肉大饼"。当然，这些都是民俗，但却反映了农业社会成员的心理和行为方式，体现了小农阶级的社会理想和福乐智慧。

中国传统农业的社会管理体制是国家化农业体制，粮食管理和粮食运作是顺应国家社会的结构体制的。在这种结构体制中，粮食的分配制度和消费制度是具有明显的阶级区别的。仅从民俗的角度看，上、下层阶级的关系交叉点之一，是控制粮食和请求粮食援助。上层阶级是控制粮食和自由享用粮食的阶级，下层阶级是被控制粮食和往往缺粮的阶级③。在双方无法达成协议时，下层

---

① 参见董晓萍、〔法〕蓝克利《不灌而治——山西四社五村水利文献与民俗》，中华书局2003年版。
② 参见钟敬文主编《民俗学概论》（第二版），第91页。
③ 参见董晓萍《说话的文化》，第144—145页。

阶级就会批评上层阶级"为富不仁"①。从社会构成上说，以解决口粮为目标的择业群体，成为一种基础性的社会成分，过去的学徒阶层、艺人阶层、兵士阶层和僧侣阶层等的形成，大都与此有关，至今在中国的口头文学中，还保留着"吃粮当兵""吃粮学艺"的说法，就是对这段历史的一种民俗记录。从政府管理的层面上说，把存粮分成私粮和公粮加以管理，也构成了私人领域与国家公共领域的建构模式之一。从前农民缴纳公粮，是通过粮食的渠道，进行私领与公领的沟通；同时，这也是农民认同国家和地方政府的行政管理，履行家户社会义务和群体责任的一种方式②。

中国传统农业的核心成分是家庭化农业，因此粮食对家庭管理具有制约作用。一是口粮配额对家庭人口的构成有决定性的作用，这在民俗上有很多描述。从民间戏曲《郭巨埋儿》和《耳环记》等资料看，我们能大致认识传统中国农民家庭根据粮食判断家庭人口规模的观念和做法，主要是在灾年来临时，会出现贫穷家庭"鬻儿""典妻""埋子"的现象③，从调查看，与之相埒的，是在人口与口粮之间求得平衡的民俗，目的是在灾害中自裁求生。二是在口粮分配方面，有家庭成员的性别分工，一般都是男性从事与资源分配和暴力维护有关的活动，女性从事计划用粮与和手艺加工有关的活动。三是粮食是家庭认同的媒介，如中秋的月饼，是献给月神的神粮，也是家庭团圆之物。四是在家庭人生仪礼中，粮食起象征管理作用，如在青春礼中，充当仪式对象的青少年要吃一种圆圈形的面饼，象征圆满成人；在婚礼上，男女仪式对象被要求喝喜

---

① 〔美〕欧达伟：《中国民众思想史论》，第13—14页。
② 参见钟敬文主编《民俗学概论》（第二版），第58页。
③ 董晓萍、欧达伟：《乡村戏曲表演与中国现代民众》，第117—126页。

酒，象征喜结连理，百年好合；在寿礼上，被祝寿的仪式对象与贺寿的来宾在一起分食面条，象征福寿万年，绵绵瓜迭。在这些仪式中，都有家庭权威人物帮助家庭成员过关，没人等闲视之。

（三）民俗对粮食加工业的渗透

中国人在饮食消费的环节上，重视粮食加工业，富有作坊营销的传统，创造了无数精美的食品和优良的食俗，这使中国人虽拥粮不富，却吃得很讲究，在南北各地，大到城市，小到乡镇，都有特色饮食，花样翻新，难以胜计。

粮食加工的分类，视日常饮食、节日饮食、祭祀饮食、待客饮食和特殊饮食的区分而定，也有相关的研究成果[①]。在手工加工技艺上，中国食谱的传统深厚，体现了中国人将农作物、其他植物、动物和水、火、人力相组合的丰富智慧，结合的关节点是"火候"，这是饮食加工业的技艺结晶。在饮食加工的服务业上，中国涌现了许多专营南、北食品的老字号历史名店，前店后厂，都以作坊式的精到生产和销售信誉赢得了声誉。传统食品的作坊营销绝不像现代大工业食品流水线的产品那样，整批处理，统一口味，抹杀个性，它是反过来的，是强调以独特性兼长销效益立于不败之地的。

中国的饮食加工产品早已跨出国界，成为中外交流的成功载体之一，这里颇有民俗之功。

[①] 参见钟敬文主编《民俗学概论》（第二版），第58—66页。

（四）民俗与国家粮食管理

中国农业社会的粮食管理历来是国家农政制度的构成部分，有些粮食民俗是上、下层共通的，主要是崇尚节约型的粮食社会运作。在正常年份，国家的粮食管理能解决社会人口的粮食需求，有些精品特产还能从下层社会流通到上层社会，得到欣赏和留用。部分粮食储备还能抵御小灾。但是，到了大灾之年，这种管理便无能为力了。这时要靠国家政府开赈救济，提取节约的存粮，保证人口存活和社会安定。国家也有这类储备，属于政府管理的项目。还有一部分是国防军粮，完全由政府调动，是保障国家安全的物质基础。不管怎样，国家管理和基层社会管理的储粮，都是保存社会内部人口生存的基本粮食品种，保存的数量由日常口粮和防灾备战的余粮相加而得，在这方面，政府制度与民间习俗是一致的，都是爱惜粮食、节约粮食和精打细算地使用粮食。

国家政府也利用民俗管理的渠道推行政府粮食政策。中国是人情社会，基层社会的粮食运行往往被人情化，赋予传统文化价值，这时粮食就变成了一种社会工具，被用来调节和捍卫享用粮食的群体权利与民俗认同，解决可能发生或已经发生的社会危机。这种力量是伟大的，非物质的，但却是国家政府需要的，它是在有限的生存资源中维护饮食平衡和社会安定的自养模式。

中国人在有限的耕地和粮食资源条件下，创造了举世闻名的农业文明,发展了这一套粮食民俗①,它让中国人自给自足,自养自立、国泰民安。在中国现代社会的变迁中,这种模式受到了冲击,造成有的方面已消失,有的正在被回忆和记录,当然也有的优秀传统还在继续传承②。

三、工业化粮食模式的冲击

在现代化和全球化中,出现了工业化的农业模式,对传统粮食自养模式造成冲击。

(一)工业化粮食模式的特点

工业化的农业模式有四个特点:一是国家对农业实行补贴政策,并按工业增长的GDP(国内生产总值)指标控制农业生产的规模;二是对土地和水源造成了巨大的污染,影响了粮食生产,却由农民承担损失的代价;三是为提高工业化产品的生产力,给动物或食物注射激素、改造基因,并使之成为合法活动,造成了疯牛病、口蹄疫、萨斯病毒等严重后果,使粮食质量下降,动物也得不到善待。四是出现了大国粮食霸权,剥夺了发展中国家的粮食地盘,侵害了这些国家的饮食文化多元性。

---

① 参见董晓萍"灾害民俗学",《说话的文化》,第67—74页。
② 参见董晓萍、蓝克利《不灌而治——山西四社五村水利文献与民俗》。

这种工业化农业模式的运作，是以国际粮食项目的投资为导向，在高技术的引导下进行，形成集约化的粮食生产方式。很多外来的跨国企业，出于商业赢利的目的，以市场竞争为途径，组织了大批粮食输入项目，如救灾项目、援助项目、外来粮食品种进口项目和外方食品引进项目等，使这些国家内部的人们，在接受项目的同时，可以不再依赖传统的自养机制存活，可以不再恪守与自然界相沟通和与周围社会关系相协调的农业文化原则去防灾自救，这对发展中国家来说，不是什么好事。至少，它对长期被用来解决粮食危机和维护生态平衡的节约粮食民俗及其价值体系，造成了前所未有的冲击或干扰，对原民族自养模式造成了严重的破坏。在工业化统一批量生产的机制面前，在市场经营的模式中，多元性的农业粮食文化原则被替代，人们在获得粮食项目的同时，也不知不觉地放弃了粮食权利，疏远了粮食民俗。

（二）粮食项目对粮食权利的瓦解

全球化所推行的工业化农业模式，在发展中国家，与人民失去粮食权利形成了紧密的联系。近几十年来，一个可怕的倾向是，分散的、多样化的农业纷纷变了成单一的、高密度的农业。在这背后，有一个否定性的概念在起作用，就是蔑视农业生产力和生产方式，认为其传统自养模式不行，是费时多、产量低、成本高和利润少的传统经济活动，应该把它集中到少数人的手中，将之变成现代工业农业，然后再变成少数跨国企业手中的经济财富。它还造就了大国粮食霸主有权控制世界粮食的神话，暗示人们两点：一是小农经济无力生产高质量的粮食产品,二是工业化农业具有巨大的优越性和竞争力,谁也比不过它。它对农业粮食模式的破坏性极为明显,就是破坏了粮食生产的人文传统,制造了粮食权利与水权和土地权利的分离,以及本民族生存环境与饮食品种权利的分离,出现了由别国人决定本国人种什么和吃什么的可笑局面。具体表现为以下几个方面。

原产地原料的跨国分割。以咖啡饮料为例。世界上有两个著名的咖啡原料产地,即墨西哥和越南。但在工业化的农业改造中,两者变成了两个兴衰不同的生产基地。本来,墨西哥生产的咖啡豆质量高,越南生产的咖啡豆质量低,按照人们以往的习惯,大都是会选购墨西哥的咖啡。越南的咖啡只是补充,在国际市场上并不占优势。但是,后来国际市场大力推销速溶咖啡,如雀巢速溶咖啡等,速溶咖啡不需要用高质量的咖啡原料即可制造,这样国际企业便降低了对咖啡豆的要求,转而到越南去收购,再大量生产,向世界各地倾销,这样国际企业降低了成本,却提高了利润率,结果使墨西哥的高质量咖啡反而卖不出去,没有什么公司愿意大批量地定购和加工生产,最后连墨西哥人自己也喝上越南的低质咖啡了。在这种情况下,原产地的原料与产品之间出现了可悲的分离,墨西哥人生产和使用咖啡的粮食民俗也受到了极大的侵害。

粮食超量消费的利益导向。吃鱼是个明显的例子。在人类饮食中,鱼类占有一席之地。鱼蛋白在人类饮食蛋白中占6%,这是一个不大的数量。但在饮食民俗中,鱼类却占有重要的位置。在发展中国家,鱼类是主要的蛋白质来源。捕鱼业还给数千万人口提供了就业,给渔民提供了享受自然资源的权利和消费鱼类口粮的权利等。但是,全球化以来,很多发展中国家的公海权利受到侵害，那些渔业跨国公司用高额资费把这些权利运作到手，牟取自己的商业利益。渔民也被利润指标所影响，超生态地捕鱼和出售鱼类产品。长此以往，渔民便会失去享用资源和食鱼自养两种权利。①

地权与水权的商业运作。与粮食生产发生直接关系的是地权和水权问题。工业化的农业将工业吸引到农业土地上，造成了粮产品与农民地权和水权的分离，也造成了直接的土地流失、水污染和粮食污染等严重问题，当然，在另一方面，也有为了追求经济利润造成土地和水资源浪费的问题。近年我们在山西农村调查，看到了这种伤农的现场。工业获利的代价，是使发展中国家的农业边缘化，情节严重者，挤垮了农业，挤走了农民，摧毁了许多世代安居的生态家园。在这种市场运作的条件下，政府权威和农民权利都是在下降的，谁都无力保护以往的生产生活模式，这对节约型农业的冲击更是根本性的。

（三）工业标准对饮食民俗的侵害

工业化的农业模式推行统一的粮食标准，包括统一的质量认证指标、统一的生产流水线和统一的卫生检测指标。这些指标被用于企业控制的大机器工业生产是合适的，但却不适于民族民俗食品的生产，于是工业标准对饮食民俗就成为一种文化侵害，往往

---

① 20世纪90年代以后，陈越光等在中国社会与中国粮农关系上做了许多调查研究，对我颇有启发。2004年1月，我在印度参加"世界社会论坛"期间，结识了法国学者金丝燕教授，此节文字也吸收了她的看法。

对民俗食品的安全性和稳定性加以否定，有时还成为民俗食品的合法杀手，能毁灭那些保持了几百年的传统工艺生产，还导致了农业粮食文明的倒退。实际上，民俗食品大都是由作坊式工厂或由家庭手工生产出来的，拿它们用工业质检的标准衡量，大多是不合格的，可它们却是适合本地文化成员的胃口、生理和心理的，而且世代乐此不疲。近年，在一些欧洲国家，人民对本国民俗食品被评估过低进行了反抗，一些国家的政府开始考虑给民俗食品以政策补差，要求粮食企业在执行工业卫生标准的同时，也要进行民俗饮食的文化传统教育，维护国民的历史感情和心理健康。

工业标准也是双刃剑，既创造了市场品牌，也召回了民俗饮食的潮流。在其他一些粮食项目中，民族民俗食品被当成多元文化的象征，加以推介和宣传。一些新的市场品牌也被贴上了传说广告，附加了文化内涵。这些都是利弊各存的，主要是在一些快餐食品、健康食品、绿色食品、转基因食品和援助食品等项目上，出现了不少矛盾，值得讨论。

1. 快餐食品

现代人口的迁徙和社会节奏的加快，带来饮食的快餐化。据统计，目前在世界市场上，快餐食品的销量达到30%，创造了世界上最大的流动性垃圾的概念。它与饮食民俗的矛盾十分突出。第一，是用工业食品取代人工食品，取消了个性技能，否定了民族饮食加工的传统。第二，用快吃的观念代替慢吃的观念，而实际上被加快的是流行文化的传播速度，民俗食品却是要慢吃的。在慢吃里面，有品尝、欣赏、礼貌、社交和信仰等正常的日常需求、群体性的分享行为或仪式内容，往往是一个民族的深层文化，快吃就将之抹杀了。第三,是工厂对厨房的取代。厨房是田园性和人文的重要生产基地,一经工厂化的处理,厨房的功能就被挤走了,这对家庭的职能和人性的塑造是一种无可言状的损失。

2. 健康食品

还有一批标注具有预防功能和治疗功能的食品,也与民俗食品发生冲突。第一,它将民俗食品推入垃圾食品加以排斥,降低民俗食品的声誉,造成民族成员的反感。一篇名为《全球十大垃圾食品》的文章说,油炸食品、腌制食品、肉类防腐加工食品、饼干食品、汽水可乐饮料、方便食品、罐头食品、蜜饯食品、冷冻甜品和烧烤食品都是垃圾食品,我们看到,这里面有五成是民俗食品。就拿中国人来说,在饮食中没有了它们,也就没有了饮食的滋味和快乐。第二,它暗示民俗食品是非健康食品。然而,谁能说喜欢民俗食品就是不懂健康的人;喜欢防腐食品、可口可乐和方便食品就是懂健康的人呢?只要稍加分析就知道,这是一种手段,是以贬低民俗食品的名义,推销商家的流行食品。第三,提出对全人类和全球食物进行危改的新概念,让人们接受各种非本民族的、非生态的异质粮食,还说这种食品能提供对人类所有需要保护的身体部位的保护,能协调社会关系,还能满足人们的未来需求,总之,从改善皮肤、身材、智力、情绪,到职场晋升、环球旅游和防治火灾虫害等无所不能,这些宣传,就显然不是从民族成员的切身利益着想,而是商家利益在起作用了。

3. 绿色食品

这是由集约化农业带来的一种概念,又称无农药食品或有机食品。它高质、高价、低产，但有碍于传统农业和部分民俗饮食的发展，究竟利弊如何，目前也在讨论。

4. 转基因食品

它是使用生物技术制造的食品，推行很快，但也被认为对地球生物链有潜在的不利影响，还会破坏农民发展生物多样性的传统，削弱农民适应环境的能力，取消民俗食品，违反了生物多样性的伦理原则。对这类技术，联合国粮农组织也提出了质疑①，现在一些国家和地区的人民也在抵制它。

5. 援助食品

联合国和世界粮农组织承担了许多国家的粮食援助责任，并把援助的任务分配给了有能力的国家。非洲南部是干旱的重灾区，也是重点援助对象②，但一些援助国家只提供了适合本国饮食的粮食产品，却不合乎被援助国的饮食民俗，也引起了对方的不满，他们认为，本国的儿童在这些援助食品中长大，会忘记自己的饮食民俗，丧失自己的粮食主权意识。这实质是损害了被援助国的利益。2004年12月印度洋发生海啸后，印度政府提出不要食品援助，只要资助资金，然后自己选择救助食品，这就表现了受灾国在对待粮食项目上的主动性。现在很多学者要求尊重各国人民自己选择民俗食品的权利。

---

① 参见联合国粮食和农业组织《粮食和农业生物多样性》，http://www.fao.org/index_zh.htm，2005年3月8日。
② 参见《非洲干旱引发粮食危机》，《中国气象报》，2004年2月5日。

四、国家管理与粮食主权

维护粮食民俗是一场长期而严肃的斗争。过去，在封闭的农业社会里，粮食是靠本民族成员自己世代耕种和文化传承获得的，耕种和享用粮食的权利在本民族的内部。现在，在全球化的条件下和在市场机制下，粮食主权要靠民族成员的自觉意识和公民奋斗去获取。在今天的世界格局中，一个国家的政治主权还与粮食主权息息相关，因此，正确地认识粮食文化、保护粮食民俗和把握粮食管理的主权，也是国家建设可持续模式的一个重要方面。

（一）粮食生产与生态环境

在中国农业社会的自养模式中，人们对粮食生产的控制与对环境的控制是和谐统一的，两者的关系被比喻成生命线，还有一套关于它的天人合一的哲学，被用来支配着人们的行为。但是，在工业化农业的模式中，对粮食与环境的协调管理传统却遭到了破坏，一些商家、项目单位和跨国公司为了获利，只要求提高粮食的产量，不负责环境保护，造成了粮食与环境管理的分离。

上面曾谈到捕鱼。鱼类固然在人类饮食中占有重要地位，但地球上的大海不是为人类获取鱼类资源生成的，人类却对其肆意掠夺，捕鱼的产量远远超过了人类对鱼类蛋白的实际需求水平，这就破坏了渔业生产与水产环境的和谐。我国也如此,我国虽属大陆国家,粮食产量不以渔业为主,但在现代经济的快速发展中,渔业产值也处于很快的增长状态中,仅从国家粮食局2002年的一份统计表看,在前两个季度,渔业产值增幅就达到664亿元,比上年同期638.1亿元增长了4.1%[①]。各国都照这个速度捕捞下去,渔业资源消耗的程度可想而知。

人类对大地和天空的索取又何尝不是如此?所攫取的天上地下食物的资源早已超过了物种平衡的基本界限,造成了大量动物和飞禽不得善待。人类在对粮食资源的过度使用中,还消耗了大量能源,其中有一些是不可再生能源,这无异于是对大地母亲的亵渎。据联合国能源委员会统计,截至20世纪90年代,世界上的能源消耗量,在发达国家要比发展中国家人均高10倍[②],这无疑是给人类自己敲响了警钟。

农业化工业的污染后果也令人触目惊心。据报道,江苏盐城阜宁县古河镇的洋桥村,农耕土地被工业化,在三年的时间内,一家农药厂和两家化工厂在村里开工,把原本肥沃的土地已变成了毒地,井水和河水也成了稀释农药水,不能灌溉,也不能饮用,本来在河里放养的鸭子被农民赶到猪圈里喂养,村民已有20人中毒致死,三个工厂中的工人也有不少中毒去世,死亡人数达到自然死亡人数的70%,报纸因此呼吁重视粮食环境问题,制止这种可怕的

[①] 农调总队:《农林牧副渔总产值(2002年1—2季度)》,http://www.sannong.gov.cn. 2005年3月8日。

[②] 吴贤纬:《世界能源消耗知多少》,《中国气象报》,2004年2月5日。

污染①。近年这类事件的报道不少,说明粮食环境的根本问题是人们的生存主权问题。在一些农业用地被征用的时候,所连带殃及的,就是地上的粮食和水源的所有权问题。从前,土地、粮食和水利的关系是有序的,现在人们在忽视粮食时,也忽视了这些关系,结果使农民的基本生存秩序被破坏,农民和周围的动植物一起付出了生命的代价。

实行国家管理,也发挥民俗的力量,恢复对农村粮食和环境的协调管理,珍惜资源、节省能源,这是必要的,也是紧迫的。

(二)粮食民俗与可持续社会

文化多样性是从饮食开始的,许多有识之士已经认识到这一点,因而呼吁粮食的多样性,呼唤粮食人口的民俗意识,保护文化发展的多样生态。近年一些国家建立了和谐农业,通过政府扶持、民间参与,发展民俗饮食,维护粮食文化传统。也有的企业对工业化的农业进行技术革命,小有成功②。在这些经验教训的背后,都有一些理念和实践,值得我们深思和讨论,其中一个最值得反思的问题是高科技和民俗的各自角色与作用。

高科技是工业化粮食产品的支柱。在现代社会的粮食生产中,使用高科技,划分了工业化食品与农业食品的界限。主要区别有

---

① 参见顾强、李亚东《癌症高发地的疑问:经济发展比生命更重要?》,《法制文萃报》,2004年5月3日。

② 参见《查尔斯食品公司创盈利纪录》,《法制文萃报》,2004年5月3日。

三点，一是加工和配料原则，二是防腐过程，三是洁净概念。从另一个侧面说，高科技也把民俗的特点给凸显出来了。

高科技被用于食品加工业，创造了工业生产流水线的规模、统一了配料规格，也带来了不同产地的产品的标准化样式。与之相比，农业产品的加工是作坊作业或家庭劳动，依靠的是双手、力气和对火候的把握，是对周围空气、温度和水质量的理解，以及对当地原料循环使用的观察经验，好处是能做到食物的多样化和环境生态平衡。

高科技利用化学的方法和物理的方法解决食品的防腐问题，所用化学剂量是可以测量和监控的。农业产品的加工采用冷冻、烘烤、风干、密封等自然的方法解决防腐问题，这也能达到延长食用期的目的。

高科技是工业卫生的后盾，而且它是可视的、量化的、淘汰制的。高科技有很多好处，但也带来了对地方知识和食品多样化的威胁。相比之下，农业产品使用的是人文"洁净"标准。从根儿上说，它就不是工业卫生的"洁净"与"不净"的概念。它是指人与自然界、周围环境和社会秩序的良好沟通。遵守这种人文原则就是洁净的，否则就是不洁净的。这种标准是不可视的、定性的、世代积累的、反复传承的，只能按老规矩去办、去利用，不准浪费，更不能随意淘汰。用现代观念加以概括，就是节约型的。

高科技是现代速度的怂恿者。高科技支撑了快餐，等于在推行两个理念，一是把人类饮食传统用工业生产的时效观来计量的理念，一是把人类自身变成饮食机器的理念。民俗却始终要维护饮食与人、自然、社会和传统的关系，这是它最优秀的地方。据说，一些跨国企业已在动手改进，提出了在中国实施慢餐的计划，发动者是国际慢餐协会,会员遍布世界五十多个国家,有八万多个厂商和个人会员,其目标是"反对将美食日常标准化"[①]。对民俗饮食的发展来说,这无疑是个交叉点,也许是个回归点。

高科技还是民俗意识的掩盖者和强国品牌的促销者。不难发现,现在在我国上市的国际食品,都是美、英、法等高科技国家出身。他们有稳定的科技投资,有强大的经营实力,让中国的民俗饮食一时灰头土脸。中国的青少年,在铺天盖地的外国食品面前,很容易放弃民俗饮食的权利。中国的贫困地区人民,在外来的经济项目面前,也很容易放弃土地,追求其他生存方式,造成耕种面积萎缩和粮食产量锐减。有一个例子给人的印象很深,中央电视台的新闻调查栏目组曾去云南怒江大峡谷的水电站项目区做调查,发现这个水坝项目会淹没大片肥沃的土地和原始绿色的植被,破坏天然峡谷的地理风貌,摧毁多民族的文化遗迹,结束当地千百年生产粮食的地方传统,十分可惜,但农民不吱声,也不后悔[②]。外人可以想象大峡谷明天的悲剧,对类似的技术项目,联合国粮农组织有一段评估,虽然不是专指中国的,但也有共性:

> (它们在)许多方面的影响可能是无法扭转的。不管它们是具体的粮食生产单项技术,还是涉及全球化国际贸易的广泛影响,这些影响使人们再次注意人类的基本权利,其中包括获得足够——和安全的——食物的权利。科学继续扩大我们的视野,向我们提供必然会引起争议的新选择。最近的发展

---

① 江金骐:《"慢餐"进京叫板"快餐"》,《法制文萃报》,2004年5月3日。
② 中央电视台:《新闻调查》栏目,王志主持,2004年4月。

情况凸现了许多伦理道德问题。这些问题是粮食安全、可持续乡村发展和自然资源管理的核心,因此得到粮农组织的高度重视。①

从实际情况看,首先提出民俗保护意识的,总是中产阶级,而不是农民。在现代社会,高科技是实用的,民俗意识却需要通过教育进行灌输。

我国是粮食消费大国,党的十八大以来,国家粮食安全战略已被提到议事日程上来,近年我国粮食行业发展持续向好。

现代民俗学者研究粮食民俗的目标,是辅助落实国家土地政策和粮食政策,促进发挥它在民族自养模式中的核心作用。还有一种学术意义及其应用价值是,粮食民俗研究能扩大饮食民俗研究的领域,通过民俗学的视角,对农业、农民、农村和吃饭问题如何被赋予粮食主权的现实意义和建设可持续人类社会的长远意义,提出自己的解释和建议。

---

① 联合国粮食和农业组织:《粮食和农业生物多样性》,http://www.fao.org/index_zh.htm. 2005年3月8日。

第三讲　土地民俗

粮食和土地的民俗都有社会整合性。对土地的研究与对粮食的研究一样，不仅是自然科学的问题，也是文化科学的问题，还是经典民俗学的关注问题。在钟敬文主编的《民间文学概论》和《民俗学概论》中，都提到了与土地相关的民间文艺现象和民俗现象，但其理论阐述对象还都不是土地民俗。《民俗学概论》介绍了与土地相关的农村生产方式，但其学术分类和现象描述都以农民为主体，而不是以土地资源为主。本讲介绍经典民俗学研究农村民俗的基本观点，同时侧重讨论农村的土地民俗及其对农民精神世界的影响，包括农民在土地民俗的享用和管理中所体现的文化传承和历史智慧。

一、土地民俗的含义、构成与范围

中国农业社会具有超常的稳定性，相关的土地民俗也有很强的稳定性，这对中国人认识土地的观念、利用土地的方式、适应土地制度，以及对待土地现代化进程的行为，都产生了深刻的影响。

（一）土地民俗的含义

土地民俗，是指由于土地的人为利用和社会整合被创造和被使用的，构成民俗基本形态的文化种类。在我国长期的社会历史发展中，由于土地绝大多数都是农村土地，所以土地民俗的内涵也以农村对象为主。

"土地"一词，由"土"和"地"两字结合而成，从地理上说，它既指土壤和地表构成，也指人类开发利用土地的行为。从民俗学上说，"土地"一词与"农村"结合，产生土地民俗的基础。农村土地是农业的基本生产资料、农民的生活资料和农业社会的依托。它在性质上，有生成的自然性、人与动植物依存的本源性、空间整体的不可分割性、数量的有限性和质量的多元性[1]；它在范围上，按照我国土地法的规定，"除由法律规定属于国家所有的以外，属于农民集体所有；宅基地和自留地、自留山，属于农民集体所有"。从我国现行规定看，农村土地指农民集体所有制土地；农民土地的范围，指除城市市区以外的，并除按法律属于国家所有的之外的，都是农村土地[2]。这些都是土地民俗的基础。

---

[1] 参见韩明谟《农村社会学》，北京大学出版社2001年版，第96—97页。
[2] 《中华人民共和国土地管理法》第二章第九条，1986年6月25日第六届全国人大常委会第十六次会议通过。2019年8月26日第十三届全国人大常委会第十二次会议第三次修订。

（二）土地民俗的构成

土地民俗的构成，包括在这一环境中对土地进行共享、开发、分配、利用的民俗社会网络、地方知识、行为方式、文化产品和社会规范。与政府土地法所规定的土地构成条文相比，土地民俗的构成是一个完全不同的概念。它是我国社会发展长期受制于土地条件的背景下，所建立的农村生产生活系统的一部分。

（三）土地民俗的范围

从范围上说，土地民俗分三块，是在人、自然界和神灵空间中都有体现的。在这个范围内，按照它自身的事象分布，又可分为三类，即现实世界的土地分配与土地利用、自然界的土地分配与土地利用、精神世界的土地想象与土地利用。

现实世界的土地分配与土地利用。在农村中，分为生产用地、生活用地和村落公共用地。[1]

自然界的土地分配与土地利用。在农村中，分为自然生成地、人类开发利用地和边缘区荒地。它的认识途径有两种：一是自然科学的测查结果，如对地形地貌、地理位置、气候、灌溉、农具和作

---

[1] 关于生产用地、生活用地和村落公共用地的划分界定与民俗功能，参见董晓萍《被表演的土地》，《民俗典籍文字研究》（第5辑），商务印书馆2008年版，第59—77页。

物的不变测量和对耕地、人口的变量调查等；一种是民俗认知，如对人们在所活动土地上的祭祀、节日、婚姻、贸易、娱乐等的感知、参与和认同等。

从民俗认知看，农民对现实世界和自然界的解释和划分是十分不同的。主要的区别是，农民不是采用农业生态的划分方法描述土地，而是采用民俗志生态文化的划分方法描述土地。我国各地农村都有这种民俗。例如，农民以祖先的名义划分土地，在土地利用上产生了伦理秩序性，也产生了可以越出个体生产生活用地以外的超公共地，以提供农民互助互利的合作机会和场合。农民也以地方神的名义规划土地，并依靠集体的地方认同和信仰认同，形成了超自然村和超行政边界的文化社区。在每年岁时节序中的某些固定时间里，他们来到这个社区内，年复一年，周而复始，聚会、歌舞、祭祀、竞赛、酬神、自娱、传技、教育，久而久之，创造了带有固定的神路、神圈和圣地边界的文化空间。农民还以自然神的名义圈定土地，他们不畏山高路远、土薄石险，在一些高山云水处，在这种超人居区，跟神灵沟通，建设和巩固人与自然之间的敬畏与协调关系，也约束和批评自我滥用资源的欲望或行为。在现代社会，这种民俗志生态文化划分的习俗是依然存在的。在日常生活中，它们也有自己看得见的物质化边界，如祖坟关系圈、僧神寺庙圈和资源祭祀圈等。在人群范围上，它们还有一些家族类、性别类或社区类的民间组织在活动，使这方面的土地民俗得到了活态传承。

精神世界的土地想象与土地利用。这一类的土地认知和土地解释完全是民俗，虽然与土地的自然划分关系不大，但却对土地资源的文化保护和社会利用有深远的影响。按照这种划分，土地不

是平常物,而是一种有特殊亲情或神圣含义的民族精神资源。主要有四类:

1.本源性资源,我国有世代流传的大地母亲和大地父亲神话,都与此有关。它们也往往是民族史诗和民间叙事长诗的开篇内容,被用来解释人类起源和民族来源,在凝聚民族、整合社会和保卫土地家园上,具有神圣不可侵犯的意义。

2.两界性资源。人们很早就把脚下的土地与圣俗观念联系起来看待,并进行了"俗尘"与"净土"的再分类。俗尘的边界,在现实生活中,也在人生仪礼的此界中;净土的边界,在超现世世界中,也在人生仪礼的他界中。至今在我国的婚丧礼仪中,还保留着"踩毯""插桃枝""洗脸""净身"等关键仪式,要求参加仪礼的当事人抛除俗尘,以免被净土世界拒绝,就是按照这种观念进行的。

3.固定性资源。在土地民俗中,渗透了农业国家人口依恋土地的情感和价值观,也体现了我国血缘家族体制社会的历史积淀。人们在土地划分上,又把祖先开基和世代居住的土地格外辟为尊地,视为血缘关系的基础,称为"祖居地""故乡"或"故土";把在这块土地之外旅居或定居生活的人们,称为"移民"。在土地民俗中,这种故土资源是固定的,要受到来自四面八方的家族子孙和移民的朝奉,山西洪洞县的大槐树就是这种家山共仰的一块名地。

4.有限性资源。在各地的风水观念中,还把一小块传说的神迹土地或一种特殊形貌的山石等奉为宝地,人们与之积极建立资源合理共享和世代守约的关系。很多人居环境在这种精神世界的土地想象中得到了长期保护和有限制的利用,有的今天还成了天然风景区和文化遗产地。

与上述土地民俗相比，反思经济全球化下的土地划分方法，如信息类的划分和商业利润类的划分等，不免要引起警惕和思考。这种划分，可以生成低成本、高回报的土地价值，却损伤了本土人民的土地伦理文化，造成了土地滥用和环境破坏等可怕后果，其损失是不可挽回的。土地民俗却显示了诸多好处，提倡人与自然的友情共享和保护利用，对这两种划分的利弊，我们应该对比和取舍。

二、土地民俗的变迁

农村土地进入现代化时期后，在三种情况下，土地民俗是不变的：一是祖坟地，常常能看见高速路边大片现代化农机具耕种的平坦土地中隆起一小块坟地和墓碑，两者不协调，但由于风俗习惯的传习，不能挪走。二是宅基地，特别是老户给子孙预留的宅基地，不能改变，也不能取消。很多冲突为此而起。新户的房子都盖在村边上，一望即知。三是保留公共祭祀地，如庙地等祭神的地点。国外也有这种用地，如印度也有田边的祭祀地点。这种土地民俗的范围，大都是生活用地和精神空间用地，在正常情况下，与现代社会不发生冲突。

中国现代化时期，由于环境变迁等种种原因，一些地区的生态环境发生变化，造成对传统生产用地的威胁。近年来，在西北强沙尘暴源头的内蒙古阿拉善盟和甘肃省民勤县境内，生态环境恶化，大批农民被迫弃耕搬迁，成为生态难民。1980年代以来，这种危机还波及新疆塔克拉玛干沙漠东南缘的且末等地区，在全球气候的变化中，农民世代赖以为生的天然荒漠林悄然变成了世界最脆弱的生态系统,农民的砍柴生产民俗反而成了他们自己的杀手①,他们的唯一出路就是改变传统民俗。

在中国农村现代化进程中,由于政府改革政策的实施,也发生了土地民俗与现实生产生活的冲突,有三种情况。

一是城镇化,用就业机会或非农业户口指标与农民交换耕地,用于非耕种目的,造成农民与开发商的冲突。北京某集团与北京昌平县某村谈成一笔土地交易的生意。该集团看好了此村的土地,承诺给村民40个就业指标和510万元的其他劳力补偿费,征得了村民的同意,后来村民发现上当,并没有得到所谓的就业机会和补偿款,就跟开发商争理。全村出动了二百多村民给企业施加压力②。这件事让我们看到,掌握土地权力者成为一个既得利益集团,他们使用各种理由为自己制造话语权,不惜伤害村民。

二是商品化,用商业开发利润交换耕地,用于非粮食生产的赢利目的,打乱了生产用地与生活用地的界限,引起了农民对耕种土地经营范围的思考。在另一个北京京郊个案中,农民与开发商发生冲突,要求要回耕种土地的权利,村里的40多位老党员和村民代表出面与村官会对话,反对把土地出租给外人挖沙卖钱,还拨打了110请求协助。村民代表说:"农民们很会算账,只要是损害我们利益的事,我们就不会答应。这是在维护我们自己的权益!"这个例子说明,在市场环境中农民仍有底线,反对土地的非耕使用③。

---

① 参见刘泉龙、姜雪城等《沙漠治理赶不上沙化速度》,《作家文摘》,2004年11月12日。

② 参见郭莹《学生出校门只能爬围栏》,《京华时报》,2004年9月21日。

③ 参见王其恒、陈俊杰《对话村官会上村民遭殴打》,《新京报》,2004年2月28日。

三是项目化,在现代化和全球化条件下,出现一批机场、水坝、核电站、高速公路、大型厂矿企业、娱乐场、旅游区和绿色农业基地等工程项目,在这些项目的开发地点,都剥夺了当地农民的耕地资源,引发了农民与项目工程管理部门的冲突。问题在于,在这类土地项目的冲突中,谁是代言人?通过个案分析可见,随着现代化和经济全球化的加速,一种新项目资本拥有者正在形成,造成政府权威的下降,威胁了农民的利益和土地民俗。在这种变化中还出现了第三方,主要由新闻媒体、学者和社会声望名人组成,专门对项目发表意见。第三方是杂语权威,不见得有用,但有一定影响力。现在民俗学者要站出来说话,为农民争取保持土地民俗的自主权利。

在全球化中,在世界各地,特别是在发展中国家,农民都在逐渐失去使用耕地的权利,变成工业发达经济中的弱势群体。在这种变化中,我们要思考土地民俗对农民生产力的适应,对农民土地知识的表达,以及对农民生产方式的保护。土地民俗的被侵害和被曲解,是在权力和贪婪造成的人性异化压力下发生的,是工业社会对农民文化传统不倾听和不理睬的结果。土地民俗是无言的,正如大地本身无言一样。但就像空气、植被、阳光和水是大地的保护层一样,土地也是大地的保护层,土地民俗还是大地的文化保护层。在前现代化时期,人类对土地的索取方式是利用自然保护层,局部地破坏文化保护层。在现代化和全球化时期,人类是加速掠夺自然保护层,并全面摧毁文化保护层。照这样下去,农民和土地今天的灾难,就将是人类明天的灾难。民俗学者有责任加强研究和参与保护工作,避免这一灾难。

三、土地民俗与土地利用的个案研究

1941至1942年，日本"南满铁路株式会社"在河北省栾城县寺北柴村做了农民经济及其合作组织的调查，并于1953年出版了《中国农村惯行调查》（以下简称《惯调》）第三卷，该著长达500余页，资料甚丰[①]。栾城县位于河北省的中南部，毗邻平山县和藁城县，去定县不远。1989年之后，欧达伟和我曾在定县、平山县和藁城县做过调查[②]，但此三县的情况与栾城县不同，尤其是栾城县的寺北柴，是一个城边村，紧挨石家庄市，城市用地吞噬农村耕地的威胁随时可能发生。但奇怪的是，寺北柴村的农村用地一直未被动用过，村民面对威胁反而创造了联族生产机制，把每每被城市规划的土地变成自己生存的资本。农民成功地运用了"伙"的概念，作为古渠村庄的整体灌溉意识和团结协作的传统运用到土地管理中，将旱作农业与近城产业相结合，结果在百余年的各种社会变迁中都挺了过来，农民的日子过得不前不后、不松不紧、贫而不穷、弱而不死。在一般城镇威胁下的农村特征迅速消失时，寺北柴村却以土水短缺为理由，将生存空间挤压转为可接受的合法现实，再通过地方民俗的中介，以民间契约的方式，将之转化为联村

[①] 参见徐勇、邓大才主编《满铁农村调查》（第3卷），李俄宪主译，中国社会科学出版社2017年版。

[②] 董晓萍、〔美〕欧达伟：《华北民间文化》，河北教育出版社1995年版；董晓萍、欧达伟：《乡村戏曲表演与中国现代民众》，北京师范大学出版社2000年版。

联族合作，发展出抗高压的和合作模式的"伙"组织。

我们于2005年来此调查①，从调查结果看，也结合我们对河北其他农村的调查，做综合思考，可以说，华北农村有很多"伙"，如农耕互助组的"伙"、农民水利组织的"伙"、农民钱会的"伙"，寺北柴村农民的"伙"最为特殊。这是以农具共享为核心符号的联族土地经济组织。日本学者虽曾对它展开调查，但日本学者的调查缺乏来自农民心灵深处的思想认同，缺乏农民自己认为最重要的生产活动和内部资料。我们的工作是在农民认同的基础上展开的，农民提供自己保存的文献，帮助我们了解他们运作"伙"的精神世界。调查发现，在寺北柴村，"伙"的内容包括"伙住""伙租""伙借"和"伙种"，各项配合成为一个复杂的内部运作系统。享受"伙"者都是本村家族成员，外人是根本插不进来的。"伙"经过各家族的长期磨合，在族长一层取得了权威认可，又通过对"水车""井""织布机"和"纺车"等农具合作入股和人情互助的方式，结成公平利益系统。"伙"能把农民的心拴在族长身上和土地上，驱使农民乐于为之奋斗，这是在我们以往的个案调查中从未见过的例子。我们的目标是调查"伙"与农具和土地的实际关系，以及"伙"的民间契约与契约的运作。

---

① 欧达伟教授与我共同进行了这次调查。另有我的四位研究生赖彦斌、张恒燕、李鹤和韩冰担任助手一同下乡。赖彦斌负责GPS测量定位，张恒燕和李鹤协助转录数字访谈录音，韩冰是河北籍，担任方言助手，特此说明并致谢。

（一）农民土地组织"伙"

寺北柴，地处太行山脉以东的华北平原，平均海拔在50米左右，是栾城县城旁边的一个贫穷小村。村西有古老的冶河流过，此河的最早记录见于北魏郦道元的《水经注》，现代方志也提到它，对它的历史文献记载有一千多年的历史。据清代道光年间桂超万修纂《栾城县志》记载，道光年间，这里曾发生重大水利事件，寺北柴村位于栾城县东城外的斗门处，地势之显要可知。[①]

寺北柴是个土地紧缺村。1940年代，全县无地农民为1895户，占总户数的9.1%，不足5亩土地的农户为5154户，占总户数的24.8%。寺北柴村距县城1.5公里，是个长期受城市土地利用威胁的小村，在日本学者的统计中，在140个农户中，5亩以下的农户占59户，占总户数的42%，超出全县统计数字近1倍，人多地少的矛盾尤为突出，农民只有两条路可走：或者脱离土地，或者合作耕种，日方调查的结果是合作耕种，就是"伙"。

寺北柴村是个多姓村，《栾城县志》记载有"郝、赵、刘、徐、张、李、王、崔"八姓[②]，主要是郝、赵、刘、徐四姓，族长管理各姓，族下分支，最多分5支。这四姓与本姓和其他姓的农民合作耕种的规

[①] 参见河北省栾城县地方志编纂委员会编《栾城县志》，新华出版社1995年版，第183页。书中的《冶河图》左下角有一段文字说明了桂超万在栾城县任职时组织全县兴修冶河水利的史实："前邑令桂超万曰：'冶河故道久淤，今城北冶河与滹沱河支流相近，开之恐泛溢，为一邑害，至于交河受西山诸水夏秋之交，西乡为患之，宜急疏导也'"。

[②] 同上书，第952页。

模,决定了"伙"的规模。

寺北柴是一个旱作农村,以种植玉米和棉花为主。在日本学者的著作中,所登记的相关农具是水车,水车被登记为最重要的灌溉工具,此外,还有织布机和纺车。

我们回访当年被日方登记在册并健在的7人,被日方调查的农户后代46人,其中62—90岁的42人,50岁以上的4人。在他们中间,族长6人,老年女性7人。我们还看到,村中日方标注的土地四至、居民区边界和主要道路都变化不大,日方记录的农户姓名和住宅位置也大都能找到,当年日本学者的工作是很细的。对日方注册的"水车""织布机"和"纺车"的拥有户,我们做了分类调查,了解这些农具对于农户的特殊意义,它们在这个小村庄的特定环境中所能呈现的土地民俗和历史传统。

(二)"伙"与农具的关系

1. 水车户与赵姓

在《惯调》的"寺北柴村户别调查统计表"中,"水车户"共有16户。这16户的水车户要带动全村140户灌溉土地,平均每个水车户带动8户。但这并不是"伙"的传统。"伙"的传统是家族联合股份制的,而不是平均主义地使用农具的合作社。刘姓就没有水车,而是入股在赵姓名下使用水车,但也被日本人写进了水车户。日本人把"赵老合"给写错了,正确的写法是"赵老夺"。在农民提供给我们的契约中出现了"赵夫子"(实为"赵斧子")的名字,

"赵夫子"与刘姓签约"伙井","赵夫子"的父亲就是"赵老夺","赵老夺"也是我们在寺北柴村见到的赵元族长的祖父。

寺北柴村使用水车的类型有两种,一种是胶管抽水螺旋转盘铁制水车,一种是木质铁架斗式提水车。铁制水车比较复杂,由冶河下游的赵县铁匠来村里制作,价格也比较昂贵。木质水车比较简单,由本村木匠制作,造价也低。铁制水车和木质水车分别用在大小不同的井渠上,各姓按入股多少,获得水车转动的提水时间和用水量。由于村里地少人多,农民便采取加大水车转盘的方法延缓抽水时间、减慢灌速,以满足入股各姓的利益。

寺北柴村的赵姓水车都是铁制水车,这种水车有铁打的齿轮转盘,可以根据使用户数的多少,增加或减少齿轮的数量,其他家族就认为比较合算,纷纷在赵姓入股,与赵姓共用水车。村民还签约与赵姓共用水井,这叫"伙井"。郝姓也有水车,但属于木质水车,没有齿轮装置,虽然便宜,但大多家族不愿意归附,所以有木质水车和无水车的家族,经常以购买水井附近的土地的方式,到赵姓入股,与赵姓分享水车权,这叫"借井地"或"伙租"。

与此相关的最重要的问题是土地,这是水车灌溉的前提。日本学者调查说,这个村地少人多,于是农村就选择合作耕作的方式,叫"伙种"。从我们的调查看,实际上,"伙"的要求,是让农户把土地入股合耕。但在1949年之前,由于贫农多,伙种的真正方式是由城关地主或城里绅士购买一部分土地的经营权,再交给农民向地主和城绅合伙租地,这叫"伙种"。这时村中的大姓再控制这种"伙种"权,吸引别姓入股,郝姓就是这种情况。郝姓每户土地的数量多在5亩以下,处在整个栾城县的贫困线以下,但他们的"总所有地"却在平均线以上,这就是对"伙种"权的争取结果。时任郝姓族长在栾城县的日本餐馆打工，虽然很穷，却能拿到"伙种"权。日本学者只统计了郝姓的耕种亩数，却不了解真实的"伙种"细节，而这种实情只有得到农民的信任后才会知道。

2. 织布机户与郝姓

日本学者调查到的"织布机户"共10户。寺北柴村的大姓都有织布机。织布机户与水车户是相关的。赵姓水车户，同时就是织布机户。刘姓家族既无水车也无织布机，因为需要使用赵姓的水车和水井，便也直接向赵姓借织布机。对赵姓来说，拥有了水车和织布机，就等于强化了水车权，扩大了赵姓"伙"的规模。另一郝姓，因为有"伙种"权，家族的织布机也跟着权力化，吸引了他姓农户前来归附。

3. 纺车户与徐姓、刘姓

从我们的调查看，徐姓和刘姓也有纺车，但刘姓既加入了赵姓水车的"伙"，又加入了郝姓伙种的"伙"，还做了徐家的倒插门女婿，当地叫"伙住""伙养"或"伙过"，所以刘姓在村中的地位要比徐姓高。刘姓最大限度地利用"伙"提高了在村中的生存地位。

在寺北柴村，所有农具都要入"伙"运作，这不是一个经济能力问题。农民长年累月地活在城市的边上，灵活地与城市的势力周旋，不放弃土地耕种的权利，使一个小村的土地没有流失，还保持了农耕生活，这在其他地方是少见的。

（三）农民对土地变迁的认识

抗战结束后，寺北柴的土地没有增加，"伙"的传统一直存在着。水车户到1985年冶河彻底干涸后才消失。

1948年后，共产党把城里地主和士绅的土地重新分给农民，使他们结束了租地的历史，但伙种的传统却因早与宅基地的分布格局结合在一起，与1948年后的重新划分土地、1950年代的公社化和1970年代的土地分田到户等制度性的变化，都没有根本性的冲突，所以政府还是按照老传统执行政策，农民的伙种传统也一直保留了下来。村里现在还种棉花，所以纺车还在使用。但织布机早在1990年代就停用了。因为实行了市场经济和废除了布票，农民进城买衣服比自己织布的成本还低，所以就不用织布机了。不过，"伙"的联族传统仍然根深蒂固，现在全村每逢大事，还都是赵、郝、徐、刘四姓一起商量，轮流执政，"伙"成了一种风俗文化。

（四）农民结"伙"的契约和运作

农民家族向我们提供了几代人保存的民间契约文献，深化了我们对"伙"的契约运行的认识。

"伙"的契约，也称伙契，分纸质和布写两种，伙契都是纸契，共9份，繁体竖写，夹杂着代号，只有农民自己能懂。我们需要听农民的解释，才能懂得其代号的含义。布契是与外村人结义的盟约，与土地、水井无关。

伙契分为五类，即分契、买（卖）契、当契、核地凭契和盟契，寺北柴的农民通过办签约手续，把自家土地和井地与"伙"的家族合并在一起，然后才能进入"伙"的系统合作。

1. 分契

一份1896年的契约是刘姓家族的分家契约。这份契约以"伙过"的代价，换得了"村西"和"河西"的土地，为后来的"伙种"和"伙井"打下了基础。这份契约还提供了当地人称呼"伙"的一些用语，如"伙过"；提供了农民称呼契约的用语，如"买契地"和"当契地"，其中，"买契地"就是伙种地，"当契地"就家族内部合并入股的土地。这份契约距今已有百年以上的历史。

1948年寺北柴解放，共产党分给农民房产土地，发放契证。从契证中可见三件事：第一，政府按《中国土地法大纲》给农民分地，允许农民对"房产"和"私有产业有耕种、居住与出卖、转让、赠与等完全自由，任何人不得侵犯"，这是尊重农民利益的，《中国土地法大纲》中所指出的"房产"与"耕地"的共有权益，包括农民的宅基地，这是农民十分看重的。① 寺北柴的"伙"能留传下来，也因为土地少而宅基地更为稳定，《中国土地法大纲》又保护了宅基地的利益，所以"伙"是与党的政策是相适应的。第二，在契证中，刘姓土地和井地还是与赵、郝两姓连在一起的，与历史上的"伙"的格局完全符合，这也说明共产党尊重传统。第三，郝姓和赵姓都是

---

① 《中国土地法大纲》，1947年9月中共中央工作委员会全国土地会议通过，1947年10月10日由中共中央正式公布。本讲所讨论的内容，详见第十条、第十一条。

水车户，但在契证上写成"借井户"，这就等于说，赵姓和郝姓继续同意刘姓使用其水车和井水，这说明契证对农民继续运作"伙"的组织留有余地。

2. 买（卖）契

一张刘姓祖先与郝姓伙种的契约发生于日方调查的100年前，能看出，寺北柴村签约"伙种"的百年史。契约中的"村西"地是郝姓挨近城东关的地，刘姓要与郝姓"伙种"就要买这里的地入股。文中的"不七"是方言谐音，指买地不等于按价交钱，主要是买入股权，至于所缺欠的钱，允许日后补交。

3. 当契

这种契约比较特别，并无中人作保，完全是族内行为。从调查看，"当契"签约是先在家族内部归并土地，然后再对外联族伙种。

4. 核地契凭

这种契约也无中人作保，其实是另一种家族行为。当事人要结盟土地伙种，需事先核实土地，再与村中主事的大姓交涉入伙事宜。从这种契约可以看出，当地入"伙"的关键是土地和水源，但入伙的过程是通过整合土地完成的，因为水井也是依存土地存在的，这点与下一讲要提到的山西四社五村个案大不相同。在四社五村，由于严重缺水，水权大于地权。寺北柴并不缺水，而是缺地，所以地权大于水权。

5. 盟契

农民在外务工也签约结盟，结成农民合作组织，保证彼此互助。这种契约不像土地契约那样需要处处出示契约，而是靠"伙"的观念约束力行事。当地农民说："契约就是法律，签了就算数，过了几代也算数。"

（五）"伙"对农民土地利益的保障

寺北柴的"伙"是农民缺少土地的特定环境中，通过契约的手续，以联族的方式，控制使用土地和水源的一种历史合作形态，是一种利益自保组织。

1."伙"的利益机制

"伙"不是政治组织、钱会组织、土地管理组织或水利自治组织，而只是利用传统土地的经济组织。它以入股的方式，让每个农户都取得一个"伙"的社会地位；又以农具共享的方式，建立了一个超经济地位的"伙"的社会秩序，最终保持了一个小户型农耕社会的生存。

2."伙"联族土地合作经济

第一，联族经济的特征是合并土地、合种使用农具，共同耕种和灌溉。日本学者在战争时期同时调查的还有北京顺义县沙井村，该村在1940年前后有11户农民共同租种，但农民说，这种方式是过去没有的，在20世纪30年代中期才出现。在寺北柴村，农民伙种的方式至迟在晚清时期已经出现了。

第二，是限制生产力。日本学者在沙井村的调查还提到，地多的农民（15亩以上）要伙养牲口。寺北柴正好相反，农民因为地少才伙养牲口，他们叫"搭伙"，也叫"伙驴（伙马）"，农民认为这种入股合作才是最划算的。

第三，是控制农民宅基地的扩张，把整个村落关系都笼络在"伙"中。寺北柴村是个穷村，没有地主，只有中农和贫农。入"伙"对各姓来说不是要单独地占有"地权"，而是联合各姓共同耕种。在1949年以前，寺北柴村规定每20亩地以上农户要置备一部水车灌溉，实际上水车户赵姓却是最穷的，郝姓也顶多有一两户中农，其余都是贫民。赵、郝二姓甚至把水权和地权先卖给城里的地主和绅士，反过来再租种他们的土地以谋生。对寺北柴农民来讲，其他权力都不重要，只有"伙"才是最有面子的。所以农民千方百计地扩大"伙"，竞争"伙"权，在客观上维护了有限的土地资源。

第四讲　水利民俗

水有自然性，也有社会性，水利民俗主要研究水的社会性。从现代国际水项目看，受到关注的基本学术问题有四类：第一类是水概念与用水文化，如生态与水、生命与水、粮食与水、疾病与水等；第二类是水环境与用水管理，含水与土地保护、水消费者的管理、野兽和其他动物的饮水地点与管理、饮用水和生产水的管理、水与水环境的主管人等；第三类是水法与民间自愿者，含水利保护与乡村自愿者、国家渔民工会、水法修改的民间方案和官方政策、农渔和粮食部门的水管理角色和社会作用、河道管理的政府权力和民间权威、水项目办公室的作用和水利民政机关的地位等；第四类是水与现代化，含鸟类或兽类保护学会与保护条例的作用、非政府公益组织的作用、特殊科学利益兴趣部门的作用[1]、水作为象征世界和平的文化的作用等[2]。

经典民俗学对水利民俗研究的贡献有三：一是在农业社会中形成的用水民俗文化的概念、价值观和历史传统；二是国家水治和民间水治的互动关系；三是用水民俗进入现代社会的被继承利用

---

[1] Veronica Strang, *The Meaning of Water*, Oxford, New York: Berg/Bloomsbury. 2004.

[2] Hamilton Faria & Pedro Garcia, *Re-enchanting the World*, Paris: Charle Leopold Mayer Foundation for the Progress of Humankind, 2004, Contents, pp. 4-5.

的方面。这些研究,为认识水的人文特征提供民俗文化依据,也为现代社会对水资源的正确利用提供一种民俗学的视角。本讲介绍经典民俗学的工作,也补充水利民俗的个案研究文本。

一、水概念与用水民俗

1846年,本杰明·富兰克林(Benjamin Franklin)说:"只有在井干了的时候,我们才知道水的价值。"2001年,罗顿杰格与尤里瓦恩(Rothengerg and Ulvaeus)说:"现在'凡有人处皆缺水。'"① 后一句话已涉及人类用水中的文化习惯问题,而这方面的相当一部分内容是用水民俗。从时间上说,这两段话,相隔155年。在这150余年间,人类为了自己的利益,把用水目标不断地扩大,在农业生产用水和生活用水上都加大了对水环境的改造和开发力度。进入现代化社会和全球化时期后,又产生了大量的工业化用水、现代生活方式用水和商品化用水等新问题,自然水资源的存储和利用问题更加紧张,人类终于把水的问题提到了自己的嗓子眼上。据联合国能源计划署统计,现在世界上每年有10亿人喝不到符合饮用标准的水,每8秒钟就有1名儿童死于水引起的疾病。② 人类由于自己的忽视,把给自己带来生命的水,通过各种社会过程,让它走向了自己的反面。现在,研究用水民俗文化,已成为人文社会科学和自然科学的一个共同命题。

---

① Veronica Strang, *The Meaning of Water*, p.1.
② 中央电视台:《晚间新闻联播》,2005年6月6日。

在经典民俗学的研究中一般可以在"物质生产民俗"的范畴内看到对用水民俗的涉及,如在《民俗学概论》中,在对"农业民俗""渔业民俗"和"交通民俗"的介绍中,能看到在传统农耕灌溉与旱涝防治上,在渔农捕捞生产和信仰上,以及在水上交通设施和水路行走的习惯上,对水的应用描述①。在"物质生活民俗"中,也可以通过对节日食俗和特殊食俗的介绍,看到饮食与傣族泼水节,或者独龙族食料采集与水煮加工传统的关系等②,但用水问题尚未单独提出,也没有来得及对用水民俗做专门研究。

从现代民俗学的角度看,对用水民俗的研究,还是相当紧要和急迫的,它关系到对两个重要问题的认识:一是水治国家化和水治民间化两种历史的转折与冲突;二是用水农业化与用水工业化两种观念和政策行为造成的用水民俗转折与变迁。与传统社会相比,现代社会将用水工业化,并大力实行水治国家化,这样使水变成了政治利益、经济垄断和文化景观的奴隶,结果是让水越用越少。在另一方面,在历史上形成的民间控水权威集团收缩得越来越小,结果在富水地区和干旱地带,人们都遭遇到了水源污染或用水匮乏的双重威胁,成为缺水的生命危机和社会危机的牺牲品。

现代民俗学研究用水民俗,主要是关注水的非物质文化价值,呼吁对用水民俗与水资源环境协调一致的优秀传统的反思,希望在用水的危机与压力下,从厉行节约用水的群体行为上,回归对水的自然本质认识,找回亲水习惯,合理用水。

---

① 参见钟敬文主编《民俗学概论》(第二版),第32—44页。
② 同上书,第65页。

第四讲 水利民俗

（一）水的民俗志

与世界上很多水资源丰富的国家相比，我国是个缺水国家，但也是在水环境较差的条件下创建了长期优秀农业文明的国家。因此，研究我国用水的历史传统和用水民俗，是具有明显的历史价值和现实意义的。

在我国的历代文献中，水利民俗志的记载一向十分丰富，可以和数量众多的农书、医书、天文、历算著作相埒。它们的来源大致有以下几类。

古代地理水利著作。它们既介绍水的自然地理特性，又对水做了民俗描述，如东汉桑钦的《水经》、北魏郦道元的《水经注》和《新唐书·地理志》等。即便在今天看来，这些史料也很有启发性。

从周魁一等对我国《二十五史·河渠志》的研究看，我国的古代水利史著作。如《二十四史》的《河渠志》和《明史》的水利专篇等，记载了我国长达两千年的水利活动，也创造了一批水利民俗志术语，通过这些术语，我们能了解历史上的水利工程的技术术语、工程方案和管理机构，也能了解历史文献对水利史实的民俗描述方式等。例如，在描述不同季节的水情时，使用解凌水、桃花水、菜花水、麦黄水、瓜蔓水、荻苗水、豆花水、登高水等术语；在描述河水或渠水不同流势和管理方法时，使用沦卷水、塌岸水、搜根水、倒漾水、上提、下坐、侧注、退背、抹岸、拽白等术语；在描述基层社会水利管理人员系统时，使用都水长、都水丞、都水监史者、河堤使者、都水台使者、段长、桥长等术语；在描述河渠水利工程的险峻程度时，使用向著、退背等词语，用来说明洪水逼近或去水已远等情势等。①这些术语,十分形象、自成体系,介绍了水的地方历史文化属性,也说明了它们的民俗文化基础,可以说,它们既是历史,又是水利,也是民俗志。有些术语,像"桥长"等,至今还在民间水利文献中使用②,弥足珍贵。

近代和现代社会的水利档案。它们是1949年以前水利委员会的资料,也有的散存在环境、地理地质、农业、建筑和城市民用工程部门的档案中,还有的是基层水利组织的规章、会章等。这些文献交代了很多民间水利事件发生的时间、解决的人员、主要水利纠纷的经过和处理纠纷依据的民间习惯法和政府条款,具有较高的民俗研究参考价值。

现代民族志和民间文艺学著作。如凌纯声的《松花江下游的赫哲族》、钟敬文的《中国的水灾传说》和劳格文(John Lagerway)的客家研究等③。它们的一些内容,涉及民间水利社会、民间水灾传说、风水思想与水土利用的关系等。④

---

① 周魁一等:《二十五史河渠志注释》,中国书店1990年版,第1—3页。
② 参见董晓萍、〔法〕蓝克利《不灌而治——山西四社五村水利文献与民俗》。其中有对"桥长"的调查记述和对民间水利碑中的"桥长"的说明。
③ 〔法〕劳格文、谭伟伦主编:《中国客家地方社会研究》(全四卷),中国人民大学出版社2017年版。
④ 参见凌纯声《松花江下游的赫哲族》,上海文艺出版社1990年版,第82—93页。钟敬文:《中国的水灾传说》,原文作于1931年,收入《钟敬文民间文学论集》(下),上海文艺出版社1985年版,第163—191页。杨彦杰:《闽西客家宗族社会研究》,国际客家学会、海外华人研究社、法国远东学院出版1996年版。

（二）水的非物质文化内涵

水和土地一样，是一种物质资源，但与土地不同的是，水与人类的关系更密切，因为水是人类生命本身的一部分。因此，什么是水？从来就是除了有自然科学的定义，也有文化科学的定义。这是现代社会的水问题成为文化热点的原因。

中国人很早就懂得从非物质文化的含义上界定水。古老的创世神话《盘古开天》讲，水是由盘古的血液变成的，这是把水当成人的生命共同体看待的观点。中国的世界遗产地都江堰有李冰父子治水的传说，先秦文献《山海经》还有鲧禹治水、扶桑浴日和精卫填海的传说，这些都是以家庭代际传递的水利模式告诉人们，水是一份神圣的历史遗产，它养育我们，也约束我们。我国民间还有结成水利社区的习惯，把拥有相同水源的人们视为同一条母亲河的儿女，这是对水的社会整合性的朴素认知。中国人对水的认识也渗透到经济、政治、历史、文化等各个方面，形成了丰富的人文内涵，如汉语中的"流水账"，是把水比作一种财富；"开源节流"，是要求对财富节约使用；"柔情似水"和"佳期似水"，是把水比作亲密的情感文化等。在中国长期的社会历史发展中，它们都传达了中国人对水的认知方式和使用理念，同时也对中国人的日常用水观念和行为起到约束作用。在中国的节日文化中，还有一份是与水有关的节日遗产，例如，阴历二月二，乘龙祈雨、防止春旱；花朝节，办花市、以花观水；三月上巳节，临水禊祓；四月寒食节，断火禁食、减少用水；清明节，开闸分沟、放桃花水、祈求风调雨顺；五月端午节,吃粽子,划龙舟,祭奠诸神;六月泼水节(傣历),祛凶求吉、迎新庆典等。它们都伴有严肃的信仰仪式、美丽的神话传说、多彩的民间歌舞和特定的文化空间,把水当作崇拜对象,或者当作社会动员的契机,在春季或夏季来临的时候,在用水大量增加的季节中,以象征的方式,对水资源进行社会保护,重点对用水的范围和节水的规约进行宏观管理。其特点是引水、观水、公平分水和强调用水的可延续性,保证农业生产生活的正常进行。在那些缺水地区,水还是支配性的非物质文化遗产,内含一套严格的农民自治管水和节水的民俗,积累了农民与干旱共存的历史智慧,造就了和谐用水的生活传统,这种水环境因此也成为用水教育的天地大学校。

　　水作为非物质文化是一种生活方式。中国的人口多、农业发达,都非常需要水。在这种生存和发展的条件下,中国人的用水民俗强调水资源与生态环境的协调,以禁忌的方式,禁止乱开新水源,想方设法延续使用旧水源。同时注意水资源分配与用水人口相协调,把握用水的社会效益。在山西霍县和洪洞县交界的四社五村,八百年缺水,但农民一直按人口规模,限定蓄水池的数量和容积,按水量划分各村的"水日",珍惜每一滴水,创造了万余人口在水源乏匮地区建设小康示范村的奇迹。

　　在中国人的眼中,水也是一种身体文化,其特点是把水和身体空间联系在一起思考的。在人的生命历程重要时刻,如婚姻、生育、死亡等,水都是被严格地分类,然后在规定的时间和规定的人群中,被允许与身体的规定部分接触,用来帮助个人和群体度过人生危机和社会危机。在这些场合,都没有浪费水的问题,用水都有严肃的民俗意义,并被民间世代遵守。这种象征管理与现实管理相结合,保证全社会的稳定用水。

现代社会开发用水,往往开发了水的自然科学定义,却忽略了水的文化科学定义,特别是忽视了水的非物质文化的内涵,随意扩大水的功能,乃至把水当成娱乐景观和市场商品。这些事情做过了头,就破坏了爱水民族认同水的历史含义,失去了一个缺水国家象征管理和现实管理水的社会约束,造成了对水的无端浪费。最近社会各界都在呼吁保护非物质文化遗产,我们也应该从这个角度反思水和保护水。

二、历史文献对水利民俗的记载

在我国古代历史水利著作中,如《二十五史》的《河渠志》等[①],记载了我国长达两千年的水利建设事业,也记载了北京历史上的水利活动。在北京近现代社会的水利档案和地方历史文献中,也记录了很多北京水治资料。它们的一个共同特点是,从对我国各社会历史时期、各地方区域和各民族群众的用水生产生活记述中,描述了复杂多变的生态用水环境,说明了在当时当地的水生态环境下用水的历史概念和地方传统,包括其中的口头传统和行为习惯等。它们体现了国家水治与民间水治的关系、城市生活用水与城市生产用水的关系、城市建设规划与多元用水格局的关系等。

1. 从国家水治的角度记载民间水治

古代官修水利文献记载北京水利,既介绍北京水系环境的自

---

① 周魁一等:《二十五史河渠志注释》,第1页。

然地理特性，又对水系做了民俗描述，如西汉司马迁《史记》的《河渠书》，东汉班固《汉书》的《沟洫志》，《宋史》《元史》《金史》《明史》和《清史稿》中的《河渠志》等。其中，《宋史》以前的记载，是北京还没有成为首都之前的水利史料；而元、金、明、清史中的《河渠志》，是北京成为首都之后的水利史料，两相比较可见，北京不是首都时，国家水治的信息较少，民间水治的信息也少；北京成为首都后，国家水治立刻加强，民间水治随之也被加强了描述。在今天看来，这些史料都是很有启发性的。

司马迁的《史记·河渠书》首开记载水利民俗的风气之先。他从夏代起讲治水，第一个使用了大禹三过家门而不入的神话传说，描述了帝王在国家水治中的领导作用。他还记述了自大禹时代到西汉初年的开凿水利事件，并从灌溉和航运的角度，赋予了"水利"以新的意义。他在描述北方的地势时，指出了北京附近水环境的高低险峻。

> 北载之高地，过降水，至于大陆，播为九河，同为逆河，入于渤海。[①]

在这段话中，他所说的"降水"和"九河"，都是指河北一带水流交错的形势，它们穿过太行山和燕山山脉奔向平原中的北京附近，或湍急奔突，顺山而下；或平缓流淌，泽溉良田。汉代是以长安为帝都的，他在此文中的中心思想，还是帝王在长安把国家水利治理得好，才能使包括北京在内的九州受惠，而利在千秋。他在另

[①] 周魁一等：《二十五史河渠志注释》，第1页。

一处提到汉代水利工程时,指出有河北武安侯提议观察兴建水利与占卜风水的关系,他便先引用建言者的话,然后表示自己也同意他的看法:

> 蚡言于上曰:"江河之决皆天事,未易以人力为疆塞,塞之未必应天。"而望气用数者亦以为然。于是天子久之不事复塞也。①

风水占卜也是民俗,它强调水利建筑与周围山水自然环境要建立可持续的关系,不能破坏自然构形和地貌地势。这种民俗,现在民间兴建水利土木工程时还在使用。

司马迁还创用了一系列国家水利工程的术语,在使用这些术语时,提到了山西、山东和河南的政府管理水利工程吸收了民间水渠的发明办法,这些术语一直为后世所沿用。

> 其后庄熊罴言:"临晋民愿穿洛以溉重泉以东万余顷故卤地。诚得水,可令亩十石。"于是发卒万余人穿渠,自徵引洛水至商颜山下。岸善崩,乃凿井,深者四十余丈。往往为井,井下相通行水。水颓以绝商颜,东至山岭十余里间。井渠之生自此始。

> 天子乃使汲仁、郭昌发卒万人塞瓠子决。于是天子已用事万里沙,则还自临决河,沈白马玉璧于河,令群臣从官自将

---

① 周魁一等:《二十五史河渠志注释》,第5页。

军已下皆负薪填决河。是时东郡烧草,以故薪柴少,而下淇园之竹以为楗。①

他所记述的这些民间技术,包括合理开凿明渠和暗渠;挖掘竖井,以增加施工断面及方便出渣和通风;井渠双灌溉,用柴草、竹桩和竹笼加固水坝等,在清代康熙以后修建北京水系的水利工程时,都用上了,把同样的技术和术语写进了《清史稿》当中。

班固的《汉书》沿用了《史记》的体例,但在政府水利工程上增加了记述,提到了战国时期魏国的地方官员西门豹修建一个引河灌溉渠的事迹,也有的资料说是史起所修②。班固还搜集和记载了歌颂主事官员的民间歌谣,这与他所提倡的"观风知政"的思想是一致的。

邺有贤令兮为史公,决漳河水兮灌邺旁,终古舄卤兮生稻粱。③

班固在这段文字中,记载了战国治水的著名历史事件,还通过引述流传当地的水利歌谣,表示这种工程扩大了农田灌溉,保证了这一带人民生活的富足稳定。

这类记载还告诉我们,古人很早就意识到,很多地方水利工程

---

① 周魁一等:《二十五史河渠志注释》,第8—9页。
② 参见姚汉源《中国水利史纲要》,水利电力出版社1987年版,第549页。
③ 周魁一等:《二十五史河渠志注释》,第15页,作者在当页注中说,对于史起继任西门豹的说法,也有不同意见。但鉴于本文在这里的主旨是分析《汉书》的原文,所以还是根据班固自己的记载讨论,暂不涉及水利史研究上的其他问题。

是在江河流经的山地平原的自然环境中修建的，在那里生活和劳动的主要是当地农民，而不是皇室宫廷。水渠两岸的农民常年与水渠打交道，然后通过政府管理系统，给皇室积累财富，一并实现农民自给。因此，水利事业具有自身强大的整合功能，是能够把自然界与社会重大利益整合在一起的公共公益事业，具体整合对象包括：上层与下层、国家与民间、农政与宗教、文献与口碑等。

汉代长安帝都中心的水利治理与各地水系防务模式都有关系，因此这种文献记载也成为后世国家水治经验的历史积累，包括后来相继成为帝都的开封、杭州、南京和北京。

北宋的帝都在开封，由于它坐落在黄河的中下游地区，所以政府水利管理的视线也向中下游转移。防务水治的压力随之增大。据《宋史·河渠志》的记载，这时中央政府把水利与法律结合起来，对治水不利的政府官员严加处置，以儆效尤。开宝四年（971），黄河下游决堤，鲁东南大片农田被淹，时任知州的河北定县人杜审肇被宋太祖赵匡胤一撤到底，布衣还乡。① 时宋朝开国11年，百废待兴，在国治方略大计中如此重视水利，可见在统治者支配意识中水利的地位，也可见一个新兴政权在国家水治重点转移的时候所表现出来的紧张情绪。河北定县已去北京不远，而北京以北的辽金势力始终在与宋朝抗衡，所以宋代河渠志也更多地提到北京水系周围地区，如"河不东，则失中国之险，为契丹之利"②。很显然，这时水利已成为军事屏障。

宋代政府在国家水治的建设中，注意到水权、粮权和财权并重

---

① 参见周魁一等《二十五史河渠志注释》，第37—38页。
② 同上书，第78页。

的关系。一批朝廷官员认识到，水利实力是国家综合实力的体现，调动兴修水利的役夫粮饷等于调动国库的钱粮库存，是涉及朝野兴衰的大事。到宋哲宗时，国力日衰，塞北的辽国势力却日益强大，北京夹在中间，为双方交往的必经之地。这时宋朝主和派官员提出收缩水利以自保。

> 今公私财力困匮，惟朝廷未甚知者，赖先帝时封椿钱物可用耳。外路往往空乏，奈何起数千万物料、兵夫，图不可必成之功？且御契丹得其道，则自景德至今八九十年，通好如一家，设险何与焉？不然，如石晋末耶律德光犯阙，岂无黄河为阻，况今河流未必便冲过北界耶？①

这种舍弃的实质，是以牺牲水利工程两岸的民间利益为代价的，也不利于整个北方地区的长远发展，于是后来遭到非议，他们便又说，可在"恩、魏国以北，塘泊以南，别求可以疏导归海之处"②，就是说，在国库中的水利和军费开支不敷支付的时候，可以通过民间水利生效，而他们所指的这片民间水系地区便包括当时的北京一带。由此可见，在当时政府支配的范围内，民间水利是被当作可支配力量的。这种上层政策虽然有强迫性，但启用民间水治减少了国库支出，降低了政府管理成本，这种好处政府也不是看不见的。

元代以后，北京成为帝都兼国家水治的中心，所以皇室朝廷的

---

① 周魁一等：《二十五史河渠志注释》，第78页。
② 同上书，第79页。

水利工程重点也就跟着全部转移到北京和北京水系的所有城乡地带。北京水系建设成为北京城市建设的头等大事,新一代帝王在做社会规划的同时就在做城市规划。元世祖忽必烈亲自任命天文水利科学家郭守敬主持此事,朝廷上下大兴土木、大动干戈,将城市水利、交通、航运统筹办理。

> 世祖至元二十八年,都水监郭守敬奉诏兴举水利,因建言:"疏凿通州至(大)都河。改引浑水溉田,于旧插河踪迹导清水,上自昌平县白浮村引神山泉,西折南转,过双塔、榆河、一亩、玉泉诸水,至西(水)门入都城,南汇为积水潭,东南出文明门,东至通州高丽庄入白河,总长一百六十四里一百四步。塞清水口一十二处,共长三百一十步。坝插一十处,共二十座,节水以通漕运,诚为便益。"从之。……役兴之日,命丞相以下皆亲操畚插为之倡。置插之处,往往于地中得旧时砖木,时人为之感服。船既通行,公私两便。先时通州至大都五十里,陆挽官粮,岁若干万,民不胜其悴,至是皆罢之。①

这项工程是在元朝定都后动手的,自至元二十八年(1291)开始,到至元三十年(1293)告一段落,距今700余年。政府有意识地让水利工程达到"公私两便"的目的,令"时人为之感服",而在"民不胜其悴"的地方"皆罢之",我们从中能看出,北京建都史的重大事件是城市水利史,其中包括民俗史。文中提到的北京西郊的"玉泉诸水"、"积水潭"、崇文门的旧址"文明门"和潮白河等处,

---

① 周魁一等:《二十五史河渠志注释》,第237页。

都是后来北京明清方志笔记经常提到的北京水源地和水利建筑地点，也是我们在2003年以来调查的大多个案点。特别是郭守敬所提出的"节水"思想，至今仍具有现代意义，对保持北京古都的活力命脉尤其如此。

由《元史·河渠志》可见，北京城门的地理方位确定，是与北京城市水源地的流经路线相吻合的。在北京城市史的空间格局规划上，对水路流经地的规划，占有举足轻重的位置。

> 金水河，其源出于宛平县玉泉山，流至（义合）[和义]门南水门入京城，故得金水之名。……
> 至大四年七月，奉旨引金水河水注之光天殿西花园石山前旧池，置插四以节水。①

在上文中，"南水门"在今西直门附近，当时已把城门分类，列有"水门"一项，可见对进城水路的重视。上文还说，现北京北海一带的水源是在至大四年（1311）引进的，时距今近700年。元代统治者为了用水方便，后来又修了金水河，由西山直接引水到宫廷，用于皇苑景观和水防，但仍要求"节水"，可见其中是有管理章法的。这里的"节"的含义，不见得是节约，而是要达到节制、控制的目的，这说明当时在国家集权者的城市中心，用水、消费、娱乐、政权、军权、安全等项并重，这已不是一个普通城市用水的特点，而是一个皇权都城用水的特点。不过，从下面的文献看，最初从玉泉山引金水河入城的时候，还是有不少市民在沿河之处洗衣、洗

---

① 周魁一等：《二十五史河渠志注释》，第241页。

澡、游泳和饮马喂牛的,十年后,至英宗至治二年(1322),被官方下令禁用。

> 隆福宫前河,其水与太液池通。
> 英宗至治二年五月,奉敕云:"昔在世祖时,金水河濯手有禁,今则洗马者有之,比至秋疏涤,禁诸人毋得污秽。"①

然而,水利具有自然共享性,不是社会管理能解决的。据《析津志》记载,这条禁令后来仍然有效:"金水[河]入大内,敢有浴者、瀚衣者、弃土石瓴瓦其中,驱马牛往饮者,皆执而笞之"②,可见禁而不止,北京城内没有天然河水流过,北京市民仍在共享这片水源。

元代国家水治的另一特点是将北京城市水利管理与北京水源地所在的农村水利工程共同管理,所任命的政府水利官员也都是城乡一条龙兼管,如负责积水潭水源的职能部门是大都河道提举司,下设提举和副提举三人,但他们不仅仅管理积水潭,而是同时"负责通惠河、金水河、卢沟河、白沟、御河、会通河、坝河、积水潭及都城内一百五十六座桥的管理"③,在这种城市与农村连带水系一揽子监管的举措中,充分体现了农业国家政府水治的大一统思想和整体格局。也正是在这种格局中,元代统治者的国家水治更多地采用了民间水治的办法,如借助民间水神信仰,以龙王庙为神授权威,动员民间水治与国家水治的合作。例如,在元末开发惠通

---

① 周魁一等:《二十五史河渠志注释》,第241页。
② 同上书,第242页。
③ 同上书,第243页。

河的航运时，政府曾与当地商量，"自吴家庄龙王庙前闭白河，于西南开小渠，引水自坝河上湾入榆河，庶可漕运"①，而这种在龙王庙前开凿新渠的做法，不经民间同意，是行不通的。

元代北京城市水利的兴建大都是盛世所为，财力雄厚，又任用了郭守敬这样高水平的技术人才，所以元代的北京水利建设奠定了北京城水系和水利管理模式之大端。至明清时期，虽然改朝换代，但仍大体不出这个格局。

到了明清时代，北京城作为首都已有五六百年的历史。在《明史》和《清史稿》的《河渠志》中，北京水利被放在"直隶水利"的全局棋盘中②，巩固了元代以来的北京城乡水利统管的模式。北京还是发出全国各地水利管理指令的地方，早已取代了此前的汉唐都长安、宋都开封等都城，成为权威最高、历时最久的国家水治中心。由于北京地势复杂和水患频仍，国家也从不忽视民间水治，乃至把民间水治也纳入国家水治的框架中思考。特别是在清代，国家水治的扩展，还要考虑从北京到各地漕运中的"节省帮费"问题、治河对"人民田庐"的利害权衡关系等③。而凡是在这两种水治史结合的地方，我们都能看到统治者励精图治的宏大抱负和雄才大略。

2. 从防洪抗灾的角度借鉴民间水治经验

在《二十五史》的《河渠志》中，在更多的情况下，是在记述水灾和灾后恢复重建地方水利工程时，谈到国家水治与民间水治的

---

① 周魁一等：《二十五史河渠志注释》，第248页。
② 同上书，第460—461页。
③ 同上书，第558页。

合作的。这种意识从《史记》开始已打下基础。在《汉书》中,还引用了民谣资料,表扬华北农民利用洪泛冲击泥沙改良盐碱地,提高土壤肥力的辩证思想和水土利用智慧。原文是:

> 田于何所?池阳谷口。郑国在前,白渠在后。举臿为云,决渠为雨。泾水一石,其泥数斗。且溉且粪,长我禾黍。衣食京师,亿万之口。①

1990年代末,我们在华北农村山区调查民间水利活动,看到这个古老的歌谣中所讲的"且溉且粪"的思想,现在依然被农民使用。

《汉书》还在历史上第一次记载了为防止水灾而改造黄河水道的方案,文中说:

> 齐人延年上书言:"河出昆仑,经中国,注渤海,是其地势西北高尔东南下也。可案图书,观地形,令水工准高下,开大河上领,出之胡中,东注之海。"②

这段水道虽然不路过北京,但这种以人工力量改造河道,治理水患的想法,在元代北京成为首都后已开始应用,到清代康熙后就使用得更多了。

汉哀帝初(公元前6年左右),待诏贾让提出了著名的"治河

---

① 周魁一等:《二十五史河渠志注释》,第22页。
② 同上书,第23页。

三策"思想,既根据黄河流经地的地理水文差异的不同,分上、中、下三种策略,"立国居民,疆理土地"。在沿河两岸的低洼地区,可以设立泄洪区,以便在洪水到来时减少损失,化洪为利。他特别指出,在北京所在的燕赵之地,适合使用这种防治策略。

> 齐与赵、魏,以河为竟。赵、魏濒山,齐地卑下,做堤去河二十五里。河水东抵齐堤,则西泛赵、魏,赵、魏亦为堤去河二十五里。虽非其正,水尚有所游荡。时至而去,则填淤肥美,民耕田之。或久无害,稍筑室宅,遂成聚落。大水时至漂没,则更起堤防以自救,稍去其城郭,排水泽而居之,湛溺自其宜也。
>
> ……今行上策,徙冀州之民当水冲者,决黎阳遮害亭,放河使北入海。[①]

从其他文献记载和实地调查看,至少从清代起,北京附近水系一直在使用贾让的上策,在水灾常存之处,既建堤坝,也建泄洪区,水去时生产,水来时让避,国家补贴,农民生息,形成了人与水灾相处共存的局面。贾让所提出的让人和河水都有休息之处的观点也很有意思,是一种人与自然相安而不是对立的好主意。它来自民间,也兴利于民间。贾让的功劳是把它提升为国家水治的战略提出,而在后世国家水治政策中,也被一再使用。

首次明确提出治理北京周边水灾的是《宋史·河渠志》,还在描述洪水时,使用了"退背""鱼肋河"等地方词语,用来说明洪水

---

① 周魁一等:《二十五史河渠志注释》,第30—31页。

冲击堤坝和土地等恶劣情势。

> 六月，河溢北京夏津。闰七月辛卯，帝语执政："闻京东调夫修河，有坏产者，河北调急夫尤多；若河复决，奈何？且河决不过占一河之地，或东或西，若利害无所校，听其所趋向，如何？"王安石曰："北流不塞，占公私田之多，又水散漫，久复淤塞。昨修二股，费至少而公私田皆出，向之潟卤，俱为沃壤。庸非利乎"。
> ……
> 十月，外监丞王令图献议，于北京第四、第五埽处开修直河，使大河还二股故道，乃命范子渊及朱仲立领其事。开直河，深八尺，又用杷疏浚二股及清河镇河，凡退背鱼肋河则塞之。王安石乃盛言用杷之功，若不辍工，虽二股河上流，可使行地中。①

在这段记载中："退背"，指洪水主溜远离堤坝；"鱼肋河"，指河滩地串沟——它们都描述了北京附近的河渠水利工程的险峻程度。这些术语，十分形象化、自成体系，介绍了燕赵水系的地方历史文化属性，也说明了它们的民俗文化基础。在民间水治方面，王安石上疏宋帝的两个办法都是民间的泄洪养息法，也就是贾让当年概括的策略，王安石还特别指出了它的好处是减少了国家费用的投入，调动了地方士绅的参与，还能利用洪水积攒地力，有利于灾后恢复生产，"庸非利乎"。需要指出的是，《宋史》所说的"北

---

① 周魁一等：《二十五史河渠志注释》，第67—69页。

京",不限于后来的北京都市,而是与北京水系相关的河北、河南、山东等地,但就这片水利网络而言,是包括北京的①。

从金代起,在政府领导的抗灾行为中,已直接指出北京城的水利设施是保护重点,时称"京城"或"京师"漕运。保护地点在今北京石景山区首钢原址附近的永定河畔,那里的庞村、麻峪村一直是水利工程的要冲,金代政府在那里修渠建闸,不惜调集"千里内民夫"参加工程,以控制永定河的水量,降低水灾的威胁。

> 大定十年,议决卢沟以通京师漕运,上欣然曰:"如此,则诸路之物可径达京师,利孰大焉。"命计之,当役千里内民夫,上命免被灾之地,以百官从人助役。已而,敕宰臣曰:"山东岁饥,工役兴则妨农作,能无怨乎。开河本欲利民,而反取怨,不可,其姑罢之。"②

通过这段记载,我们还能看到,金代政府下大力气修建北京水利,降伏水灾只是第一步,第二步是通过水利,调集全国资源,让"诸路之物可径达京师,利孰大焉"。当时政府已懂得,把水利搞活,就是把经济搞活,使天下民心归顺,因此,他们对修水利而不"利民"却"取怨"的事,十分谨慎,一旦发现,便务求罢除。

从元代起,直至清代,国家水治管理系统在防洪治灾的方面,都大量吸收了民间水治的经验,并直接使用。特别是在一些山河交叉的险关地带,民间水治的历史经验和地方知识成为国家水治

---

① 关于《宋史》对北京水系的这种宏观描述,参见周魁一等《二十五史河渠志注释》,第141页。
② 周魁一等:《二十五史河渠志注释》,第231页。

的直接补充。可以说,是民间水治决定了国家水治的成败。在《元史·河渠志》中说,当时修京郊昌平县的双塔河水渠和堤坝工程,就采用了民间习用的一种草土堰办法,当地叫"闭水口"或"闭口",以应对洪水泛滥。在洪水袭来时,可以"走泄水势"①,汛后又能迅速恢复修复,重建家园。

>太宗七年岁乙未八月敕:"近刘冲禄言:'率水工二百余人,已依期筑闭卢沟河元破牙梳口,若不修堤固护,恐不时涨水冲坏,或贪利之人盗决灌溉,请令禁之。'刘冲禄可就主领,毋至冲塌盗决,犯者以违论制,徒二年,决杖七十。如遇修筑时,所用丁夫器具,应差处调发之。其旧有水手人夫内,五十人差官存留不妨。已委领管,常切巡视体究,岁一交番,所司有不应副者罪之。"②

上文还告诉我们一个重要信息,就是在草堤堰修好后,如出现私自损坏灌溉田地的行为,政府也会按照当地民间自治水利的习惯法,或由官衙予以"决杖",或交由民间组织处置。我们看到这样的水利管理办法是不陌生的,在我们所搜集到的民间水利碑中,在差不多相同的时期,也有官衙类似的"各杖六十"的违规处罚,或者交由民间水利组织自行议决③。虽然还不能凭此相似断定金元时期北京政府都普遍实行这种水利管理,但至少能看出当时北京

---

① 周魁一等:《二十五史河渠志注释》,第243页。
② 同上书,第244页。
③ 参见董晓萍等在山西乡村搜集的"金明昌七年霍州邑孔涧碑"(碑阴),董晓萍、〔法〕蓝克利《不灌而治——山西四社五村水利文献与民俗》,第89—90页。

水治的办法不是出自北京一家。

从《清史稿》看,在清政府对北京水源地的防洪治理中,永定河始终是一个重点。该书的《河渠志》还批评元代虽然开始在永定河动工,但始终未见成效。到清康熙时才下定决心,把此河的桑干河、卢沟河、凤河和浑河各段综合治理,纳入重点防务之列,官民共建,以图功效。

> 永定河亦名无定河,即桑干下游。源出山西太原之天池,伏流至朔州、马邑复出,汇众流,经直隶宣化之西宁、怀来,东南入顺天宛平界,径卢师台下,始名卢沟河。下汇凤河入海。以其经大同合浑水东北流,故又名浑河。《元史》名曰小黄河。从古未曾设官营治。其曰永定,则康熙间所赐名也。永定河汇边外诸水,挟泥沙建瓴而下,重峦夹峙,故鲜溃决。至京西四十里石景山而南,径卢沟桥,地势陡而土性疏,纵横荡漾,迁徙弗常,为害颇巨。于是建堤坝,疏引河,宣防之工亟焉。[1]

康熙亲自给此河命名"永定",并在石景山以南长期修筑水利工程,多年改造永定河,以示杜绝水患的决心[2]。其间最大的工程是康熙四十年(1701),在京郊房山县窑上村南的永定河右岸大堤上,修建了一座永定河分洪闸,称"金门闸",此闸对治理永定河的水灾起到了极大的作用,也是清代使用时间最长的一座水利建筑。24年后,雍正三年(1725),又由康熙十三子怡亲王允祥挂

---

[1] 周魁一等:《二十五史河渠志注释》,第605—606页。
[2] 参见北京市规划委员会、北京市城市规划设计研究院编志办公室《北京城市规划志》,《永定河防洪规划与治理》,内部资料,2004年版,第361—351页。

帅,任总理京畿水利,在永定河中游的永清县"受害特重"地区,在郭家务以下,狭窄河道,另开河道入海。再过12年,至乾隆二年(1737),清政府继续对永定河的永清段至房山段加强治理,新开四条河道,利用民间水渠治水。

> 一于北岸张家水口建坝,即以所冲水道为引河,东汇凤河;一于南岸寺台建坝,以民间泻水旧渠入小清河者为引河;一于南岸金门闸建坝,以浑河故道接牤河者为引河;一于南岸郭家务建坝,即以旧河为引河。合清隔浊,条理自明。①

据统计,这期间,永定河共六次改道,而在所有改造工程中,最为有效的办法都是民间发明的控制水口之法,被《清史稿·河渠志》称为"救弊之法",说它可以"畅奔流,筑岸堤以防冲突"②。事实上,北京经过官民携手努力所建设的防洪救灾事业,既保卫了北京,也促进了对北京所属的整个海河水系的合理开发。

3. 尊重岁时节律民俗

《二十五史》的《河渠志》经常从岁时日常的角度描述水利民俗,并形成了长达两千年的传统,在其他历史文献中是见不到的,因此弥足珍贵。以北京为例,自《元史》以来,便以岁时为天籁时间,既计算水利工程的日期,也计算农业耕种的时节,并将两者统筹规划。

---

① 周魁一等:《二十五史河渠志注释》,第607页。
② 同上书,第609页。

至治元年正月十一日，漕司言："夏运海粮一百八十九万余石，转漕往返，全藉河道通便，今小直沽汊河口潮汐往来，淤泥壅积七十余处，漕运不能通行，宜移文都水监疏涤"，工部议："时农作方兴，兼民多艰食，若不差军助役，民力有所不逮。"枢密院言："军人不敷。"省议："若差民丁，方今东作之时，恐妨岁事。"①

在这段文献中，至治元年（1321）正值英宗盛世，北京通向全国的运河水利也已四通八达，给帝都物质的输送带来了极大的便利。但我们看到，在上层统治者中，并没有因此冲昏头脑。当时正值农历正月春节刚过，南方开始了一年之首的春耕，农民纷纷下田劳动，这时航运部门要求水利主管部门征夫清河，以保证漕运，却遭到了反对。我们看到，在水利航运工程与农耕岁时发生冲突时，从"工部议"到"省议"，都坚持勿违农耕，"恐妨岁时"，以顺应民间习惯，大多北京官员还是很有分寸地掌握水利工程的节奏的。

河渠志文献还指出，即便在遭遇汛期或防洪开始时，也要充分考虑各地民间用水的不同观念和民间组织水治的条规，要在实地调查的基础上，再做出是否防范的决策。

　　（康熙）四十三年，挑杨村旧引河。先是子牙河广福楼开引河时，文安、大城民谓不便，各集河干互控。至是河成，三县民皆称便。天津总兵官蓝理请于丰润、宝坻、天津开垦水利，下部议。旋谕曰："昔李光地有此请，朕以为不可轻举者，盖

---

① 周魁一等：《二十五史河渠志注释》，第249—250页。

第四讲 水利民俗

北方水土之性迥异于南方。当时水大，以为可种水田，不知骤涨之水，其涸甚易。观琉璃河、荠牛河、易河之水，入夏皆涸可知。"次年部臣仍以开垦为请，谕以此事暂宜存置，可令蓝理于天津试开水田，俟冬后勘踏。①

这个文献出自《清史稿》，主要讲了康熙皇帝对于在北京周围开渠引河和开垦水田的训谕，他强调要注意南、北方稻作和旱作农耕的不同差异，合理修建水利工程和使用灌溉用水。同时，文献也指出，水渠送水解决得不好，到了灌溉季节，民间便会发生争水现象，由上下游不同河岸的民间水利组织"各集河干互控"，反而降低水渠的社会效益。只有做到水利工程与农业用水的需求相契合，才能做到"民皆称便"。官方也才能从民间用户的群体反馈中，对政府水利工程的实际效绩做出正确评估。

《二十五史》的《河渠志》所记载的北京水治，蕴含了大量的地方知识，概括起来说，主要有三点：一是缓和化，即对待洪水，要根据不同地区、不同地势，采取缓解的应对措施，不一定都用水坝去硬堵，该堵的堵，不该堵的，在可能的情况下，要适当泄洪，这样可以让洪水与人类共同休息，农民还可以利用洪水冲击下来的大量淤泥增加地力，待洪水过后，抓紧农耕，恢复生产；二是公共化，即强调用水管理，促进建立多元生态共同体的用水系统，把用水与节水相结合；三是结构化，即根据水利结构调整社会生活结构。这些民间水治传统，一旦被国家水治系统正确利用，就会发挥更大的作用。

---

① 周魁一等：《二十五史河渠志注释》，第634—635页。

三、民间水治的一般特点

我国自汉代以来以农业立国,已在长期的社会历史发展中,根据中央和地方管理水利系统的统一体制与两者差异情况,建立了一套严密的农政水利管理系统。在这套系统中,国家水治是起主导作用的,民间水治是起辅助作用的。在一般洪旱灾害发生时,依靠国家水治是完全可以得到控制的,但在大灾来临和地方灾害频仍的情况下,仅仅依靠国家水治就不行了,这时民间水治系统往往发挥了重要作用。所以,在我国,还长期形成了国家水治与民间水治共存的传统。民间水治从历史上流传下来,在不同的社会阶段中,被不同民族、不同地区所集体实践,并一直在民俗社会保留和延续,已成为民间社会管理的重要组成部分,同时对国家水治管理系统起到补充作用。

从我们自1996年开始的田野调查和对基础农民村社水利组织的研究看,民间水治一般有以下特点。

第一,灌溉水利与不灌溉水利并行。在我国的南北农业区中,由于地理水文环境和农耕条件存在各种差异,水利系统也有较大的差异。在一般认为农业生产必备的灌溉水利作业中,存在着灌溉水利与不灌溉水利两种系统。

在灌溉水利系统中,国家水治管理起领导作用,民间水治管理起执行作用,这个系统的分布地区,相对说来,在正常年份,都有可满足农耕需求的水量和水利设施,这个系统的目标,是解决农业生产用水和生活用水。

在不灌溉水利系统中，国家水治管理起协调作用，民间水治管理起决定作用。这个系统的分布地区，都是旱作农业区。当地由于常年缺水，已无法解决农耕生产用水的需求，只能把有限的水资源用于生活用水。在很多情况下，国家水治系统甚至基本放弃对这种地区的水利管理，这时民间水治系统发挥了绝对管理的作用，带领当地人民与灾害共存，共渡难关。

在各种形式的水利管理中，民间水治都是必不可少的。民间水治系统在灌溉水利和不灌溉水利中都有自己的地位、作用和历史传统，这成为我国民间水治研究中的一个特点。

第二，民间水治组织的作用。民间水治的生命力在于它有一个民间自治水利管理组织。它的权威，源于它的历史传统、人员产生系统和管理方式。

从历史传统看，民间水治大都有自己的授权凭证和历史文本，如拥有本地公认的水利会社领导权和对水渠的神庙祭祀权，掌握水利会章、水利碑刻和水册，并有管理水资源的地方知识和能力。

从人员产生系统看。国家水治在基层社会也有一套人员系统，大体有三类：一是县级和县级以上的地方官员、功勋军人、绅士精英、村落强人和管水人员，他们被地方志记载，家族势力稳定，他们在水利管理中构成了多层级社会管理的框架。二是由粮食、土地和水利税费供养的渠长、桥长、沟长等民间水利职业人员，负责上下沟通和水利工程的日常管理。三是由水利税费和富人捐资供应的水利工程开支及其季节性水利工程劳力队伍。相比之下，民间水治系统的人员产生，依靠基层群众自选和拥护，在没有官方财政来源的背景下，全部依靠勤俭奉公的品质和公正执法的业绩赢得人心。大体也有三类"职业"人员。一是社首或纠首组织。在历史上，他们曾与地方精英和神祇人员合作，但清末民初以后，由于各种原因，这种合作逐渐结束了。二是放水员，他们是专门限制生产用水，或者禁止生产用水的专职农民。三是由村民集资养护水利工程的劳力队伍。与国家水治系统的基层队伍相比，民间水治组织的特点是：非家族势力精英群体、保持地方用水与自然水源量的平衡者、农民用水利益的代言人。

从管理方式上，民间水治系统的管理有两种，即现实管理和象征管理。民间水治组织所保存使用的历史文献本身，就具有圣俗兼通的特点。在民间水治管理者的手里，它们起到了十分特殊的作用，主要有三点。一是赋予社首使用水权的连续权威，使他们能执行现实管理的责任。同时，社首在水与人之间，更重视节水生存的意义，把人在缺水条件下团结生存的历史当作稀有资源珍视和对待，相信继承这一历史传统，就能保护水资源。当地通过这种现实管理，实现节约用水的文化创造。二是在水资源的分配和延续上，祖先神崇拜是极其重要的。在民间水治盛行的地方，祖先意识就是天意，民间水会的水碑和水册是执行祖先神崇拜的经典，由社首烧香供奉，并在宗教仪式中给予解释，地位等于经文。这使祖先神和水神的授权合一，使社首可以实行象征管理。他们借助神权，把管水民俗制度化，创造遵守祖先规约和尊重历史的现实用水新制度。三是在水的民俗志教育上，男女两性合作，共同发挥作用。一般男性管理生产用水，女性管理生活用水。由于女性容易结成生活用水关系，民俗知识多，传承能力强，富于牺牲精神和吃苦耐劳的能力，肯于在求雨和节水仪式中带头发动，还受到了男性的尊敬，男性将认同女性的生活用水知识和传承民俗信仰的能力，也视为一种认同历史的能力。

第三,水权、地权与粮权的关系。中国农业社会的资源管理权利,分水权、地权和粮权三种,政府是控制这三种权利的支配性机构。在大灾之年,在地方社会出现三者的矛盾冲突时,政府往往先调整粮食权利,再调整土地权利,最后恢复国家化和民间化的综合管理。在用水民俗中,特别是在严重缺水地区,水权的运用还有另外两个特点。一是水权绝对权威化,地权让位于水权。在晋南旱作山村,直到现在,还把修渠和护渠看成是至高的权利,任何人不得违抗。在发生用水危机时,社首组织可以调动水权,控制社会秩序,解决安定问题。二是粮食成为特殊用水符号。晋南旱作山村并不生产稻米,但村民在祭祖的神水中加入米粒,将米当作祭祀符号。

第四,民间水利工程的性质。在民间水治系统中,水渠既是展示水利政治和水利技术的对象,同时也展现了农民将其视为人文文化的精神世界。在不灌溉水利地区,水利工程的性质,完全是生活用水水渠,人与人之间严格遵守用水伦理道德和用水习惯法,节约用水。水利工程与当地社会的关系,主要不是生产关系,而是社会安全关系和民俗生活传统的关系。

四、水利技术民俗的个案研究[1]

20世纪90年代末,我和法国学者合作,在山西和陕西农村做华北民间水治调查。我们用社会史的方法研究水利碑,侧重研究

---

[1] 参见董晓萍、〔法〕蓝克利《不灌而治——山西四社五村水利文献与民俗》。

缺水农民的社会关系，所运用的概念是社会公平。但水渠问题终究与水利技术相关，是否在农民自治水渠管理的过程中有一套包括技术制度在内的技术活动呢？是否这种技术活动在当地水利碑中得到了记载，却被我们忽略了呢？这正是我们要反思的问题。经重新阅读各种搜集文献和田野调查，我们发现，开展对农民水渠管理技术活动的研究，不仅是可能的，而且是必要的。

一般研究华北缺水自然环境中的农业水利活动时，比较关注农村的社会关系，将之作为观察农民解决缺水问题的途径，如怎样处理水利纠纷及其地方文化传统；但实际上，农村水渠管理的技术活动是同样不能被忽略的。山西四社五村正是这样一种个案。当地农民管理水渠是一套适应自然地理因素和地方民俗文化传统的生态文化活动。缺水农民的社会关系并不是很紧张的，在他们的观念中，水渠的社会管理与技术活动同样重要，其中技术活动还有相对独立性，因为它要适合水性、善于利用水环境，并懂得水渠工程的使用规律，这点与管理土地和管理粮食不同。几百年来，当地农民在自己的水渠管理传统中生产生活，在极端干旱的环境中，建立了一个合作节约用水社区。从社会史和水渠技术管理两方面考察这类个案，会对华北缺水地区的用水文化建设有一定启示性。

（一）古代水利碑管理传统与民间水渠管理的技术制度

山西四社五村水渠，地处山西省洪洞县、霍县和赵城县交界地带,①位于霍山山峪中,是一条依靠搜集山区地表水建成的民间引水工程。这条水渠使用了八百多年,从古代开渠延续利用至近现代,一直没有被废弃,至今仍是当地农民使用的主要水源。掌控水渠的是农民自治水利组织,为首的管理者叫社首。水渠的所有维修经费由农民集资,归社首支配使用。当地共有15个村使用这条水渠,其中有5个村是水权村,叫四社五村。四社五村轮流执政,每年一轮,执政者叫执政社。执政社管理当年的水渠事务,并在来年举行"清明会"仪式,移交给下一个执政社,周而复始,从不改变。1997年我们第一次到达这里时,发现四社五村的组织还在,各村社首由本村的村长和村党支部书记担任。他们既是传统的代言人,也是国家农业改革政策的基层执行者。在以后长达六年的调查中,四社五村给予了大力配合,现在四社五村依然活跃。社首曾对我们说,缺水农民的社会关系并不是很紧张的,所有纠纷都是为了"争渠首、争水日和争水权"。在他们看来,管理水渠不是管理土地,也不是管理粮食,管理水渠要有适合水性、善于利用水环境和懂得水渠工程使用规律的一套办法。从我们的调查研究看,他们成功的水渠管理得益于两条:一是重视利用历史传统,虽然这条水渠的作用在民国以来的百年中得到凸显,但这是社首组织坚持执行古代水利碑管理形成的历史传统的结果;二是牢牢掌握自治水渠管理中的水权制度和水日分配体现社会公平公正思想的核心部分,将之引入地方社会现代变革进程中,在日常实践中积累了新的创新经验。改革开放后,他们正是依靠这种管理,做到了节约用水、

---

① 山西省赵城县于1954年与洪洞县合并,统称"洪洞县",1985年以后,霍县也改为县级市,现称"霍州市"。但考虑到当地水利史料和本地人仍用原称,故本文仍使用洪洞县、赵城县和霍县的原名,或称"三县"。

发展经济，又能服众。他们中的义旺村还连续28年被评为山西临汾地区的红旗党支部和小康示范村。这是以民间水渠管理带动农村社区发展的一种个案模式。

当我们重新阅读山西四社五村的所有水利碑，并参考利用相关水册、地方志和田野调查资料时，可以发现，当地存在着另一层围绕水渠产生的民间水渠技术管理制度。它的含义，不是指农民的水渠运行与国家政府管理的关系，而是指水渠运行与本地自然环境和用水历史传统相协调的技术活动的关系，包括水渠选址、水权归属、供水路线、水日分配、工程摊派和对水渠水量的管控制度等。在当地较为缺水的古代水环境中，这套技术制度发挥了历史功能；在晚清当地水环境恶化后，这套技术制度起到了关键作用。到民国时期以后，这套技术制度还把四社五村管辖范围内的村社土地资本、粮食权利、财会制度和民间宗教都变成了水渠管理附着物，牵动了地方社会关系的运转。相对于社会关系而言，它演化为一系列有相对独立意义的，维护、延续和放大水渠工程的文化价值的技术活动。

1. 水利纠纷与水利碑规约

华北农村水渠的民间自治及其技术发明大都起因于经常性和继发性的自然灾害，主要是旱灾。在四社五村，农民在抵抗旱灾的群体活动中产生用水纠纷，其根本解决途径，就是自修水渠和发明使用水渠的技术制度。在历史上，当地镌立的水利碑赋予四社五村水渠管理的绝对权威，也成为古代政府管理与社首管理相协调的历史契约。这种水利碑管理传统，减少了个别村社独占水渠的恶性事件或破坏水渠工程的暴力冲突，对水利工程的长久利用形成了民间习惯法的保障。

据我们研究这一带的地方志和相关地方文献，以及对当地农业气象部门的调查，在历史上，四社五村管辖范围并不是水环境最差的山村，但有季节性缺水问题。还有一个比较突出的问题是，四社五村地跨"三县"，属于行政上的"三不管"，包括民间水渠流经县别不同，流经土地的县域归属不一，发生纠纷的村社所属县级管辖部门不同。所以一旦水渠用水出现纠纷，解决起来又十分复杂。在这种背景下，四社五村社首组织就成为政府默许而农民拥戴的强有力的民间自治水利组织。一旦水渠纠纷惊动政府介入，会由"三县"上一级的"霍州邑"州府出面断案，四社五村社首最为看重的"金明昌七年霍州邑孔涧庄碑"，正是这种性质的官司碑。这是一场发生于12世纪末（1196）的水利纠纷，我们从这通碑文中得知，水利纠纷的最初地点就是四社五村水渠工程的开渠地点，即霍山的孔涧峪和青条峪水渠的上游村沙窝峪村。水渠的水源类型为霍山植被水、少量泉水和地表水。发生纠纷的原因是水渠渠道"沙渗水细"，水量不稳定，造成下游村庄中"下社"南李庄村与上游村庄中"上社"沙窝峪村和孔涧村争水械斗。官司打了三年，最后州府判为上、下游村共用水渠。在这通碑文中，出现了"上社"和"下社"组织与州府官员征求"村头目乡老"意见的记载，我们能看出，当地村社组织参与管理水渠的历史在八百年前就开始了。社首还保留了后世的水利碑，从这些碑刻看，金代以后，这条水渠的水利纠纷结案的方式都如此，在有政府参与的情况下，当地仍遵循前代的做法，按社首管理水渠组织的认可和水渠流经村庄是否同意合作用水的意见断案，而不是按照水渠各段的行政归属断案，水利碑称此为"上世已然矣","厘其事,别其地,为水籍"[①]。

四社五村水利碑记述解决水利纠纷的主要内容是,承认水渠为农民依山区地势自筹修建的水利工程,社首组织管辖水渠的技术活动标志是开发高地势村庄的水源为公共水源,设立水权村和水日的核心制度,并建立使用水渠的轮流顺序和工程摊派条规等。因"金明昌七年霍州邑孔涧庄碑"的立碑历史最早,又立于水渠的渠首,对控制水渠全线水量的意义重大,所以一直引起四社五村组织和广大农民的高度重视,一直沿用至后世,此碑条款依然是社会管理水渠的技术活动和解决水利纠纷的权威依据。

2. 流经路线、水权村与水日

但是,社首们都不是水利工程师,他们所从事的水渠技术管理活动,不是现代技术操作规程所规定的条例。他们管理水渠的目的是充分发挥水渠工程的技术指标,以达到满足当地生产生活用水需求的社会效益。他们的技术活动的支撑点,就是确定水渠流经路线和认定水权村和水日。

首先,是确定水渠的流经路线。四社五村管辖的15个村分布在洪洞、赵城和霍县三县犬牙交错的边界地带,水渠的流经路线是水渠水量的地理消耗过程,也是各村共享水渠的历史见证。从"金明昌七年霍州邑孔涧庄碑"的规定到我们的调查看,这条流经路线由上游村孔涧村和沙窝峪村起首,到洪洞县的仇池村截止,历时八百余年,基本没有变动。可以想见,没有四社五村社首强有力的

---

① 以"明嘉靖元年霍州水利成案碑"为例,四社五村水利碑已有这种说法,详见董晓萍、〔法〕蓝克利《不灌而治——山西四社五村水利文献与民俗》,第347—351页。

社会执行力和技术管理能力，这是做不到的。

其次，是认定水权村和划分水日。四社五村社首管理权分而治之的下属主要村社为水权村。在使用这条水渠的15个村庄中，有5个是水权村，它们是：仇池村、南李庄村、义旺村、杏沟村和孔涧村。水权村占据水渠的下游、中游和上游，依次称"老大""老二""老三""老四"和"老五"。它们是在各村地段内控制和分配水渠的用水量的村庄。所谓"用水量"，指按四社五村社首的规定，每月以28天为期，向三个县的三个方向供水。供水时间按5个水权村分成5份，这个供水时间又叫"水日"。在当地，水日是衡量水渠全程供水公平与否的关键。上游村孔涧村地处水渠水源地的优势地段，故水日最少，为3个水日。"老四""老三"和"老二"三村，由近及远地分布在水渠的中、下游，分别为4、6、7个水日。位于渠尾的下游村，"老大"仇池村，因水渠沿途渗水，到达仇池村时已水量不足，故获8个水日。在5个水权村之外，其他10个村庄的用水分属这5个水权村管理，叫附属村。水权村在本村人口基本满足用水后，对自己的水日再行分配，负责向附属村提供用水。四社五村社首在每月中留出2至3日为机动日，以解决应急用水问题。

3. 民间水渠管理技术活动的原则和民国以来处理的主要问题

使用"金明昌七年霍州邑孔涧庄碑"，辅助使用其他水利碑，并利用相关地方文献与田野调查资料，我们可以得知，四社五村社首的水渠管理技术活动，有以下基本原则：划定公共共享的水源地；确定水渠流经路线；认定水权村、水期和水日；标示特殊水利祭祀建筑和水利工程样式。

民国以来，水渠的水量减少，他们所处理的主要问题有：上游村堵卡下游村的用水；私开新渠；由水渠管理人（如放水人）报告侵犯水渠的案情；测量、批准和管理村庄新开蓄水池；由水权村管理地税；水权与地权的纠纷；渠首村用水的纠纷；水渠的水量由大变小引起的纠纷；附属村未经许可取水引发纠纷；两社之间未经一方许可越界取水的纠纷；季节抢种引起的纠纷；社会变迁引起行政边界的变更，所引发的水渠取水许可的纠纷。

四社五村社首对维护流经路线是坚定不移的，水渠流经路线的稳定决定其内部社会的稳定。四社五村社首管理水渠的最高技术制度是确定水期和水日，这在当地已成为社会公平公正的象征。实际上，当地水渠管理的历史传统已日臻完善，恶性水利纠纷事件已很少发生，但社首这套管理制度的警示作用很大，成为左右当地社会管理的不二习惯法。

4. 晚清时期民间水渠管理技术的重大调整与民国以来的传承现状

四社五村社首对水渠管理技术制度做出的重大调整发生于清道光七年（1827），社首为应对当时干旱加剧的困境，在渠首镌立了"清道光七年龙王庙碑"。今天我们依然重视这通碑，因为它记载了当时社首组织的一个决定：停止水渠灌溉用水，全力保障生活用水。除了这个重大调整之外，社首管理水渠的其他关键技术，如对水渠流经路线、水权村与水日，一应传统规约不变。此碑仍刻写了这些条款："将四社五村轮流水日开列于后，不惟不失前人创作之志，亦可免后人争水之患，……仇池村捌日、李庄柒日、义旺村四日、孔涧村叁日、杏沟村陆日，周而复始，不许乱沟，违者科罚"。

需要提到的，四社五村社首在使用这通水利碑的同时，还启用了"清道光七年水利簿"，也称"水册"。民国以后，四社五村社首不再刻立水利碑，但一直照前代抄写水册。社首们在水册中写道，他们做出禁止农耕灌溉的决定，"虽不能灌溉地亩。亦可全活人民"，由此我们能看到，他们选择保障生活用水的意识和目的是十分清楚的。

晚清时期，四社五村水渠已发生严重供水不足问题，乃至必须停止生产用水，维持生活用水，对这种水资源地带的评估，据现在政府农业水利管理部门的划分标准，已属于"赤字水源"地带，降低到人类聚居条件的底线。在世界用水史上，这也会成为人口迁徙的理由。但是，四社五村却做出了与干旱环境相处的选择。从晚清至民国，乃至到现在，这一片村庄既未移民，更未消失，相反那条水渠犹在，渠水缓缓流淌，让农民受益至今。这一结果不能不归功于当年社首断然调整之举。

我们从调查中看到，四社五村水渠从历史上流传下来的管理技术制度和相关技术活动，至今凝聚村庄，安定民心。生活在水渠两岸的农民爱护水渠，如同爱护他们的家庭和村庄。社首和农民在经历了几百年没有水渠私人产权的历史时期后，进入当下越来越多的农民个体拥有私人财产的时代，但他们仍然表现了与其他农民不一样的思维方式和行为方式。他们克制物欲的膨胀，瞧不起毫无节制的四处找水和滥用水的行为。古老的水渠塑造了他们有无相济的世界观，训练了他们节约用水的群体习惯，实现了对最少水资源的最低消费，建设了一种集体节水文化模式。

(二）民间水渠的供水制度和民国以来的技术改造

四社五村在维护水渠水量方面，有一套技术管理制度，其核心思想是以需水量决定供水量。民国以来，当地在取消了灌溉农业的情况下，需水量便成为生活用水的衡量标准，水渠的供水制度和技术改造都是围绕分配需水量进行的。前面提到，当地山坡地带和山脚下还有少量的泉水，可以凿井取用，以井水补充水渠水，但社首将井水管理也纳入水渠管理框架中，作为水渠管理的技术管理兼社会管理的总原则之下的从属管理，这就限制了任何外来因素对水渠水量管理制度的干扰和侵蚀。

1. 水渠供水制度与水量管理

四社五村水渠需水量是饮水人口的定量测算，而不是土地灌溉用水的需求量。既然是人的需求，就会在一定程度上受到地方传统文化的制约。在当地，需水量分成两类，一是可以定量的需水量；二是不依靠定量测算，而以文化定性的方式表达需水量。我们能从对当地水利碑和水册的田野调查中发现这两类信息。由于水利碑和水册是长期形成的，所以我们重读这些资料时，还能看到这种定量和定性思维形成的过程，这对我们了解四社五村水渠供水制度的历史传统和现代传承有认识价值。

（1）供水量。我们通过四社五村"金明昌七年霍州邑孔涧庄碑"能获知，当地人最早关注的是上游供水量。他们在八百年前就认识到，水渠的供水量是由上游供水量决定的。但这个问题是由下游村提出来的，而不是上游村提出来的。上游村有三个村，在这通碑的记载中，当年在这三村中最上方的沙窝峪村，发生了一场水战，原告正是下游村，是那里的"下社"头目到上游村取水，引起了纠纷。该下游村就是至今犹存的"老二"南李庄村。在上游三村之内地处下方的村，就是现在的"老五"，"上社"孔涧村。当年孔涧村暴力阻拦"老二"取水，于是老二就到州衙状告"上社人"将泉水堵住，致使下社人户不得使用，要求州衙做主，迫使上游村扩大供水量。州衙以保证政府管理的农耕灌溉生产为由，同意裁定上游村扩大供水量。这件事告诉我们，在把水渠用水问题交给政府后，政府就会支持生产用水。而在金代，尽管生产用水还没有发展成为当地的主要矛盾，但生产用水不足的问题已偶有发生，否则下游村状告上游村供水的纠纷也不会立案。霍州衙署从管理生产用水的角度宣判此案应扩大用水范围，也反映了在华北农业管理的历史环境中，历代政府管理的立场。

事隔五百年后，又有一通碑，即"清乾隆三十一年孔涧村让刘家庄水利碑"，是另一个下游村要求上游村保证供水量的例子。在刚才提到的上游三村中，除了最上方的沙窝峪村和下方的孔涧村，中间还有一个刘家庄。这通碑告诉我们，在上游的这三个村庄中，下游的孔涧村向中游的刘家庄村提出，要确保自己的供水量。我们还能从这通碑中看到，截至清代中叶，四社五村水渠管理传统发生了三个变化。一是在"清道光七年龙王庙碑"之前，在上游三村中，孔涧村已提前制定了禁止生产用水的内部规约，称"累年以来，其水渐微，人物之用不足"，故"不得浇灌地亩"。二是孔涧村与刘家庄谈判的是另一小股山泉"泉子凹"，提出以泉水补渠水之不足。因为泉水不在四社五村社首的管辖权限之内，所以孔涧村的要求并未违反四社五村的规定。为了达到提升供水量的目的，孔涧村还利用神权和民俗仪式，迫使刘家庄接受了自己的条件，刘家庄在碑文中刻写了承诺："每年六月初六日，备盘羊纸酒在泉子凹神前祭祀，请孔涧村乡首盘头炷香。祭毕，公享祭物。"刘家庄还承诺对这股山泉水源的水日分配是，以每半月为期，孔涧村11日，刘家庄4日。刘家庄之所以屈服，是因为孔涧村是水权村，刘家庄是孔涧村的附属村，孔涧村掌握水渠的部分水权，故能对刘家庄处处限制。三是在金代与清代的碑中都提到了孔涧村，我们可能看到，孔涧村是用暴力争取到四社五村水渠管理权的村庄，也是提出了控制供水量思想的村庄。

孔涧村提出的禁止灌溉水规，至清代道光七年（1827），已变成整个四社五村社首管理的水规，这一转变的重要意义在于，正式建立四社五村水渠供水量与生活需水量对应的概念，这就改变了政府立场下的水渠生产供水量的含义，由政府所强调的生产供水变为农民自己决定的生活供水。它还将生产用水和生活用水共用的"水日"定量管理，转变为生活用水的需水量指标，这就为采用文化定性的方式管理水渠做了铺垫，而孔涧村要求刘家庄在民俗仪式的威慑下提供泉水，就是为自己添加的文化定性指标的护身符。

需要说明的是，以停止生产用水的需水量控制和满足水渠的生活供水量，并非华北农业社会的主流，更非政府管理的主流。但是，这种改变对于干旱少水又地处"三县"边界的四社五村来说，却是十分合适的。在清道光七年确定这种水规之后，在不寄托于政府支持的情况下，四社五村社首还加强了对神权的依靠。在不久后出现的清道光十六年（1836）至同治十年（1871）的水册中，连续36年，记载了社首祭神的仪式，以前就没有这种情况，这能告诉我们，在非主流农业社会的农民自治管理水渠组织中，在一个远离城市影响的山村农村，民间水渠管理有文化多样性。

在我们调查的其他晋南地区，也有类似这种四社五村的其他农民自治水利组织，如贾村，在贾村的水利碑上，还画有漂亮的水渠流经路线图，四社五村水利碑就没有这种水渠流经路线图。但在四社五村，社首们管理水渠流经路线、水权和水日的历史传统，依靠将水渠的生产供水变为生活供水的集体智慧，保障了水渠的生命力，并使水渠管理技术制度成为四社五村的根本社会制度，这种作为是更漂亮的。它不用数学公式表达，但它给农民带来了水渠的地方依附感和社会安全感。

（2）需水量。四社五村以定量方法确定水渠的需水量，是采用蓄水池测量的方法。按四社五村社首的规定，在15个村中，每村只能修建1个蓄水池。蓄水池的容量按本村人口数量计算，不许超出。蓄水池的形制，依山势而建，保留一定的坡度，以利水渠灌水，因此当地农民也叫它为"坡池"。水渠在规定水日内给某村的蓄水池输送渠水；水日期满后，再向另一个村的蓄水池提供渠水。当地干旱缺水，水渠水量不定，不能保证在水日内灌满蓄水池，再加上民国时期的水渠仍为土渠，沿途渗漏，到达各村后的供水量并不均衡，这也会造成蓄水池水量事实上的不平均。但是，水日是固定的，无论在任何自然条件和社会历史时期，社首都不会改变水日，他们分配水资源的公平公正性就体现在水日上，农民称之为"绝对时间"。社首组织的魅力正在于此，当地农民对于用水传统文化的自信力也在于此。

到我们去调查时，四社五村社首和农民还严格地以蓄水池需水量控制供水量，并做到上下一致，一丝不苟。

蓄水池是四社五村社首定量管理需水量的可视化、可测量部分。唯南沙窝村地处上游渠首，不需要保持水渠的水，因而不用蓄水池。在现代农村变迁后，经社首组织允许，农民还仿照村集体蓄水池修建家户水窖，以方便储存用水，但家户水窖的水要到村蓄水池去挑，仍等于蓄水池供水。仇池村下属的桥东村于1991年、1996年和1999年各打了一口井，桥西村也打了深井，两村的井水可以满足人畜饮水，但在井水管理方式上，也还是在沿用蓄水池的管理制度，用水泵把各口井的井水都抽到一个公用大水窖里，再用水管把大水窖的水输送到各家各户。有的村民不安装水管，把水从大水窖挑到家里，或者用轮胎或汽油桶改造的水包拉回家里。"老三"义旺村至今使用四社五村水渠的水，并用蓄水池蓄水。这个蓄水池是全村生活的中心。只要蓄水池里有水，农民就决不吃井水，更不会外出买水。四社五村水渠管理的共享思想深深扎根在农民的心里，农民把心留在蓄水池里。四社五村社首严格地按照蓄水池供水，水渠成为定性测量世风人心的一面镜子。

四社五村还有一种供水制度称"借水"系统。在遇到极端干旱，局部维修水渠工程造成断水，或者农民盖房、婚丧嫁娶等特需供水之际，可以向社首借水，并有"借水不还"的老规矩。这种需水量的产生便是地方文化使然。在正常情况下，所有这类需求都能得到满足，这就是社首所说的"社会关系不紧张"。

四社五村的借水是一种独特的民俗。借出去的水，有的是自家从村蓄水池挑回的水，有的是家户水窖里的水，极个别的是从远处花钱买的水。只要别人开口借，就热情地借出，不讲价、不收费、不用还，这种自动让水的社会风气他处少见。在当地严重缺水的环境中更难能可贵。义旺村的人气高，借水风气最盛。桥西村已用上了井水，脱离了昔日的"水渠阶层"，但借水之风不变。四社五村的水渠用水风尚渗透在农民的日常生活中，包括分家、婚娶和赡养等各种农村生活的实际问题。我们通过调查，能深刻地感受到这条水渠对当地日常节水生活模式的塑造作用。

四社五村在缺水条件下保障生活用水，还要面对农民家庭生活中一些权益问题，如分家析产和老人赡养等。家庭权益与水渠水权没有直接关系，但既然水渠水权业已成为四社五村的文化模式，而家庭权益又是农民生活中最深刻的文化，两种文化也就会打结或交叉。这种地方曾让我们"惊奇"，农民家户却传承得平静而自然。

四社五村农民家庭的多子分家，以划分主缸的挑水责任为象征。父母住房中的水缸为主缸，分家另过的儿子要给划分责任，给父母房内的主缸轮流挑水。四社五村的家庭普遍存在着分家现象。老少儿辈同住的现象很少见。从调查看，分家的原因之一，是年轻人用水多，老人用水少，老人是乐意与年轻人分住的。陪伴老人同住的多为幼子，幼子不交水费，长子负责替父母交水费。

在四社五村水渠特殊的供水制度下，儿子为父母挑水和代交水费，成为履行孝道和赡养义务的伦理评价标准。即便在人均收入水平较低的北川草洼村，老人生活境况差，但在用水问题上，子女们从不推托，都能主动上门解决。

在四社五村，儿子结婚后要分家，分家的目的是分债。当地父母为儿子筹办婚事都要借债，等媳妇娶进门后，父母与儿子分家，同时把债务分出一半，让儿子自己奋斗偿还。分家时也可以分缸，但绝大多数新婚家庭并不与父母分缸，这里除了道德伦理的压力外，还有不少新婚夫妇需要老人帮忙带孩子，他们甚至宁可多为父母分担还债的费用也不分家、不分缸。

四社五村地跨三县，各有旧俗，但由于长期共用一渠，洪洞县与霍县的用水民俗大体是相似的。但两县也有一些用水民俗差异。以放置主缸的位置为例，两县便有明显不同。霍县的主缸放在正房内，洪洞县的主缸放在厨房里。地跨洪、霍的北川草洼村，其家户主缸半数以上放在正房里，颇似霍县古风；另有小一半主缸放在厨房里，这又很像洪洞县的习惯。这是与家庭权益无关的纯民俗，但纯民俗能演绎历史民俗，也能装饰地方民俗。

2. 井水管理制度

四社五村社首近年遇到的新问题是井水管理。一些水权村打井成功，便可以在水日之外获得新的水源。四社五村社首曾负责井水管理，但在改革开放后实行市场经济，井水不属于四社五村水渠的水，可以出售，社首组织便将井水管理权交由各村自主处理。有的村委会就把水井承包给个体户，称"看井户"，由他们维护水井和出售井水，自负盈亏，所得收入按比例上交村委会，由村委会统一支付水泵用电和泵具维修的费用。看井户得到的一部分收入归己。仇池村下属的桥东村和桥西村井水充裕，看井户把井水卖给自己的附属村，如北川草洼，偶尔也有远处村庄来买。

四社五村使用水渠成为内部小社会的主流历史，社首和农民把现在出售井水的行为看作是一种致富手段，但对其管理方式产生了争议。桥东村和桥西村的看井户管理井水时，讲成本、算赢利、拉人情、搞关系，这对一直实行共享水资源制度的四社五村是一个不小的打击。仇池村的"老大"社首已对看井户严加防范，压低其个人提成，禁止他们搞商品井水经营。四社五村其他社首也想用管理水渠的历史规约管束井水的使用权，但有恐此举有违于市场经济原则，他们就左右为难。他们最后遇到了国家农业税费改革的历史时机，就转向借用这个共同富裕政策去维护他们的公平社会理想，这点我将放到下面去谈。

（三）民间水渠的技术管理与社会管理

1. 渠道改造的技术活动

前面提到，四社五村水渠自古至民国时期都是土渠。正是这条土渠让农民拥有了长达几个世纪的没有私人产权概念的共同历史。1949年至1984年改革开放初，我国进入社会主义水土资源国有制和县村集体所有制时期，四社五村农民生活水平提高了，集体收入增加了，便对水渠进行了三次技术改造。

1952年以后，四社五村社首对水渠进行了第一次技术改造，他们采用红泥黏土做材料，重新修筑水渠的渠底和水槽，将土沟渠改造成为毛渠，减少了沿途渗漏的问题。水渠改造后，仍按历史传统，向洪洞、赵城和霍县的三个地段，分三沟分水和供水。

1972年，四社五村社首进行了第二次水渠改造。他们使用水泥管道铺渠，将毛渠改成了水泥管道渠道，并将使用了几百年的明渠改成了暗渠，这样更有效地解决了水渠渗漏的问题。在水渠提高供水能力后，他们仍按历史传统，修三条水泥管支渠，向三个方向，按水日供水。

1984年，四社五村社首第三次改造水渠，这次他们采用了塑料管道，将水渠的水泥管道改成了塑料管管道。他们还在上游沙窝峪村重修龙王庙，表示了集体恪守历史规约的决心。

四社五村对水渠进行改造的结果，从技术层面说，都带有实质性的进步；而从社会管理层面说，仍带有公有性。社首所提出的所有技术改造路线和支出经费都不涉及积累个人财产问题，因而对当地固有的人伦关系和稳定的社会管理都没有产生任何冲突和纠葛。

2. 四社五村的社首管理与政府管理

四社五村社首是将水渠的技术改造尽量控制在技术层面内的，并不改变晚清以来水渠管理保障生活用水的历史传统。但是，从政府管理的方面讲，他们的经验又是不能简单地扩大到主流农业社会管理模式中去的。其实当地政府注意到四社五村的节水事迹，曾多次下文表扬他们。在计划经济时期，政府还将这条水渠的管理纳入政府水利部门的资助管理范围，并要求四社五村社首对水渠恢复生产供水。但此举在很短时间内便造成四社五村供水的严重不足，后来停止了。从我们的调查看，四社五村对政府这种大锅饭管理是不无警惕的。他们对内不私占，对外不馈赠。他们与政府不做利益交换，甚至很少向政府要资助，实行了封闭式的节水管理。在计划经济年代，他们不敢正面抵抗，但总在找机会维护历史传统，回到按需水量控制供水量的水渠利用中去运作。他们因此更强调历史传统，而不大结交新的社会关系。我们仔细观察了以上三次修渠的社首工程图，能发现他们留下的观念痕迹。

1952年第一次改造水渠时，四社五村社首并没有惊动官方。他们自己制订技术方案，按自己的文化逻辑设计水渠改造结构，要点有三：一是在沙窝峪村龙王庙的地势制高点，修建水渠的蓄水池，增加水渠搜集霍山植被水的能力，巩固这里的供水渠首的位置；二是按传统水日分配和自下而上的顺序，按需水量供水，并根据这个原则修三条分渠；三是每年春季在龙王庙举行清明会仪式后分水，行使社首权，因此社首仍把这次工程称作"历史工程"。1958年"大跃进"时期，上级政府按统一计划，曾给四社五村拨款，在上游孔涧村修了一座小水库，用以扩大上游村的供水量，增加生产供水的可能性，但四社五村始终未启用这个水库。我们来到这座水库时，只见水库里长满了杂草，根本没有水。1972年四社五村改造水渠时，正值"文革"期间，政府实行"山河归公"的政策，把这条水渠正式纳入政府水源，强行扩大流经范围，增加了三个用水村。政府还要求四社五村提供灌溉用水，终让四社五村水渠大伤元气，从此水量明显减少，再也没有复元过。"文革"后，这条"革命"水渠被泥石流彻底冲毁，四社五村社首认为，这是因为"革命"水渠的流经路线违反了地理地势，被冲垮了，这是"报应"。1984年四社五村修渠，赶上了解放思想的好时代。这时政府鼓励恢复有利于水资源保护的历史传统，四社五村可以完全按照自己的意愿修渠。他们做到了三点：一是将四社五村水渠管理的历史建筑和民间文献进行系统整理和妥善保存，包括重抄水册；二是恢复三渠分水的传统技术路线和水日管理；三是在水渠水量锐减的情况下，将上游村的分水亭下移至靠近中游村的义旺村地段，这样既对上游村的用水加强了限制，也能进一步保障中下游村用水。经义旺村社首的努力，这次修渠还得到了临汾地区水利局的部分资助，于是社首在修渠工程的材料和工程规格上都超过了以往两次。我们在调查中看到，四社五村社首这次虽然利用了社会关系，但他们办事很有分寸，总是要做到对整个缺水山区都有利，要保持农民与水渠的亲密关系。

3. 规避市场经济对水渠管理传统的冲击

1980年代以后，四社五村顺应政府改革的方向，实行了家庭土地承包责任制，但土地承包又引起了生产用水的老问题，对此四社五村社首的态度相当冷静，坚决不开此口。当地农民也已适应几百年不灌溉农业的习惯，服从社首的管理。社首们在因地制宜的条件下，带领农民走脱贫致富之路，做出了两个选择，一是利用山区条件发展果树种植业，二是提倡基本不增加用水的个体运输业，这两条措施都在"清明会"上获得了通过，各村很快响应。

但是，引进市场机制，就引进了商品利润的冲击和金钱的刺激，四社五村稳固的水渠管理规矩又遇到了意想不到的冲击。有人大胆利用四社五村社首对井水权放开管理的机会钻空子，扩大了钱水交易，这对社首们来说，无异于拉响了警报器。此外，果树经济增加了农药用水，畜力运输增加了牲畜饮水，省道高速公路过境四社五村招来了旅游团，增加了用水，这三者都成了水渠的大包袱，社首们几乎要被卡住水脖子。而这次四社五村身陷困境的更大难题，还不是来自于社首们维护历史传统的能力，也不是来自于上层政府的政治压力，而是整个国家进入市场经济导向下的农民个体财富合理化时代变迁，这就使水渠的集体消费用水和公平福利用水制度遭遇了前所未有的拷问。这里潜存着一个"蝴蝶效应"，即农民接受市场经济规则和个人财富观念，可能构成对四社五村水渠管理传统的最大威胁，可能会瓦解农民的公平观念和对低水平集体福利的依赖。那么，这个农民自治水利组织还能存在多久？这条封闭管理的水渠还能支配当地农业社会吗？这些都是我们关心的问题。

然而，四社五村就是四社五村，在几年的调查中，我们看到了社首维护历史传统和实行创新管理的强大力量。我们所到之处，由于农民形成了与旱灾共存的社会认同，由于形成了循环利用生活用水的群体节水习惯，由于社会公平公正带给了农民长期的安全感和归属意识，总之由于这些观念的牢固扎根，四社五村的农民和社首能够一起共渡风浪。

改革开放后，四社五村利用果树经济和脚力运输获利打井，缓解了水渠的负担。但井水主要用于经济作物和牲畜饮水，不用于人口饮水。四社五村农民已习惯于饮用渠水，不喝井水。在基本解决人畜饮水问题的水权村，以井水为生产用水，用来浇灌果树和自留地。下游仇池村，井水较为充足，已不再使用水渠。他们使用自己开发的泉水水源和井水水源，种植灌溉农作物，但数量不多。"老大"社首住在桥西村，他威望高，号召力大，坚持保留参与四社五村水渠管理的权力，要求本村和其他四社五村都要树立防灾意识，不论用与不用水渠的水，都要爱护水渠，以防旱灾袭击。在他的带领下，仇池村和其他村社有了井水也很少灌溉土地。他们跟老社首一条心，留着渠水防灾自救。桥东村的井水浇地量超过桥西60%，村长正是老社首的儿子。老社首批评他和班子管理不善。我们很快发现，四社五村一度紧张的井水权，悄然之间，又被收归水渠管理权之下。

我们对四社五村近年发生的生产用水问题的调查，证实了社首的致富改革遇到了局部范围内的挑战。他们对经济作物用水缺乏经验，因而没有做出预测。北川草洼村几户农民的选择也说明，对水权开放的渴望与村庄用水的地位成反比，越是没有水权的附属村就越想冒险，但是多用水的倾向露头后，又会被四社五村的强大节水舆论所掐灭。

四社五村水渠全线至今禁止生产用水，其观念传承的渠道有三：一是已形成无灌溉社区空间，农民已不把灌溉农业看成是生产逻辑和生活背景，他们在精神上与水渠签订了神圣的契约，凡是在这个文化圈里长大的人，便不再打破它；二是节水教育日常化；三是有旱作区防灾意识。

四社五村社首在引进经济作物发生争水问题后所采取的态度有两层，一层是响应政府市场经济改革号召，搞活农村经济；一层是任何改革都不能与当地饮水争水。他们是扛着传统走进现实的一个坚强的群体。

桥西村是一个例外，据地质勘测，村下有小泉水群，村民打井抽上来的是泉水。桥西村根据老社首的要求厉行节水，迄今并未发现水位下降的迹象。所以该村目前尚能使用井水浇灌经济作物。

（四）民间水渠的水费收缴与现代农村税费改革

为全面了解四社五村适应现代农村改革的过程和效果，我们还从水费计量入手做了入户调查，因为水费计量在四社五村是长期水渠技术管理的对象，他们是在轮流供水的村社水日计量和家庭用水计量中度过缺雨少水的世代生涯的。近年社首特殊的创造活动是协调水渠水费与农业税费的管理，主要是将水渠水费计算与农业税费征收挂钩，做到两相促进，而不是两相干扰。

1. 四社五村水渠水费的管理传统

从调查看,四社五村水渠利用发生了现代变迁。现在仇池村的人均收入在四社五村的15个村中居首,对征收农业税的积极性也较高、办法也多。他们仍在水渠管理中强调节水教育、公平公正和防灾减灾,这对其他村社起到了榜样的作用。

中游的义旺村是个关键村,四社五村三次改造水渠成功,都与这个村有关。而义旺村与仇池村的区别是仍在使用四社五村水渠,义旺村在四社五村水渠管理与农村税费管理上,发挥了更直接有效的实际作用。

四社五村的附属村过去依赖水权村分配水生存,近年水权村在满足用水的前提下,允许附属村在水日之外向水权村买水,于是主附之间的依附关系稍微发生变化。北川草洼村是一个被踢皮球的小村,1950年归霍县,1958年归洪洞县,1961年又重归霍县,1971年又归到洪洞县,一个小村庄几易其主,其用水已十分边缘化。在可以购买商品水后,他们得到了部分解放,虽然花钱不能买到水权,但花钱能买到需要,他们在有应急需求的时候可以买到需要的水。

上游的沙窝峪村得天独厚地生长在水边,溪水长流、山青水蓝,在缺水的四社五村是一方"桃花源"。然而,农民虽然守着霍山植被积蓄的哗哗流淌的水流生息劳作,却恪守人口饮用、从不灌溉的规矩。他们也有优越感,但始终能与中下游村庄分担缺水危机。四社五村从来不向沙窝峪村民征收水渠维修费和水费,也是对他们的一种回报。但在他们引自来水管入户时,还是要求他们向四社五村交水费,无条件地加入这个节水群体。

四社五村水渠管理的公益性对商品经济的私有性有排斥力。四社五村社首借助同时担任村委会干部的行政职能，拥有维护水渠公益传统的更大的权力。他们不允许商品经济干扰这个权力。他们对水渠水费计量管理和农业税费管理的执行，在行政管辖多县交叉的状态下，也在水权村与附属村、上游村和中下游村关系的社会历史变迁中进行，这体现了这个农民群体在变迁中稳定发展的精神面貌和生存能力。

2. 农民水费计量的习惯与现状调查

四社五村水渠的水费计量传统，根据水渠的上、中、下游地段不同，对水渠水量的受益多寡不同，在水费征收上是有差别的。此外，水权村与附属村用水量不同，水费额度也应该不同，但按照传统规矩，附属村却是要按人头向水权村交水费的，一个钱也不能少，这种规矩是不平等的，然而附属村竟然没有怨言，更不敢瞒报人口少交水费，唯恐断了吃水的后路，由此我们可以看到水权村对附属村分而治之的一个办法是水费管理。对水渠全线的任何村庄来说，包括水权村和附属村，合作交水费，供养水渠，共同使用水渠生存，是他们共有的"华山一条路"。

四社五村水渠的水费，从前只包括修渠和"清明会"仪式的费用。这在四社五村已成传统，费用也低，每人每年1元，农民可以负担，也愿意负担。四社五村的水权村对生活用水的计量，使用家用水桶挑水的"担"计量，但只限水，不收费。个别用水收费的转变，如20世纪80年代以后出现的"井水"商品水，四社五村规定收费，农民使用井水要花钱，每担水在5分至1角之间，水价由社首定，这种职能在社首管理的传统中是没有的。而花钱买来的水不是四社五村水渠的水,农民也分得很清楚。

结　论

　　山西四社五村水渠管理的历史传统和现代实践,给我们提供了许多有益的思考。它的搜集利用地表水的用水文化习惯和技术活动,它的爱惜水资源的公共教育,它的公平分配和公正共享的管理机制,它的团结互助的群体精神,以及它的防灾减灾意识等,都使它成为内生型节水文化社区。它在几百年来水资源递减的恶劣环境下生存,又能在市场经济条件下,结合政府的农村税费改革政策,调整了传统的、农民公认的水资源利用和水费支付办法,较为合理地解决了水资源配置和使用水利与土地资源所必须支付的费用问题,保持和巩固了农民水利自治体,也使当地紧缺的水资源达到了延续利用的目的。华北地区长期水资源紧缺,城乡各地现代工业用水、城市化生活用水、农业经济作物用水和旅游服务业用水持续增加,用水矛盾已十分突出。在这个大环境下,四社五村对盲目用水的抵制经验显得尤为珍稀可贵。这一个案带给我们的启示有以下几点。

　　第一,四社五村社首解决水利纠纷与水渠管理的技术活动的核心要素是以需水量决定供水量。四社五村以需水量控制供水量的管理办法,从狭义上说,不适合在不缺水的农业灌溉区内实行,只适合在不灌溉的旱作农业区实行。但从广义上说,这种以需水量控制供水量的方法又具有普遍的意义,在当今世界到处发生水危机的情况下,在全球化和城市化把水当成污染对象和娱乐工具的情况下，四社五村的经验尤其值得我们深思。

第二，四社五村农民自治水利系统的运行，是在脱离政府管理灌溉农业的主流方向下进行的，因此社首加强了对地方历史传统的利用。但他们同时重视社会关系，建设基层农村政治组织，熟悉农民民俗，并把这一切看成一个整体，在综合适应各种氛围下进行节水教育。四社五村还由于山区植被水、地表水和渗漏水的不稳定，长期干旱的环境难以改变，使农民这套自治水利制度长期被有效地执行和完善，这本身也是一种创新维护历史传统的现象。它还说明，我们在进行社会文化建设时，一定要考虑生态环境，要关注在不同自然地理条件、不同历史环境和不同社会群体中形成的小型多样的民间组织的生存活力，要珍惜他们积累的技术经验，尊重他们创造的生命奇迹。要在保护文化多样性的前提下，在充分研究的基础上，将这种微观样本概括为宏观推广要素。

第三，四社五村在农村城市化进程中面临的最大威胁是政府个别部门盲目追求经济发展速度和开发政绩造成的瞎指挥。山西某省级高速公路在设计时，完全没有做实地调查，就确定了通过四社五村的工程方案，结果险些给四社五村带来灭顶之灾。某城市公司在四社五村不耕种的土地上开掘煤矿和原油，致使四社五村的地下水源断层，成为工业化用水直接破坏生态水环境和土地资源的例子。种种外来侵入事件都是以开放搞活的名义进行的，结果使四社五村本来就脆弱的水环境更加脆弱，迫使社首和农民联合抵制危害社区的行为。如果这些政府部门和工业单位多一些调查研究，多一些民生忧患意识，这些问题本来是可以避免的。

第四，20世纪末至21世纪初实行的农村税费改革，是继土地革命、家庭联产承包责任制后的第三次重要变革。政府规范农村税费改革制度有着广泛的内容。在改革方法上,政府要求对农村公益事业收费和村内用工制度实行"一事一议",鼓励农民参与这类公益事业讨论,使税费改革在充分尊重民意的基础上推行,从根本上维护农民利益。四社五村在这方面提供的启示是,继承和发扬优秀的地方文化传统,在政府农业水费原则规定的范围内,在适合当地社会发展的情况下,解决各地千差万别的税费问题,从根本上避免农村改革、地方生态资源利用与农业税费之间的矛盾。

第五讲　建筑民俗

传统建筑民俗是经典民俗学的研究对象，本讲涉及这些传统内容，也会对现代建筑民俗进行介绍，这是因为，现代化以来中国社会的深刻变迁莫过于社会结构的变迁[1]，社会结构变迁的深刻体现莫过于住房的变化。一方面，现代化迅猛发展，城乡建筑日新月异；另一方面，民居古建也越来越引起人们的注意。三家巷、四合院、芙蓉镇、上海滩、秦淮河畔、老北京胡同，已成为昨天的故事，住惯高楼大厦的人们又开始怀念历史的陈迹。中国人的建筑文化遗产观念也在增强，从北京的旧城拆迁到后海咖啡屋的讨论，从住宅装修的新潮到徽州民居的大力保护，从乡村房舍的楼台化到城市住房的田园化，到处都可以看到这种错综复杂的反映。中国在世界城市森林和农业文明古国的十字路口徘徊，市民开始在高消费建筑与温馨局促的老房子之间选择。对于这些变化，社会学者研究建筑社会学；建筑学者研究城市规划伦理学；民俗学者研究民居的遗产学，包括民居古建和现代住宅中的民俗知识、现代住宅变迁的民俗依据，及在全球化下变化的民俗模式。这些研究都看到了一个基本事实，即中国人在经历了初期的物质现代化后，会转

---

[1]　参见李强《序》，李斌：《住房利益分化与社会分层机制变迁》，中南大学出版社2004年版，第1页。

向精神构建,对自我住宅的人文环境、怀旧空间和历史陈迹会提出保留的要求,使之成为现代人完善人格、拥有历史丰富性和合理想象未来的某种基础[1]。而跨文化研究正是辅助这一基础正确建立的条件。

一、民居古建

民居古建与现代住房有哪些联系?在现代社会中还能看到的哪些建筑属于民居遗产?现代人在经历了全球旅游、中外比较后,对自己国家、人生中的居住环境和历史遗迹有哪些重新认识?现代高楼大厦的消费生活引起了人们的哪些怀旧情绪?什么是中国人应该继承发展的民居建筑思想?这些都不是建筑本身的问题,其实里面有长期的民俗传统。全球化给人们冲击最大的还有中西建筑时空格局的差异,实际是由人文情境概念的差异所导致的社会规划的差异,正是由于这种差异,在中西世界都用"文明"一词概括对方时,才能在双方中间都引起文化惊奇。当中国人用"西方文明"形容西方建筑时,往往指古老的城堡式教堂、红顶白墙的壁炉民居、风光旖旎的河畔绿地、洋溢着西方风土人情的大街小巷,及其对西方文明进展的延续。当西方人用"东方文明"形容中国建筑时,往往是指红墙碧瓦的寺庙、人情亲密的胡同四合院,以及所有能让人感受到浓厚的中国文化气息的地方。原来这些文化惊

---

[1] 参见王世仁《保护历史文化街区的价值取向原则》,《北京规划建设》2004年第2期。

奇都是外部感受，全球化又把它们变成内部反思。而当人类把文化惊奇和内部反思统一思考的时候，便有回归与欣赏的自觉性，对建筑民俗的认识也更为明晰。

中国建筑民俗传统主要体现在两方面：建房和住房。

（一）建房规划与仪式

中国民居的建房规划是与中国人对人文情境的理解和理想分不开的。在中国文化传统中，民居的人文情境有两个含义，一是家庭情境，一是家居与自然环境融合一体的创造空间。在广大乡村，民居模式融合了家居环境与农耕环境，形成了"田园风光"，世界文化遗产徽州民居是它的代表作。在都市，民居模式融合了家居环境和山水环境，形成了"园林风格"，世界文化遗产苏州名宅是它的代表作。[①]在中国历史上，它们都曾让平民百姓、达官显贵、诗人墨客和高人隐者为之梦想，为之奋斗，最终则因经济、政治、阶级、人生、怀抱等的不同，形成高下文野的区别，这是一个共同点。还有一个共同点是建房仪式，它不是来自外力制度，而是来自中国人的人文情境理念，从过去到今天，人们都要通过这些仪式，在物质和精神两方面，满足对住宅人文环境的需求，能产生差异的，只是仪式的繁简靡朴而已。

---

① 在联合国教科文组织批准的中国世界文化遗产名录中，徽州民居，称"皖南古村落——西递和宏村"，2000年加入；苏州名宅，称"苏州古典园林"，1997年、2000年加入。参见中华人民共和国联合国教科文组织全国委员会《世界遗产与我们》，北京师范大学出版社2004年版，第2页。

1. 建房规划与空间观念

中国是长期的农业社会，在建房规划上，从西周起，已形成家居与自然环境兼容的格局，从民居讲，也叫"前庭后室"或"前院后屋"。《易经》已对这种建筑规划有描写，称"户庭"。《易·系辞上》说："不出户庭，无咎"，指家居室内的安全感。

对田野理想的公开提法出现于魏晋时期。但先秦诸子已在美化原初古朴的生活，奠定了农政思想的基础。到了魏晋，时人吸收了佛教思想，并把佛经中描述南亚热带风光的情境融入中国人的生活理想，使先秦时期的人情情境观念得到了发展，形成了"田园风光"的概念，它的提出者是陶渊明。陶氏在这方面有很多诗歌名作，脍炙人口，现在青少年还在朗读。例如，他在一首《归田园居》中写道"户庭无杂尘，虚室有余闲"，说自己的家正是这样一套有"庭"有"室"的住宅。他还在另一首《饮酒·其五》中说，自己对住宅环境的满意处，正在于它能让自己感受到农桑之乐和自然风光之美，这句诗是："采菊东篱下，悠然见南山"，诗里的他，把自己投放到这个人文情境中去做精神的畅游。到了唐代，田园文化的气息更为浓厚，进一步融入现实日常生活。杜甫在一首《落日》诗中写道："卓雀争枝坠，飞虫满院游"，还是写了庭院的环境带给他的生机信念。白居易在自己的五言诗《宴散》中说："笙歌归院落，灯火下楼台"，也写了充满人文气息的家居环境带给他的欢乐。

民居古建的建筑结构对人文情境的体现是物质化的，主要由墙、门和庭院空间三个部分作为符号，承担人文信息。

墙。这是家居环境的边界，住户十分重视，建筑格外用心。西方古代城堡式建筑有墙，那是城邦的象征，或是教堂的神圣领地；

普通民居有的有墙，有的没墙，并不整齐划一。中国的民居却都是有墙的，一堵墙的存在，表示一个家庭的存在。墙的建筑材料是土、石或砖的，分别称"土墙""石墙"或"砖墙"。此外，还有用木桩、竹子、芦苇搭建的墙，又称"篱笆墙"。古代南方也有以树、花丛为墙的，先秦楚国的屈原就在《离骚》中写过这个墙，说"余既滋兰之九畹兮，又树蕙之百亩"，现在中南和西南地区的一些少数民族还有这种宅界风俗。

门。这是民居的入口，标志着家庭认同，也是家庭连接社会的通道。在这个人文情境中所发生的所有社会往来和仪式行为都是中国人的正常生活。不然，翻墙越脊而入，或从他处穿堂入室，不走正门，住户必大不悦。院门也被视为神灵的把口，中国人有在院门上贴门神的习俗，让门神保护家庭安全。院门还是御敌的关隘，门上设有门眼，用来监测危险的来客。福建闽西的土楼建筑围墙上，至今保留了很多瞭望哨口，性质与此相同，从前供院内人以弓箭、土枪和土炮打击来犯者之用。

庭院。这是院墙和居室之间的空地，也是中国民居的人文情境信息最集中的部分。庭院空间被再规划，按照《周礼·曲礼》的规定："君子将营宫室，宗庙为先，厩库为次，居室为后"，将其三切分，一份是祭祖空间，用作迎神祭祖，人神相处；一份是动物生活区，用作人与自然（动物、植物、阳光、空气、水）相处；一份是人居空间，用作家庭成员居住。三者缺一不可。到了现代社会，广大农村还保留了这种传统，庭院里有神龛，有牲口棚、猪圈鸡笼、果树、菜畦、水井、农具储藏处；也有住宅。这是一家人生活中最为人欢马叫、生机盎然的地方。陶渊明在《和郭主簿》中说，他家里"园蔬有余滋，旧谷犹储今"，就写了这种庭院风格，到现在也有上千年了。

庭院中还有一个空间非同寻常,就是院落与居室连接处的一系列附属建筑,包括门楼、门墩、影壁、花坊、房檐、屋脊和烟囱、门窗等。一般认为,天地万物的灵气大藏在这里,所以要格外小心地加以装饰。从前徽商和晋商的住宅对这里的建造都是十分讲究的,从门楼到门厅、从影壁到花坊、从房脊到窗棂,每个细节都不曾含糊,镂雕绘画、精工彩制,石刻、木雕、砖雕、泥塑无所不有,表达了住户一生一世的愿望。这些建筑的雌毛脊都很有名,表示家道向上。也有哺鸡脊,表示吉祥如意。在门楼檐窗的图案上,还有一些刻绘保留完好,至今可以观赏:如用五只蝙蝠围绕一个团寿字,表示"五福捧寿";猫扑蝴蝶和牡丹花开,表示耄耋富贵;童子坐麒麟,表示"麒麟送子";花瓶插月季,表示"四季平安";菊花团簇,表示"福寿绵长";等等。六朝时期的宗懔在《荆楚岁时记》中记载"菊花":"九月九,佩茱萸,食蓬耳,饮菊花酒,令人长寿"。这个记录出自6世纪,现在已是21世纪,可见其符号意义之绵长。江南名宅拙政园已有400余年的历史,园内纳各地山水美景、奇石异峰为蓝本,修成秫香楼、桃花渡、芙蓉榭、兰雪亭、荷花池和竹香廊等31景,明代才子文徵明依园中景物绘画31幅,并在每幅画上题诗一首,把中国庭院的人文意蕴推向极致①。

中国民居古建的庭院建筑有两个基本特征:一是户外性,二是象征性。同时,历代住户还通过对庭院空间的不停装饰,融合了新旧文化空间,创造了新的人文情境,它使家庭充满温馨。

---

① 参见徐文涛主编《苏州园林旅游丛书·拙政园》,苏州大学出版社1998年版,第3—5页。

2. 建筑仪式与秩序观念

中国民居的人文情境概念是从建筑仪式中开始构建的。在房屋建筑的各个关键环节，如选址、上梁、安门和竣工等，都要举行仪式。仪式是把人文情境概念落实到建筑组成部分中的过程，仪式也是将建筑构图和建筑使用安全的社会知识传承给住户的文化传统表演。

选址仪式。它被用来确定民居与自然环境和社会环境的秩序关系，是住户最看重的地方，一般包括阴阳相宅、祭祀土地、牺牲奠基和择日动工等步骤。在民俗词汇中，也称其为"看风水"。所谓风水，按民间解释，是指对宅基地和周围山水形貌关系的解释和利用。从现代人的解释看，是古人对民居与周围自然环境和社会关系的审美想象和协调处理。在这种观念中，宅基与环境能构成狮子、猛虎、苍龙、雄鸡、丹凤、笔架、棋盘、仙人、莲花、牛、船等形貌者，被认为是理想的选址。这种小块土地的尺寸往往被看得比建筑本身更重要。这种仪式要告诉人们的是，尽量避免民居建造与自然环境的失序，避免民居位置对社会秩序的越轨，要求保证建筑与周围世界关系的连续性。如在社会秩序上，要求选址看方向，不取正南方的"子午向"，认为"子午向"是金銮殿（帝王之居）、寺庙（菩萨之居）和官衙专擅，是权力的象征，普通人不能僭越。因而民居的朝向都偏东南向或西南向，这两个方向都是非权力者的位置，既朝阳，又能恪守秩序。

上梁仪式。它被用来表演住房安全知识，包括神佑安全、人身安全和未来安全的知识。在房子盖起来，要上"正梁"时，住户要举行上梁仪式。在浙江海宁，仪式开始后，先放鞭炮，再由泥、木

匠师傅从两旁一步步踏上高梯,边上边唱《上梁诗》:

> 脚踏云梯步步高,
> 新造高厅接云霄,
> 上梯一步高一步,
> 下梯步步后来高;
> 小姐要上绣花楼,
> 官人要上读书厅,
> 读得书来识得字,
> 三鼎格里中头名。

唱诗是欢快的文艺形式,娱神娱人。唱罢,由泥木师傅给正梁中间挂一方红布或红纸,叫"掼梁红",上书"日月拱照""紫微拱照"。待正梁落榫时,泥木师傅又把房主事先准备好的一个盛满米、麦、银角子、铜板的米斗倒下来,房主夫妇扯起被面,在下面兜住,这叫"接财宝"。接了"财宝"后,要四处抛洒,给前来助兴的村民们捐献,孩子们抢得更欢,叫"掼元宝"。以后,还要吃"上梁酒",亲友助兴,这些都是带有社会交往性质的答谢馈赠。现代化以后,上梁仪式简化了,但还放鞭炮、吃上梁酒[①]。在北方,《上梁诗》等口彩歌留到贺新房时唱,叫唱《喜歌》。"正梁"是房子的心脏,也好比人的腰,腰挺直了,人才能站得直。上梁仪式体现了过去建筑师传递房屋要害部位知识的传统方式,也证明了在住户观念中,人神关系和社会关系比建筑本身还重要。

---

① 参见董天泽《浙江海宁上梁风俗》,《民俗》1997年第3期。

镇宅驱邪仪式。这是在门楼或房脊上，或者院门旁边安装避邪物的仪式，被用来处理新建筑和老建筑之间的关系，充满了浓厚的信仰味道。在门楼上安装避邪物，指安装石狮等镇宅神兽，邀吉避害，从前票号、会馆等安装此物的尤多。在房脊上安装辟邪物，指在正房的屋脊上再建一个两三层高的缩微小门楼，表示新房比前面的老房高出两三层，就能把前面的不吉之物给"压"下去了，获得福气。这类缩微景观现在还能看到。被立在院门口旁的辟邪物，叫"石敢当"，指新房被老房挡住了门前的通道，使用了辟邪物，新房便可以趋吉避凶，解除压力。这种仪式既有过去意识，也有未来意识，寄托了民居的宇宙观和秩序思想。

（二）住房格局与理念

家庭情境是由住房格局体现的。在这方面，中西方的差距是很大的。中西方都有很多美不胜收的建筑，但在中式家庭建筑中，聚家而居，或聚族而居，并且累代传递，这在西方家庭中是很难看到的。他们的院子比中国人的开阔，他们的房子比中国人的宽敞，但家庭中的夫妻、子女和老人到了一定阶段是分居的。尤其是子女，长大后便独立出去，不再与家长同住，几乎不存在几世同堂的现象。在现代化和全球化中，随着经济和科技力量增强，人文情感减弱，中国这种亲情依依、其乐融融的家庭情境，对西方社会产生了很大的吸引力。当然，中国当代也开始产生空巢家庭，与传统人文情境出现反差，以致引起怀旧伤感。所以，无论从哪个方面说，都应该对民居的家庭情境做进一步的探讨。

第五讲 建筑民俗

1. 住房的伦理理念

中国住宅的家庭情境是根据儒家的道德伦理观建立的。中国是血缘家庭社会,它的体系制度是要依附在住房的空间上的。这种情况反映在住房的空间分配上,房间的高低、位置和朝向是受到伦理观念支配的。它主要由家长控制。在一所住房中,分房,就是分配权力。分房的过程,就是在家庭集体中,确认权力个体和巩固权力个体。家庭成员的有权和无权,以及权力和性别的差异,通过其住房的朝向和结构就能一目了然。家长住正房,子女住厢房;继承家业的子女住东厢房,非继承者住西厢房。正房要比厢房高,是父母之居,也是家庭的公共空间,在正房内发生的各种事件对全家人来说都有严肃的意义。正房的核心部位是中堂,中堂供奉"天地君亲师"条幅,挂祖宗家谱。年复一年,在家长的率领下,一家人在此聚合,远接神祖、近待友朋,讲"修""齐""治""平"的人生大义,把家庭、祖先、历史、社会、国家的概念联系在一起。这些都是历史上传下来的,是中国人自己给自己定的规矩。

住房的内部结构,分五块,即睡处、神位、照明、取暖和贮藏空间。睡处和神位属于一个结构单元。中国社会的血缘制讲父系尊严,夫妻的姻亲关系是父系家族制度的附属物,处于次要地位。住房结构都遵守着这一制度,《孟子·万章上》:"男女居室,人之大伦也",是把一个父系家庭视为一个睡处单元的。其次是男女有别。两代以上的父系家庭也可以合住。伙居处祭神,昼坐夜宿。此处最圣洁。已列入世界文化遗产的北京故宫还保存着满族火炕,就是这样一种睡处形式。据《黑龙江外记》和《柳边纪略》记载:火炕的原型,是环"屋内三面皆炕","高尺五寸,周南西北三面",俗称"围炕",或"转圈炕""万字炕"。"上下男女,各据炕一面",不同辈分的家人在室内的居住上相对分开,如住南北炕等。以西炕为贵,供祖先、祭神灵;客人不许坐,倘若冒失就座,将被认为对其神灵祖先不恭。另一种形式是分居,指辈分分居,即以一对夫妻为主的核心家庭共享一个睡处单元。但从一个完整的家庭来说,在整体布局上,还是晚辈环绕着长辈,儿女顺从于家长的。不同辈分的人分室而睡,但合住于一个宅院内,权力分配制度不变。

睡处与神位的一体化,使住房具有信仰空间的功能,也被用来管理家庭内外成员的伦理关系。汉族未出嫁的女子无论出身哪一阶层,在出嫁后都不再属于原父系家庭成员,被当作外人管理。彝族女子成年后,在出嫁前,就与神位的位置分离了,算作外人。

照明。分窗和灯两类。在开窗的技术和风俗上,南北各地互有不同。东北过去民居的窗户用纸贴糊采光,窗纸是贴在户外一侧的。有一首民谣《东北三大怪》说,东北人把"窗户纸糊在外",就是描绘这种窗户特点的。苏州拙政园的纱窗以丝绸糊就,内可纳凉,外可透明,在使用玻璃窗之前,是一种华贵秀美的采光材质。灯的制造技术和使用风俗更是千样百种,堪称千灯千姿。我国民国前大都是用油灯的。油灯用麻油和菜籽油当燃料,用棉花和棉纱当油捻,置于灯盏之中,暗夜点燃,亮度极差。从民国时开始,有了煤油灯,分有罩和无罩的两种,亮度比油灯要好多了。以后,有了电灯,主要为上层社会所使用。在农村曾长期使用油灯,每天夜晚,农家妇女便紧挨着油灯,有做不完的针线活。儿童们在灯下打手势,编狗、马、鼠、兔等生肖动物,投影到墙上,开心大笑。冬季昼短夜长,农民舍不得点灯熬油,就阖家围坐在炕头上讲故事,男女老少互相看不见眉眼，你一句、我一句，谈笑风生[①]。1949年后，大多城乡逐步换用了电灯。个别农村在1970年代以后也安上了电灯。但不管怎样，管理灯火都是家长的权力。电视连续剧《大宅门》中的家长白七爷每晚要亲自带领仆役巡视灯火，就反映了这种权力。在传统中国社会，灯火资源是家庭资源中很重要的一部分。它不仅是自然资源，也是人文资源。

取暖。这是民居的技术创造，也是民居的生活中心。我国南方的气候相对暖和，民居采用流动取暖的方式，用火盆、火塘或暖炉取暖，取暖处可以根据人的需要而流动。北方的气候相对寒冷，冬季漫长，民居采用固定取暖的方式，有火炕、火炉和地热取暖等。火炕以睡处为取暖处，能有效地利用睡处空间，还能一物而睡觉、取暖、做饭三用，成为北方人越冬的好帮手，还能节省能源。

根据人类早期信仰的传承，火盆也被用于祭祀，是一种权力的象征。在汉族、满族等一些民族的婚礼上，有新娘跨火盆的习俗，传说能迎吉驱恶。彝族出于信仰的原因，把火塘固定，不准轻易挪动，以示崇敬。

贮藏空间。这是民居中的财富空间，只是文化传统不同，财富的观念也会有所不同。从前中国民居内的主要贮藏物是家具、服饰和粮食，看似平常，也有着不平凡的价值。家具、服饰都是祖传财产，通过隆重的婚礼仪式进入新人家庭，由上一代传给下一代，来之不易，一般都被摆在睡处和正房等重要位置，拥有物质财富和精神财富的双重价值。民间还有各种各样的供奉，如拜床神、拜柜

[①] 参见岳守荣《寿阳民俗》，北岳文艺出版社1996年版，第180页。

神等，唯恐敬奉不及。粮食是家庭生命的财富，也同样是家长的权力，被细心保管。种粮还被放在居室里，促进人茂粮丰。逢年过节，家庭成员都要在家长的带领下，给衣柜和粮仓贴上"钱满箱""粮满仓"等红对联，像对待亲人一样给予庆贺。

中国人对待住房，不是对待一般的物质空间，而是把家庭道德伦理当作这个空间不可缺少的要素，用家庭伦理原则处理房间的分配、长幼的共处和资源的管理等各种问题，使住房充满了浓厚的中国文化气息。他们也用家庭伦理原则处理人与环境、人与家畜家禽和人与粮食的关系，并将其与人的生命、家庭责任和人格完善联系在一起，这种家庭伦理原则就变成了一种让人知足的养分，能限制人的欲望无限膨胀。现代化和全球化以来，市场经济获得发展，住房、家具、服饰和粮食等所有东西都可以花钱在市场上买到了，老家底变得不再吃香，有的还流入了旧货市场，但转眼又被外国人高价收藏，奇货可居。于是中国人在强烈的反差比较中，而不是在温情脉脉的传承中，重新认识传统民居的价值，开始在现代家居中，为怀旧留一份空间。

2. 住房的家族理念

中国民居需要家族文化的滋养，这是通过互助规约和祭祖联络共同完成的。互助规约如在奠基和竣工时请族人帮工与庆贺，祭祖联络如在特定时节举行的共同缅怀祖先活动，它们都给民居注入了人气、人缘和旺运，能把民居变成一块福地。中国人对这些是很看重的。兹举例说明。

竣工庆典。与前面讲过的选址开基仪式相呼应，这是一种告成仪式，在新屋落成后举行，四方亲属赶来庆贺，也欢迎村邻参加，又称"贺新房"。届时众人进入新房,道喜念福、祭祀后土、歌颂鲁班、追怀祖先、赠送礼品、恭喜发财、吃喝折腾,闹够了,把房内的"生"味儿去除掉,房主才能进住。一首贺新房喜歌这样唱道:"一进新房,灯火辉煌,金银满地,子孙满堂。"另一首喜歌唱:"前房盖得阁老府,后房盖得祖先堂。阁老府内常赴宴,祖先堂前常烧香。"[1]其习俗的起源可能与古老的"避煞"信仰有关。这种家族互助是互惠的,可以巩固家族关系,也能给民居安全带来进一步保障。

祭祖联络。清明举行专门的祭祖仪式,要在祖先长眠的墓地进行。这类活动是家族祭祀,也在各自的民居内和河面举行。被命名为地方级文化遗产的江南古镇同里县,每年农历七月三十日烧地香、放水灯,祭奠远祖。是日黄昏降临后,每户人家在自宅庭院内或门口燃烛烧香,俗称做"狗道场"。然后放水灯。水灯用牛皮纸扎制,圆形,有底座,内放一泥塑的三叉鸭脚,中留小孔,插入灯草。放灯时,河面上有小船负责执行仪式。前面一条船僧人吹奏佛乐引领,后面一条船负责点亮所有水灯,不久河上水灯点点,似满天繁星坠落;佛乐飘荡,似故人与族人心灵邀谈,美景人境构成画卷,对增强家族认同起到独有作用[2]。

在少数民族中,有的把民居含义引申到农事节日上,举行家族活动,联络四方情感。云南西双版纳、德宏傣族,在长期的历史文化发展中,把民居院落的开门,引申为开始农闲,时间大约在每年傣历十二月十五日左右,各家过开门节,家族之间走亲戚、择婚期,

---

[1] 演唱者:杨玉芬,女,76岁,不识字,河北宝坻县赵各庄乡高各庄村人。搜集者:倪淑娅,北京师范大学中文系1992级函授学员。

[2] 参见严品华主编《江南名镇丛书·同里》,苏州大学出版社1998年版,第85—86页。

披红挂绿,载歌载舞地庆祝。他们也把民居院落的关门,引申为农忙季节的到来,届时过关门节,时为傣历九月十五日左右,相当于汉族农历的芒种,届时傣家人操持农忙,禁止婚庆、娱乐等一切非农事的活动,至少要"关门"三个月。

中国人把住宅与家族观念联系起来,使民居富于想象力、凝聚力、历史感和人类自我约束力量。值得研究的正是这种民居观念。在全球化背景下,在现代人的生活已发生巨变的情况下,我们仍需要反思这类问题,思考中国人怎样把民居内的关键建筑与人生中的幸福、财富和运气联系在一起,怎样把家庭私有空间与社会公共空间关系相协调一致,怎样通过历史回忆的方式把这些建筑的含义告诉后代,怎样把建筑与天地自然看成亲密一体的事物……然后把它们继续传递下去。

二、现代住房

在中国现代社会结构的变迁中,住房问题发生了变化。在从前长期的农业社会中,住房曾是一种家长权力,由家庭承担了建房、分房和建设文化故乡的压力。1949年以后,社会制度发生变化,土地和房产收归国有,国家保证人人有房住,给人民提供使用房屋的权利。以后,当代住房又有三个新的变化:一是在城市单位住房上,在保证国有房地产权的前提下,发展为单位房管权、福利管理和市场化经营三块;二是农村住房,在遵守国有土地法令的前提下,根据农村经济和农村城市化的变化,一部分富裕农民和有收入的青年人开始自主购房,从原有的家长权力中,分化出新的住房人利益阶层；三是发展了新型的住户权利，产生了业主委员会、物业管理委员会等新事物，用以维护住宅的公共设施与人文环境。但不管怎样变化，好的住房都要有益于开展文化传承的活动，能促进住户与历史、与自然频繁地接触，也应该成为人民生活走向幸福未来的一个基础。

从民俗转型看，在现代住房上，可讨论的问题主要有：住房传说、住房利益分解、家居装修和民居遗产保护。它们都有自己的特殊现象，但也有一些基本的共同点，如可接续的民俗史、可观察变迁的民俗依据和可描述的民俗模式等。对它们的讨论，能让我们更加看清在全球化背景下中国民居建筑的价值和地位。

（一）住房传说

在世界文化遗产申报保护过程中，各地都开始重视民居遗产，并搜集到它们的大量传说。从前仅看它们的文本，它们就是一种口头文学。现在它们被纳入恢复构建民居遗产的组成基础中，成为其整体结构的一部分，体现出民居物质结构的不可分割的成分，那它们的身份就不同了，它们是一种非物质文化遗产。当然，非物质文化遗产中也有口头文学，但以住宅传说为例，将它们视为口头文学和非物质文化遗产中的口头文化遗产，分量完全不同，它们与民居互为一体共同传承，还能发挥一个重要功能，就是以超时间的记忆形式，体现民居文化的可持续历史。而一座民居如果没有可持续历史，也就没有了作为遗产的身份和价值。

住房传说可分为以下几类。

1. 建造技能传说

中国传统建筑是土木结构，历代能工巧匠发明了独特的建造技术，创造了大量的建筑杰作。与西方石雕历史建筑和现代钢铁建筑相比，中国建筑显得神秘、雄伟、瑰丽而玲珑精巧，为举世所赞叹。住房传说主要解释建筑工匠、传统技艺和土木资源的由来，以鲁班传说为主。

建筑工匠。世界文化遗产故宫的角楼，三层屋顶、四面飞檐、檐脊交错构织，形成九梁十八柱七十二脊，立于紫禁城角、护城河畔，楼檐飞翘，朱廊金粉，水榭生辉，精美至极。传说讲，这是民间工匠大师鲁班的设计，他化成卖蝈蝈笼子的老头，把角楼的设计模型做成一个民间家用的蝈蝈笼，来到角楼建筑工地，把这个设计稿留给了工部的工匠，那些工匠再把蝈蝈笼子的模型放大，就修成了举世无双的皇宫角楼。[1]我们都知道，故宫不是民居，是皇室建筑，但它的传说把故宫建造与民间工艺联系起来，就使传说成了公共财富。

传授技艺。在传说中，土木建筑分木匠行、石匠行、泥匠行和漆匠行，鲁班是这四行的祖师。他向工匠传授了很多土木结构组合的技术，如用鱼鳔胶粘木料[2]，用抹泥勾石缝，用胶泥红土给房梁上色，用米汤和面糊把木头和石料粘在一起等。有时还把鲁班的妹妹和妻子也加上，都成为传艺的神灵。传说讲："在早年间，盖房子很粗糙，用石头垒垒，或是砖坯砌砌，架上木什梁檩就行啦。

---

[1] 参见张紫晨、李岳南编《北京的传说》，上海文艺出版社1982年版，第25—29页。

[2] 参见贾连云讲述《鲁班的传说》，任骋搜集整理《行业祖师的传说》，海燕出版社2000年版，第97页。

墙没有抹过泥,木头没有漆过。所以,那时候盖房子都是请鲁班爷盖。鲁班是石匠和木匠的祖师,有他,就啥都有了。"传说也讲,民间工匠学会了鲁班的技艺,按照内部知识和词语继续传承,"这就是后来的泥水匠和漆匠。他们师徒相传,越繁衍越多,越干越精巧"。在现代社会,建筑技术和专业术语都是另一套了,但人们还需要保存这种传说,"发展到了今天,泥水匠用上了钢筋水泥,漆匠也不再使糨糊、红土了。可是说起他们的祖师来,都还说是师母班妻的传授呢"①。

资源由来。很多传说都对传统建筑中的木、石来料产地做了解释,但这也是常识,能形成遗产记忆的,还有一些调集路远、体积巨大和分量沉重的用料的运输过程。在那个没有现代化起重机械和搬运工具的时代,对这些巨型笨重建筑材料的被选择和被使用,传说都强调了两点,一是它们被用来表达的信仰意义,二是民间工匠的巧妙运输过程,如土运、水运、冰运、推运、滚运、拉纤运、撬运等,当然,加上神话形象思维,有的也说这些东西能走会飞,如世界文化遗产地的传说《天安门前的华表》《天坛的天心石》《十三陵的石人石兽》和《颐和园的铜牛》②。

2. 房产权的传说

很多建筑文化遗产能对现代人产生深刻的震撼力,不是因为它们的房主始终不变,相反是经过数代房产权的移交,每个房产权人又不断地增加可以新旧协调的创造性建筑空间,最后使一座建

---

① 任骋搜集整理:《行业祖师的传说》,第99—101页。
② 参见张紫晨、李岳南编《北京的传说》,第32、70、161、101、103页。

筑成为连续历史文化的承载者。从前有些口头文学搜集资料，比较偏重被房主压迫的人们的权力，作品主人公都是小弟、小妹、牛郎、灰姑娘和移民户等人。可他们都是没有房产权的。他们只能依靠勤劳善良去赢得自己的幸福，包括一间说不出风格的、人间少有的，乃至肉眼看不见的新房子。文化遗产建筑中的口头传说是另一种结构，它们强调一种建筑遗产之所以深具价值，是因为历代房主吸收了自己文化和多元文化中的优秀神话传说，产生了不同凡响的建筑创意，结果把建筑的文化传统更好地表达出来。

世界文化遗产苏州拙政园的房产权，自明弘治六年（1493）至1949年，易手18人之多，但由于房主特殊的政治、文化地位和人生际遇，使他们能把一腔文化感受倾注到私宅建筑中去。可想而知，这种建筑个性积攒多了，就不得了。一篇文章《古园旧主》写道：

> 王献臣是拙政园的第一个园主，……回到苏州后，利用城东北娄门内的一块洼地，疏浚成池，积土为山，构而成园。……文征明还把拙政园中的竹子移栽到他自己的停云馆中，并先后多次为拙政园画图。……王心一，……建成有兰雪堂、秋香楼等55景"归田园居"。……王永宁，……建斑竹厅。……蒋棨，……自乾隆三年（1738年）起整修四载，"山增而高，水浚而深"，可不出城市而获山林之胜。……叶士宽，……重新修建，起名"书园"，凡景观建筑，都带一个"书"字，如拥书阁、读书轩、行书院、浇书亭等。……张之万入住后，开拙政园腰门为入园处，进门有假山障景，遮园景于其后。全园经整修后"修廊迤逦，清泉贴地"，"吴中园亭之美，未有出

其右者"。①

他们从各自生活的时代采撷精品形成建筑景点,在他们纷纷作为历史过客退去后,这些建筑景点便自己连为一体,成为数百年中国传统文化的经典集萃。说远一点,举世闻名的西藏布达拉宫、甘肃敦煌石窟都是如此成为旷世未闻的遗产集成的,这跟法国花几百年时间建成一个巴黎圣母院和卢浮宫也没有什么两样。

很多建筑遗产文化的构建,因能使之成为发挥人文价值最有力度的场所,也就更深层地揭示了房产权传说内涵的一个例子是江苏同里,余秋雨在文章《江南小镇》中有一段描写:

> 上午看完了周庄,下午就滑脚去了同里镇。同里离周庄不远,却已归属于江苏省的另一个县——吴江县,也就是我二十多年前听到麦克白式的敲门声的那个县。因此,当我走近前去的时候,心情是颇有些紧张的,但我很明白,要看江南小镇的风韵,同里不会使我失望,为那二十多年前的启悟,为它所躲藏的闹中取静的地理位置,也为我平日听到过的有关它的传闻。
>
> 就整体气魄论,同里比周庄大。也许是因为周庄讲究原封不动地保持苍老的原貌吧,在现代人的脚下未免显得有点局促,同里亮堂和挺展得多了,对古建筑的保护和修缮似乎也更花力气。因此,周庄对于我,是乐于参观而不会想到要长久

---

① 徐文涛:《苏州园林旅游丛书·拙政园》,苏州大学出版社1998年版,第209—215页。

驻足的，而同里却一见面就产生一种要在这里觅房安居的奇怪心愿。

在同里镇随脚走走，很容易见到一些气象有点特别的建筑，仔细一看，墙上嵌有牌子，标明这是崇本堂，这是嘉荫堂，这是耕乐堂，这是陈去病故居。探头进去，有的被保护着专供参观，有的有住家，有的在修理，都不妨轻步踏入，没有人会阻碍你。特别是那些有住家的宅院，你正有点踌躇呢，住家一眼看出你是来访古的，已是笑容满面。钱氏崇本堂和柳氏嘉荫堂占地都不大，一亩上下而已，却筑得紧凑舒适。两堂均以梁椽窗棂间的精细雕刻著称，除了吉祥花卉图案外，还有传说故事、戏曲小说中的人物和场面的雕刻，据我所知已引起了国内古典艺术研究者们的重视。耕乐堂年岁较老，有宅有园，占地也较大，整体结构匠心独具，精巧宜人，最早的主人是明代的朱祥（耕乐），据说他曾协助巡抚修建了著名的苏州宝带桥，本应论功授官，但他坚辞不就，请求在同里镇造一处宅园过太平日子。看看耕乐堂，谁都会由衷地赞同朱祥的选择。①

作者把房主的社会历史声望、当地独特的地方风韵和丰饶细密的民间文艺表现统统笼于其内，又能站在中华文化史的高度进行总论，这种建筑遗产中的物质文化与口头遗产的关系，便更加浑然一体，逼近文化生态的形貌。

---

① 严品华主编：《江南名镇丛书·同里》，苏州大学出版社1998年版，第140—142页。

3. 地权的传说

这种传说主要是风水类，通过叙述人祖和神祖开基的故事，找到确认中心地皮的办法，如一口井、一眼泉、一块界碑，避免减少自然资源的数量。以下是两则1990年代中期在福建搜集到的传说。

> 王氏这一族在大杨开基，实际是从仲二郎开始的。据当地族人介绍说，他们来自武东的四维村，在磜下还建有一座总祠，称仲二郎公祠，主祀王氏三世祖仲二郎，而且当地还有一个关于仲二郎到磜下开基的故事：相传在很久以前，仲二郎是给何氏放牛的。他刚来的时候，看见坑口，有一些黑石头，觉得不错，就把带来的雨伞放在上面。后来再仔细一看，感到那个地方确实很好，因此他给何氏放了一年的牛以后，就到那里开基了。直到现在，王氏族人每年要祭祖时，都要先到石头那边烧香。

> 我们在长汀县涂坊乡元坑村调查时就听到这样一个传说：据说马埔庙的风水很好。庙的大殿内有两条龙缠绕在柱子上。每天晚上，这两条龙就会出来偷吃东西。后来老百姓发现了，就用钉子把龙的眼睛钉住，结果龙就被钉死了。这个神奇的故事后来我们在连城县地安门时又一次听到了它。[1]

---

[1] 杨彦杰：《闽西客家宗族社会研究》，第177、243页。

它用于从整体上分析住房与村落保护、村落管理、村落发展和村落建设等问题，反映了浓厚的乡土观念，表述了对住宅所在土地、阳光、空气和水的综合采纳和有效利用的传统。

这些传说能把民居建筑定义为文化，能使民居因人的文化活动、经济活动和社会活动而变得与众不同。就是到了高科技的现代社会，这类传说还能引发社会对普通人住房的信息和资料的重视。高科技总是要扎根于传统文化的。

（二）住房利益分解

现代化和全球化以来，中国出现了新的住房潮流。随着城市住房制度的改革，市场化房地产使用机制的运作，富裕农村新户型的出现，社区业主委员会等新组织的成立，各种媒介发售住房信息的参与，以及受到西方文化的影响，现代人接受住房知识和家居价值观的形式发生了变化。人们的住房利益也开始分解，从传统观念中的家长控制，到后来社会主义计划经济下的单位控制，现在转为市场调控下的，不同社会阶层的群组流动，与此同时，个性化的住房选择也得到发展。在短短十几年的时间里，人们在选择民居的类型和功能上有了新趋势，在创造民居的风格和审美意识上也有了新样式。但是，换一个角度看，这些变化除了体现新的价值追求和人生趣味外，在建房者和住房者的灵魂深处，传统民居的文化框架也还在起作用，就像皮影一样，前台演什么形象，后台就有什么影子。所以，在对这些问题的分析上也要掌握分寸，对两方面的情况都要加以考虑。以下拟略做讨论。

第五讲 建筑民俗

1. 建房

在家长管理和单位管理的时代，建房者既住房者，住宅从设计，到分配，到继承和延续，都属于一个利益整体。现在两者分开了，建房者是一个集团，住房者是另一个集团；建设者是卖方，住房者是买方。建房观念与住房观念也发生了分离。建房观念受到市场观念支配，住房观念受到阶层意识和个性兴趣的支配，这些不同方向的变化，交合到一点，便促成了现代建筑的风格变异。

院的变化。民居古建的院落结构是分明的，院墙、院门、庭院和院内的花坊树木各有位置，各为要素，各司其职。部分现代住房还保留着这些要素，有院有室，不是一味学西方建筑把墙都拆掉了，但是对原有的要素做了改动，让现代人能从中领悟新奇，产生购买欲。比如，在院墙的建造上，把从前的砖墙、树墙、篱笆墙等各式风格的墙放到一起，变成一种组合墙，内有白色砖砌廊柱，中间用绿漆的铁栅栏连接，虚掩而通透，外植一排剪接整齐的浓绿灌木丛，恰似碧波掩映着白色镂空的花墙，有南北方风格结合的效果。在庭院的理解上也有发展，不像从前的封闭建筑那样，关住满园春色，现在是把憩息的长椅、欣赏的浮雕、柔和的灯盏也搬到庭院以外的地方，形成外庭式建筑，让人们在公共领域也能享受到美的韵律。还有的临街建筑不再用古老的院墙和深幽的庭院遮挡，但增加了护栏窗和阳台的鲜花盆景，依然有院墙栅栏和庭院花木的象征，让路人能想起以往，也看到历史符号在现代社会的移动。

现代人是享用现代住房形式的主力，他们对民居古建了解得少，可以首选传统建筑的变形风格，进行自我欣赏。他们对民居古建了解得多，可以首选其历史陈迹，再看传统建筑要素的适应性发展,然后指出它们美与不美。这些都是现代化条件下的学习方式,需要现代人在接受新事物时,也要建立更全面的知识系统。

房的变化。民间古建的居室建造是受地理条件和社会功能制约的,从前北方的四合院和南方的板屋是自然条件的产物,也是父系血缘社会文化所致。现代住房在全球化的比较中,出现了一批半传统和半时髦的粘贴设计,不中不西,缺少了与周围氛围的联系。

现代住房在高科技的带动下,克服地理环境和气候条件带来的限制,于是人们开始自主选择建筑形式。人们开始突破住房权力和秩序的观念,追求个性化的空间、自由化的空间。我们看到,当四合院不再成为家长权力的符号时,人们只留了它的门脸,让它代表"中式";当干栏式建筑不再是上层住人、下层住牲口的选择时,人们把它的构思搬进了干爽的屋里,建成"楼中楼",楼上住人,楼下待客,轻松惬意。

2. 售房

在市场化经营中,出现了一批售房机构,有的在大楼里办公,富丽堂皇;有的利用门脸房,空间逼仄。它们都把房屋售价写成商品价签,穿成串,挂在临街玻璃窗的后面,让用户直接了解行情,观察差价的原因和进行比较选择。即使不买房的过往行人,也可以驻足观看,了解售房信息。这种做法在西方国家很多,我们和人家其实很像,大概在全球化下所有商品化经营都会趋同。然而,仔细看双方售房价签的内容,又会发现,正是在这里隐藏着文化差异。在面积、房间数等都相同的条件下,西方那些有绿地、有花园、位于著名地区和历史传统地区的房子售价就高,被确定为文化遗产的房子还有特殊售价。中国的卖方市场只能根据买方市场的需求定价,不然再好的房子也可能无人问津。中国的售房价签显示,中国的卖方市场是把民居古建的传统文化因素转为市场价格讯号,再行定价的。

首先是朝向,中国是传统农业国家,农业文化是崇拜太阳的文化,住宅朝向也追求太阳的方向,于是朝阳的房间售价就高,朝北的房间售价就低。实际上,现代住宅的用户都安装了调温调光设备,住南住北在温差和采光上的影响程度,已不像完全依赖自然地理条件的时代那么绝对,但朝向的价值依然在人们心中挥之不去,积淀下来。

再者是楼层。民居古建是平房,现代住宅是高楼,楼层是后起的高楼住宅概念。但现代高楼有电梯,住进顶楼也如履平地,所以楼层本身只是讨价还价的一个因素。制约售价的,还有楼层的数字。中国人和西方人对楼层的算法不同,中国人以进入楼门的楼层为一层,西方人却以此为门厅或地下室,再上一层才算一层,这在中国就叫二层了。从二层起,凡带偶数的楼层,均被中国人看好,而在诸位偶数中,又以8层为上,6层和10层也可以售价不菲,因为它们的中文含义"发""顺"和"全"都会被自动附加在价格之中。凡带有奇数的楼层会另有一番讲究,其中,9层是第一卖点,它与传统上层文化中的"九五之尊"以及民俗说法中的"九九归一"和"久运不衰"相合,这些都对拍定房价暗中使劲。还有些数字因素是全球化以后输入的,如7层,它原来在外来文化中是有地位的,但在中国文化中被有限度地使用,如中国人过去只在造塔中用7,在佛经故事中讲7级浮屠,并不在民居建筑中使用7,现在7层也悄然成为楼盘价格的附加要素。剩下一个5,因与9搭配后，可望文生义，便有内含价值。最后是1层，等于过去的平房，按中国传统说法，是接地气的住房，也方便老人出行，所以可以按需售出。综上所述，现代高楼的楼层说法虽然是后起现象，与民居古建没有直接关系，但因为中国有极其重视住宅人文内涵的历史传统，所以还是把吉利数字概念搬了过来，新建了楼层民俗。而这套吉利数字不是楼层的专属概念，是被现代人自己搬来搬去的，我们同样可以从现代通讯中的手机和电话的号码、现代交通中的小汽车的牌照号码上，看到这套数字的作为。在帮助现代人从传统转向现代化和全球化上，吉利数字民俗成为搭桥的工具，这个现象比较普遍。仅就现代住房而言，它给出了一个潜在的分类系统，左右了市场的价格讯号，能让用户花钱买房还心里舒服，这就反映了有"文化"和没"文化"大不一样。我们来看一下，按照这套说法，最后从1到10各层楼房都卖光了，没有任何一层被拉下，其实与经商赢利的目标是殊途同归的。这就是传统文化的力量。

环境。刚才讲过西方人重视住宅的自然环境。中国人不是不重视住宅的自然环境的，从前对田园风光的实践、对园林风光的创造，都是中国人自己的传统，现在经过现代化和全球化初期的反思，又重新成为中国人的一种向往。但从本质上说，与西方文化不同的是，中国人更重视住宅的人文情境。现代化和全球化以来，民居古建的小房大院变迁，亲如一家的人文情境结构消失，代之而起的高楼大厦邻里陌生、防盗门紧闭，人文情境出现了空缺。在这种时候，社区组织成了填补空缺的新结构。社区组织大多由离退休人员和在岗街坊组成，虽非家庭系统，但属于一种半单位、半邻居的熟人网络，给予住户相当的安全感。在各类社区组织中，业主委员会、楼管会和物业管理委员会都直接管理楼房，是现代住宅群中产生的组织，其中业主委员会由各家庭代表组成，专门联合邻里熟人，维护住户利益，面对和解决现代住宅问题，比以往人情结构中的自然亲密关系更具现代意识，更能提出现代住户所要解决的根本问题，发展也更快。

现代住房在管理机制、建筑风格和用户文化结构上都发生了变化，住房权益也被以各种形式重新划分，从家族世袭化，到企事业单位福利化，转为现在的市场化和法制化，住户利益也得到了更多的关注，就此而言，这是一种进步。需要强调民俗传统的穿针引线作用。对于住户利益的表现形式，以下还将继续分析。

（三）家居装修

民居古建是以安居为根本的。现代住房不但要求安居，要求拥有民居古建所有可以适用的文化要素，而且更加追求住户利益。现代住户用现代意识体现自我觉醒，在购买房屋后，随即进入家居装修，呈现出个性化和高消费的趋势。前面说过徽商、晋商故居和苏州名宅的内装修都很厉害，夸富争奇不遗余力，但那是受到封建礼制对非官方居室等级严格限制的结果。现代住宅的内装修没有这些限制，在不危及建筑安全的前提下，视财力和个人志趣而定，住户的层次选择没有边界，只有认同。在装修原料和选材上，也无国界禁区，全球化以来进口的各国材料皆可入选。现代住宅与民居古建相比，在造型、布局、色彩、用料、家具的丰富度和用品的现代化上，都有了巨大改观。但是，尽管如此，也有共性可寻，在以下几个物化符号上，比较集中地体现了现代住户利益的变化。

1. 灯装修

前面几次说过，在传统社会，管理灯火是家长的权力。在电视连续剧《大宅门》里，家长白七爷每晚查夜，在佣人的簇拥下，一盏红灯笼照耀开路，走遍每家每户喊关灯，这是一个循环上演的镜头。在小户人家，入夜用灯是母亲的权力，很多慈母篇中的灯下情节都是动人段落。

在计划经济时期，国内民用灯只有碘钨灯和日光灯两种，黄、白两色，计划供应，灯的单调跟服装的单调一样，整齐一律。

在现代化工业社会时期，灯具管理摆脱了权力管理和科学垄断模式，变成了商业技术开发产品。现代住宅用灯也转为住户利益，住户买房即买灯，住进新房后也因兴趣和需求继续买灯，灯具市场需求迅速扩大，灯盏品种空前增多，现代商城、超级市场、灯具市场出售数不清的各种灯具，如一夜绽放的梨花，令人咋舌。灯的命名也很生动，有迷你灯、学生灯、书桌灯、床头灯、电脑灯、绘图灯、工具灯、电视灯、宝石灯、舞厅灯、麻将灯等，都不是科学术语分类，而是针对不同用户的不同兴趣分类的，灯是用户的利益消费和情趣消费对象而已。

但中国的现代灯具变化太快，来不及组织文化，不能为自我传统画龙点"灯"，也是一种遗憾。设想一下，假如把故宫、卢浮宫和温莎城堡的古灯都换成迷你灯，韵味全无。不是不能换，是谁也没有那个文化胆量。所幸有识之士已开始搜集历代藏灯，诠释灯与文化结合所照亮的历史长河。前几年，我看过中国新闻社的一个片子,记录《人民日报》记者殷小林搜集的灯具藏品,很受鼓舞。①

在中国,使用灯的方式,由家长管理的权力时代,转向现代住户的消费时代,再转向文化人的典藏时代,反映了社会制度的变化和技术与人的关系的变化。

2. 窗装修

现代住宅也进行窗装修,户主有多少自由选择,窗户就有多少新奇样式。从民居古建算起,中国住宅用窗的变化经历了三阶段,即功能窗、职业窗和外向窗。

功能窗和职业窗的性格都是内向的,在全球化之前,这是国内用窗的基本性格。其中,功能窗是民居古建的共同特点,用于采光和透气。窗的装修都是与户外自然界相适应的地方风俗,如北方居民在冬季把窗户纸糊在外,有防潮耐用的好处,适合北方冬天外寒内暖的居住条件。到了南方,天暖雨多,就要改成窗纸内糊的风俗了,不然窗纸抵挡不了刮风下雨的袭击。对窗户的其他"装修",大都是一些象征艺术或宗教艺术,像祈福的窗花和还愿的"窗影"②,都是用来保佑户内人平安无事的。在我国北方著名的剪纸之乡河北蔚县南张乡,至今保留着八月十五和腊月小年贴窗花的习俗。在皮影之乡河北唐山地区,民间艺人还在四处为农民演出窗影,延续着这种特殊的窗户仪式。这种窗户是提供窗里人向外看的,一般不提倡反着看。

---

① 参见《殷小林古代民间灯具收藏》,郭无忌导演,南海影业公司发行,1998年。殷小林先生为《人民日报》记者,1990年代初在旧货市场上发现散落民间的古代灯具,有感其文化魅力,开始业余收藏。

② 窗影,河北一带的地方称谓,指是一种皮影戏。

职业窗。改革开放前的银行、改革开放后的证券交易所,基于推广业务的要求,都使用了大窗,但它们同时也都在大窗后面加挂了百叶窗帘,半开半掩,这是由经营金融货币的业务性质所决定的。职业窗都不会是完全外向的。

我国的外向窗是在现代化和全球化下的激烈市场竞争中形成的,是市场化带给窗装修的形式。特别是在餐饮业,1990年代以后,中外饭店竞争激烈,不少国内餐馆便模仿外国快餐店通墙大窗便于揽客的样子,把原来的民居用窗改成落地大窗,吸引街面上的行人进店就餐,打破神秘感。各大商场争做橱窗文章,窗户越改越大,昼夜利用灯光或动画制造广告效果,增强营销力度。这些窗户的性格都是外向的,都是招徕消费者的。

3. 墙装修

墙装修是现代住房的又一潮流。在民居古建中,这叫墙装饰。按中国传统文化,装饰墙面,既有秩序,也有限定。从前在正房北墙正中,悬挂祖宗画像,两侧是祖训楹联,庄严肃穆。在书房和寝室,大都挂字画和山水画,劝学励志,养气审美。民间也张贴年画,喜庆美观。但贴年画也有讲究,在家长居室的年画要有松鹤延年的含义,在夫妻居室的年画要有多子多福的含义,在儿女居室的年画要有五子登科的含义,在厨房的年画要有祈祷灶神的含义等,不是随便可以更换的。当一年结束、新年来临时,要在门口倒贴"福"字,表示全家福到。这些装饰的含义结构,就是传统家庭伦理原则的结构,是对家庭人文情境的图像表达。

这类墙装饰一直延续到新中国成立后。在农村,一直保留着在墙上贴年画的习俗。在城市单位的住房内,受人口、面积的制约,墙上的装饰有多有少,但挂祖宗画像或相片已约定成俗。其他加挂的,还有共产党领袖像,表示人民对新生活的信念。也有的增加了后辈儿女和亲属的照片镜框,给家庭增添了幸福和睦的气氛。

现代住宅仍然很重视对墙的加工,但已不再是传统的墙装饰,而是墙装修。有三个趋势。一是挂件装修。现代住户在墙上也挂书画作品,同时也挂西方油画、男女主人的结婚照、中西电影明星偶像、十二生肖、京剧脸谱、傩戏面具、皮影头茬、民族布艺、外国游历挂饰、中国挂历、工作日历、腰刀宝剑、杭扇苏绣,乃至从旧货市场淘购得来的雕花窗棂和秦汉瓦当。现代人讲究自我、随意、情调、品味,反射到墙上的中西文化痕迹都有,从墙上能看到个性自由和思想解放。

墙纸装修。中国人封闭千年的墙打开了,变成了开放的墙。另有的现代住户选择了进口墙纸,搞墙纸装修,连墙纸图案也反映欧陆风情。然后钉上书架挂钩,书架里放上西方摇滚和中国民歌CD、考研指南。从这种墙上能看见全球化,也能看见现代化。

4. 暖气装修

现代住房也时兴在取暖处装修,如给暖气套上镂花木罩,把暖气片深藏在里面,以为干净美观。另一种不同意见认为,既然需要采暖,暖气也需要气流通畅才能散热并保证安全,却因为一味装修造成散热阻隔,殊不可取。其实中国人在民居建筑中,自古重视取暖处,除了实用,还给了很深的神话解释,要求人们对它既祭祀也禁忌,在今天看来,这就是既用火,也要防火。但现代人把装修热情也放在散发高热的暖器上,能流行一时,却未必能持续下去。

在其他地区也有遮蔽取暖的习惯,如在我国西南一带,壮苗侗瑶等民族都有风雨桥，夏能挡雨，冬可御寒，有遮蔽作用，也有一定的保温功能，但桥里并没有取暖器材。在美国北部，冬季寒冷，明尼苏达大学在学生从教学楼到宿舍的途中安装了取暖桥，样子很像中国的风雨桥，为学生就读提供方便，但桥里有偌大的散热空间，绝不像在局促的家里，让木板与烫手的暖气靠在一起。

5. 床装修

现代居室装修所围绕的一个中心点是床，其他箱柜、窗帘、墙面、地板或地板砖等都包括在内，在选择颜色和格调上，都要与床铺的颜色和格调保持一致，以达到美观和谐的效果。

中国人看重床是有传统的。从前的床是家庭繁衍的物质结构，在所有家具中占有举足轻重的地位。现代家庭的生育观念发生了变化，床的形象也在改变。全球化后，商品床走进家具市场，床随之成为现代家居装修的对象，被用来体现现代人的价值观。家具市场里的床比比皆是，木板床、棕榈床、弹簧床、折叠床、沙发床、单人床、双人床、儿童床、欧式组合床、美式野营床分类齐全，几乎外面的世界有什么床，里面的市场就卖什么床。各式床都是机器工业产品，由螺丝钉把板材和辅料拧在一起成型，成本不高，更换性强。手头宽绰的青年人，喜欢搬一次家就换一次床，甚至不搬家也换床。买来的床不再是联络世代情感的物件，只是新消费观的代号。旧床受到冷落，被卖进交易市场或废品市场，其命运就像流浪者，漂浮在滚滚的物流里，今天中化、明天欧化，听凭世人的情绪变化和购买能力的安排。

但是，就在中国人欣赏新床的时候，西方人却看上了中国的旧床。特别是旧床中的上品，量身定做、精工细料、巧手打造，审美性强、凝结家世心血,从制造到使用,经过了复杂的仪式,承载了深重的礼俗文化意义,将之与西方早已发达的工业产品相比,他们很快就鉴别出了孰贵孰轻,对中国床的兴趣自不必说。对这种反差,中国人也在逐步开始反思。

在现代住宅床装修的西化倾向中,还有两点值得一说。一是床的人口观的符号变迁。中西国家的床上用品都有传达人口观的传统,过去中国用被子的数量表示,被子要求双数,还要多个双数叠加,暗寓多子多福。西方人用靠垫,按他们的传统,床上的靠垫摆得越多,越暗示人丁兴旺。现在中国人也摆靠垫,并以新床上的靠垫多为时髦吉庆。家具市场上也大批出售靠垫,此前未见。对靠垫的含义,买方和卖方都说不出所以然,但知道靠垫是床的配饰,靠垫要成对成双,其实再说下去,靠垫就是压缩变形的"被"了,中国人正在以被的思维模式叙述靠垫。当然,这种联系,要由研究者去揭示,而传统文化正是在人们不知不觉中变形活着的。二是床的家居中心点的符号变迁。同理,现代家居时兴床头柜和梳妆台,与传统旧床系列中的床箱、炕柜和梳妆簏,没有什么实质性的不同。但使用它们的主人变了,生活方式变了。现代住宅中的床头柜上摆着床头灯,灯下有一本打开的书,书旁有电话和手机,都是现代人的生活兴趣所在。每当入夜,他们劳碌一天疲惫待寝,便会把所有家居生活的中心点挪到床头柜上来,使现代人的精神追求和社会活动特征用床头柜上的符号集中反映。现在我们能明白,为什么很多影视剧里都有床头柜的镜头。而过去这个家居中心只能是由家长操纵的。现在符号变了。

现代住宅装修以美化局部建筑和居室情境的形式体现了住户权利,实现了住户对住房拥有的自主利益。由于市场机制的促发和世界多元文化的影响，民居古建的文化传承方式发生了改变，上述实例只是其中的一部分。但仅从这部分看，它们家喻户晓，它们新潮前卫，它们却也未脱离中国文化传统的本质力量。所以，传统并未消失，但在以比较和反省的方式继续着，这是我们需要注意到的。接着，是需要重新学习历史和重新解释民俗。

三、民居遗产保护

中国政府近年颁布的多种文化遗产和非物质文化遗产保护文件都涉及民居古建的保护。一些省、市经过长时间的酝酿研究，动员了很多政府部门和专业力量，编制保护规划，最终通过专家评审和政府批准，逐步开始实施保护方案。这些方案都比较全面地概括了当前国内民居古建保护区的现状与发展方向。

但是，目前民居遗产的保护工作还面临着三个矛盾：一是节约型的、可持续发展的社会对历史文化遗产的重视，与只有少数人了解其价值的矛盾；二是对民居古建遗产的普遍现状缺乏了解，而对稀有品种又过分注意的矛盾；三是民居古建保护与人民住房条件改善的矛盾。可以说，现在国内的民居古建保护工作的进行，正是在处理这些矛盾的过程中摸索前进的。

近年联合国教科文组织与国内政府机构和高校院所合作，推行"综合保护"的新理念，推动了民居古建的保护工作。

近年各地政府、民间机构、学者和社会力量在保护工作中，经过磨合，已产生了一些统一话题，它们都靠近了一个基本问题，就是保护自我建筑文化代表作中的基本文化单元。任何建筑文化杰作中都有这种基本文化单元,它始终指示着一个最早的人居核心区、一个因历史人物和历史事件的重大影响而被长久饮誉的建筑地点、一个用建筑物书写的国家民族文化脉络。在我国,已得到各方关切的文化单元有院落建筑、名人故宅和历史街区。相对而言,目前对它们讨论得比较集中的、与民居古建传统关系密切的内容如下。

(一)大院保护

无论是已成为世界文化遗产地的北京、河北、安徽、江苏、山西的古建,还是在世界自然遗产、文化与自然双遗产和非物质文化遗产地中被囊括的云南、西藏、新疆、甘肃、四川、山东、江西、福建、湖北和湖南等的古建,都提出了这种保护单元的问题。前庭后室的院落是中华文明起源地的人居模型,也是延续数千年的中国民居古建模式。但是,院落保护的概念不是单一的,在全球化背景下,在世界多元文化的比较中,中国人已从新的高度认识叙述它的特征,主要有:与上层皇宫经典建筑连片成套的世俗院落、与农业文化唇齿相依的商居院落、借名山大川焚香致礼的宗教院落、在高原巨流的崇峻环境中和谐生存的民族院落、在中国古代哲学思想的框架中构筑成型的仙居院落、在遥远生态地理自然的怀抱中安静生息的林牧院落、在平原地区城乡修建的民居院落等。在长期的社会历史发展中,它们之间会有互相挪移,它们本身会有各种变形,但它们的核心性质不变,它们与周围环境共存的关系不变,它们还具有历史连续性,并能以各种历史上的物质的和非物质的标志去说服和教育现代人。

在现代化工业规划建筑四面包抄的氛围中，院落是有幸留下的传统根据地，也是民居古建身上的最后一件外衣，对两者共同认识和整体保护是合理方向，山西省近年做了这种努力，在申报平遥古城文化遗产获得成功后，继续大力建设"大院文化"，把乔家大院、祁家大院、王家大院等民居古建都加以修缮，在院内设民俗博物馆，供后人参观，形成省内的大院文化群。现在当地学者重视、老百姓重视、社会力量也重视，保护得当，大家都有成就感。

在全球化下一个很有吸引力的工作是院落部件保护，如四合院的门、门墩、门楼和影壁。近年中国还开展了适合中国国情的街区保护，重点在于保护民居古建的生活场所。[1]

（二）故宅保护

世界各国都很重视名人故宅的保护。它的建筑本身不一定是最古老和最有代表性的，但它身上所保留的人文信息，却因名人重大影响的缘故，对自身文化和外来文化成员都有着极大的彰显力，也能引起外界了解该国整体建筑代表作的激情和探索它的历史的欲望。它也因名人生平事业和日常生活的线索，建立了建筑与非凡人文活动的内在联系。它还因名人的唯一性，将与名人相关的

---

[1] 参见王世仁《保护历史文化街区的价值取向原则》，《北京规划建设》2004年第2期。另见舒乙《南池子的得与失》，刘小石《保护四合院住宅街区是保护历史文化名城的当务之急》，林楠《坚持实践与发展的观点为历史街区的保护探路》，民盟北京市委《关于北京历史文化保护区保护与更新的建议》，《北京规划建设》2004年第2期。

杰出历史群体、重大历史事件和重要历史地点连成不可再生的文化遗产网络，进行可视化的生动叙述，使这种建筑被提升为拥有特殊价值的代表作。就中国的情况而言，在北京的40个胡同保护区中，便包含了自元代至今的大批名人故宅，其中还有的是世界级的和国家级的；地方级和行业级的名人宅院也有云集之势，是八百年古都的底蕴。多年来，对这些名人故宅本身的保护，很多有识之士提出了建议。但在全球化的背景下，也还需要增加三点：第一，故宅保护与院落保护结合；第二，名人故居保护与文化建筑遗产保护结合；第三，名人故宅个案展示与其在中国整体文化中的唯一型的价值阐释结合。

在民居古建的保护工作中，在物质环境的保护之外，要强调非物质文化遗产保护的理念，这种努力，可以深化对中国历史文化传承的认识，保持不同地区、不同时期、不同阶层民居的各自特色，强调街区整体结构的保护，维护建筑风貌、地方风格、规划格局及其文化内涵，挖掘与住宅、环境和原住民相关的历史变迁、人情礼俗和日常生活方式，结合特定的院落、故宅和街区，讲述特别的文化故事，确认其历史价值，动员市民参与的积极性，建立正确的维护、改造、更新、保护的规范、机制和措施，这些也都是必要的。

第六讲　传统工艺民俗

传统工艺民俗是经典民俗学关注的问题，也是具有国学价值和跨文化研究价值的古老命题。我国是有悠久儒学传统的国家，儒学经典《周礼》中就有《考工记》，便是传统礼治包含工艺制度的国学经典。在历史上，西方学者也将汉字、手工艺和民俗作为认识中国的开端。法国历史学家布罗代尔（Fernand Braudel）认为，传统工艺研究能同时提取一种技术与物质的文化要素所呈现的"共时性"（synchronicity）[1]，这正是人类社会发展到今天追求技术称霸和滥用资源所最缺乏的。有的汉学家认为，传统工艺具有技术的发明文本与物化的形式，又进入了文化的结构[2]，渗透到社会制度之中，因而始终吸引着西方。西方文化之父亚里士多德曾用手工艺思想构建古希腊哲学，但他的手工艺思想成了形式逻辑的附件[3]，而不是社会文化结构的基石。中西学家研究传统工艺的思路有差异，也互有启发。

在本讲中，主要使用中国历史文献、中西学者对话的著作、海

---

[1] 参见〔法〕费尔南·布罗代尔《15至18世纪的物质文明、经济和资本主义》（第1卷），顾良，施康强译，生活·读书·新知三联书店1992年版，第337—338页。
[2] 参见耿昇《法国汉学史》（上册），学苑出版社2015年版，第1页。
[3] 参见〔法〕汪德迈（Léon Vandermeersch）《跨文化中国学》，中国大百科全书出版社2018年版，第12页。

第六讲 传统工艺民俗

外汉学成果（包括统计数据）和我国高校教材，归纳从振兴传统工艺的角度弘扬中国优秀传统文化的几个可资参考的意见。在结构上，分三个方面，一是传统工艺的国学价值，二是传统工艺的中西对话要点，主要是对中国多元社会模式的认识，三是振兴传统工艺的重要途径是高等教育。

一、传统工艺的国学价值

传统工艺是中国文化史中的瑰宝，是中华文明史中最有特色的部分。它适应中国的自然、地理、经济、社会、历史、文化条件而产生，贮存了中国人处理人与自然和社会关系的丰富经验，凝结了中国社会将为数不多的物质资本与丰饶无比的非物质资本统筹发展的立国智慧[①]，创造了中央与地方统一布局又因地制宜的多元化管理制度，提供了大量原创性的工艺发明和独特技艺，参与了包括丝绸之路在内的世界范围内的广泛传播，进入了诸多中外经典文献，是一套富有文献记载与口头传统的特殊学问。即便从文化与文明有区别也有联系的角度划分，我国的传统工艺史也不仅属于中国文化史，而早已列入中华文明史。中国是一个统一的多民族国家，中国文化史与中华文明史同样博大精深，源远流长，其中有扎根深厚的儒家学说系统，有印度、西方等多种外来影响；在20世纪以来国家现代化进程中，我国对传统工艺进行了多层次、多形式的保护利用。我国的传统工艺史无论从哪个"史"别而论，都占有

[①] 关于中国人的物质资本观与非物质资本观的提法，法国汉学家沙畹已经提出，由其再传弟子汪德迈做了进一步的发展。

一席之地。也正因为传统工艺史的划分覆盖面广,对它的研究也是多学科、多视角的。我国著名民俗学家钟敬文先生十分重视传统工艺史的研究,在我国开始融入全球化后,在1994年发表的一篇文章中,他就谈到传统工艺的国学地位不容忽视,堪与"经典"并列。

> 在对于民族传统文化的考察、评价中,由于各学者的出身、学养、经历和对问题着眼点等的差异,那结果自然会有不同,甚至彼此严峻地对立。许多同志认为传统文化,在人生哲学、实践伦理乃至文学创造、工艺美术等这里那里,都有着宝贵的遗产,值得我们重视,并在实践中给以继承、发展。
>
> 它跟广大人民有着绵远的、紧密的关系,有的即使它已经成为文明史上的化石之后,还能够起着某种作用。
>
> 我们常常在口头上或文字里提到我国古代的"四大发明"的伟绩。这是为什么?因为这些世界性的发明,是产生于我们祖国、产生于中华民族,那些发明者正是我们的祖宗。
>
> 如果我们要使祖国的新文化体系,成为有体有魂的东西,那么,我们就必须重视自己千万代祖宗创造和遗留下来的文化遗产。认真地清理它、洗刷它、辨别它,把那些的确优秀的部分大力加以弘扬、普及,使它在新文化体系中占主体地位,发挥新的历史作用。这样,我们所建成的新文化体系才是真正民族的、科学的、大众的(民主的)社会主义新文化。[①]

[①] 钟敬文:《传统文化随想》,《北京师范大学学报》1994年第4期。

第六讲 传统工艺民俗

他在此文中提到的"工艺美术"是当时国内对"传统工艺"的另一种提法。根据钟敬文的观点,中国传统文化符号不止有"经典",还有"传统工艺",应该像重视中国历史经典一样重视中国传统工艺,这对于当代社会建设有重大意义。

长期从事自然科学史研究的华觉明先生将中国传统工艺史的范畴做了科学划分,分成三部分,即民间科学技术知识、民间工艺技术和民间药学。① 他就传统工艺史可供传承的中国优秀传统文化成分做了较为详细的阐述。

> 中国的传统科学技术源远流长,内涵丰富。它对本民族的生息繁衍、人文经济、政治、军事、文化、娱乐等社会生活的各个方面,起着重大的历史作用,并在世界物质文明的进化中居于重要地位。就其渊源来说,传统科学技术多来自民间底层,例如天文学是源自民间对天象的观察,青铜冶铸是源自制陶和对天然铜的加工制作。它们在此基础上得到发展、提高的官方科学技术,又常返回民间,为民间所应用,为民间所充实、丰富和再提高。例如,在世界上独树一帜的中医药学,我国的景泰蓝工艺等等,便都是在这样的循环往复中不断得到发展的。这种互补作用使得许多传统科学技术至今仍在生产和日常活动中被使用和发生影响。②

华觉明先生的讨论,也不单纯是从自然科技史本身出发的,而

---

① 参见华觉明等《民间科学技术》,原载钟敬文主编《民俗学概论》(第二版),第160—184页。
② 同上书,第170页。

是从中国传统工艺史与中国文化史血脉相连的国情实际出发，并使用自然科学和人文社会科学的双视角进行分析，这种讨论有助于传统工艺在现代社会的再价值化，能产生保护、利用和认同工艺的社会现实意义。他在另一本著作《民间技艺》中，指出作为传统工艺的优秀传统文化成分的具体门类，包括"制茶的技艺、制铁器的技艺、制绣品的技艺、制皮革的技艺等"①。我们知道，现在这些传统工艺都活得好好的，就看我们自己重视不重视，就怕我们自己熟视无睹。

我认为，中国传统工艺在中国社会中经过几千年的发展，独具特征，这是其国学价值的核心。

传统工艺的价值如下：

价值之一：有国家制度的技术。国学的祖本是"三礼"，其中的《周礼》已有《考工记》，说明工艺制度属于礼治的范畴。《说文解字》记载了匠作的性质，"五上工部"云："工，巧饰也"，"巧，技也"，"象人有规矩也"②，匠作可以管理工具、技术和其他工匠。"七下宀部"讲到"百工"和"宰"，指匠作有行政管理者，有官阶制度。这套体制自汉迄清，传承下来，相应的观念和运作方式依然得到保存。有国家制度的技术与没有国家制度的技术是大不一样的，以北

---

① 华觉明、李绵璐主编：《民间技艺》，中国社会出版社2008年版，第223—224页。

② ［汉］许慎：《说文解字》。关于工匠的工巧、能巫、规矩和百工的进一步解释，参考了王宁教授的说法，参见谢栋元《〈说文解字〉与中国古代文化》，辽宁人民出版社2000年版，第15—16页。作者在此书中指出工匠的三个特点：①工匠是有神秘性的职业，工的性质等于巫。"巫"从"工"。这种人有与神鬼通话的能巧。②工的技能有"技法""精巧"之意。"式，法也，""巧，技也。"工的技能能达到极其巧致，引申为"齐整"。工是在汉字有形位、有特殊文化造诣的文字符号。③工的操作需要工具。"象人有规矩也"。

京为例，仅20世纪以来，经历战争和社会的巨大变迁，清宫造办处的行业技术和施工对象并未受到破坏。即便经过新中国初期的公私合营和后来"文革"的冲击，由于清宫造办处的施工对象早已被国家列为重点文化保护对象，变成博物馆、历史文化公园和政府机构的办公地点，所以一直得到保存，其行业技术部分，也作为皇家御用历史整体结构的组成部分，得到合理的保护，最终保留下来。

价值之二：有价值体系的技术。在此引入社会角色的概念，能清楚地看到，中国传统工艺行业以师徒关系为角色，奉行中国文化价值，包括勤俭耕织的价值、士商联盟的价值、以文促产的价值，以及对企业的归属感、社会的责任感与家族的忠诚感相统一的价值等。有价值体系的技术与没有价值体系的技术是不一样的，仍以北京为例，拥有熟练和精美技能的名匠是行业技术归属的社会角色。他们既是同行称服的名匠，又是有政府颁授高级职衔的技工，顺利地从行业分层进入社会分层，以卓越的技术能力获得较高的社会地位。

价值之三：有社会结构的技术。在此引入社会功能的概念做分析。据中国第一历史档案馆所藏清宫内务府造办处档案记载，清代中叶以来，按皇室宫殿、皇家园林和皇家寺庙工程管理进行划分。每逢国祀朝庆、皇帝接见外国使臣和传教士、皇室婚寿大典与皇宫岁时节庆时，内务府便召集各地、各作能工巧匠进宫当差，此时木作与石、瓦、泥、棚和油漆等其他各"作"组合施工，工匠施展无与伦比的世传绝技。没有技术结构，就难以完成上述工艺建造。

价值之四：有中国故事的技术。有故事的技术大都是祖师的技术。在中国这个土木建筑国家，有故事的技术就是鲁班的技术。鲁班的木作生产技术与我国农村史、城市史和宫廷史的建筑关系都很密切,鲁班造故宫角楼的传说成为国家遗产记忆①。中国人的生活装饰传统中也有鲁班的故事,鲁班成了一个生活符号,在材料工艺、造型艺术和日常生活样式方面,都发挥了特殊的历史作用。

价值之五:有丰富历史文献的技术。前面提到了先秦的《考工记》,后世还有元代王祯、明代徐光启等编纂的大量农书,②它们都是记载传统工艺技术的宝库,引起西方同行的重视。

价值之六:有专业知识的技术。举个例子,清宫造办处活计档是连续工程文献,可以帮助我们获得对清代中期以后传统手工行业知识的整体认识,主要有四个方面:一是政府整理知识;二是技术民俗知识;三是社会网络知识;四是原产地、原料配方和施工知识。当然传统工艺知识与现代技术知识不同,它是官员与工匠双方合作创造的经验科学,是双方共同面对的人与自然的对话,它们的名词术语散落在"十三经"中,被注疏和被引用,也进入我国口头文化传统之中,与国学互动。

二、传统工艺的中西对话要点

这里有几个要点,其中的关键是对中国传统工艺所保存和展示的、独特的,在人类社会发展中为中国所长期拥有的中央与地方协调、技术与文化共时、国家化机械生产与手工业生产互补的统一而多元的社会模式,予以大力肯定。在中国的这种多元社会模式

---

① 参见张紫晨、李岳南编《北京的传说》,第25—29页。
② [元]王祯:《农书》,王毓瑚校本,农业出版社1981年版。[明]徐光启:《农政全书》,石声汉校注,石定枎订补,中华书局2020年版。

中，主张天人合一，厉行勤俭节约，保护地方的、民族的多个积极性，要求对大自然有礼貌、讲克制，重视人与自然共同在一个地球大家庭中休养生息的幸福感，把自然界的运行与人类社会的活动都纳入命运共同体。当然在金钱、商品、利益和欲望面前，人类有时也会疯狂，但传统工艺始终是防止社会关系脆弱化的警钟和把控生产节奏的调节器。中国的传统工艺虽已老迈，但仍以自己的方式，不允许人类挑战大自然的极限。与当今世界某些恣意称霸，滥用资源、破坏人地和谐的一元强权社会模式相比，中国这种统一而多元的社会模式特别珍贵。当然还要考虑研究中西对话的现实意义。

（一）传统工艺与中国第一印象

中国传统工艺是海外汉学史研究的开端。应该说，西方人主要是从中华文明史的角度认识中国传统工艺的。对很多西方人来说，中国工匠的制品并不是与他们的文化存在巨大差异的新奇物件，而是他们对中国的第一印象。

美国学者鲁道夫·P.霍梅尔（Rudolf P. Hommel）对中国人的日用器物爱不释手，他的《手艺中国：中国手工业调查图录1921—1930》一书，图文并茂地描写自己的所见所闻，罗列了走进中国的物证[1]。不少西方学者对中国的第一印象都是从他这本书来的。我去过一个法国考古学者家做客，发现他的书架十分特别。他对书的挑选和上架标准极为苛刻，但其中就有这本书。

---

[1] 〔美〕鲁道夫·P.霍梅尔：《手艺中国》，戴吾三等译，北京理工大学出版社2012年版。

法国汉学家沙畹（Edouard Chavannes）认为，将中西世界隔开的藩篱，首先是汉字和汉语，其次是器物。他像布罗代尔一样，看上了中国的家具。他用法语描绘中国土木建筑和器具上面的纹饰图案，用强大的思考力分析背后的文化丛。沙畹认为，不同国家间的器物交流始终是文化异地传播和异地互识的重要部分。他还认为，中国的汉字、文学与物质运动的结合是失败的，但与中国器物的结合是成功的，在中国大量的纸张、陶瓷、丝绸等手工制品中，都带有中国人祈福求运的象征符号，在这些符号中，汉字、文学作品、思想信仰与日常社会的工艺实体结合，共同表达了中国人的祝颂观念。沙畹为此撰写了一篇论文，题目叫《中国民间艺术中对祝颂的表达》，文中提到："正是在这里，才可以找到对中国性格的深刻诠释。"[1]沙畹的弟子葛兰言（Mercel Granet）做过中国民间文学、国学与社会生产活动关系的研究，其中提到生产工具和功能[2]。从对中国的第一印象到对中国社会的多方面认识，传统工艺都起到了桥梁的作用。

（二）传统工艺研究的新方法

西方学者提出研究传统工艺的新方法，对此我们需要注意。李约瑟（Joseph Needham）主编的《中国科学技术史》，将中国人的科学理性与日常实践整合在一起，对古代中国科技发明进行重新分类和

---

[1] 〔法〕沙畹：《沙畹汉学论著选译》，邢克超、杨金平、乔雪梅译，中华书局2014年版，第209—213、230—231页。

[2] 参见〔法〕葛兰言《中国古代的祭礼与歌谣》，此处评论转引自耿昇《法国汉学史论》（下册），学苑出版社2015年版，第44页。

第六讲　传统工艺民俗

研究。他也将此称为一种研究方法。这些工作打破了西方科学界的经典概念与分类传统，曾使李约瑟一个人背对西方世界，遭受质疑和否定，但他却得到中国同行的欢迎。我国进入现代化时期并经历了诸多暴风骤雨之后，仍继续接受李约瑟的观点和方法，可见他的观念和方法与中国学者思维的契合程度。2016年以后我曾多次请白馥兰（Francesca Bray）教授到北京师范大学讲学，一并介绍李约瑟。白馥兰曾参与过李约瑟《中国科学技术史》的撰写，称得上是中国科技史"迷"。白馥兰指出，"运用物质性的技术为指标，考察人们如何思考自然、社会和意义，这是现代西方科技界和社会人类学的批判性方式。把技术作为意识形态、文化来分析，是西方学者创造的新的研究方法"[1]。她本人及其西方同行都在使用这种方法。

既然传统工艺研究有新方法，为什么还会有轻视的倾向？为什么这种观念在中西方都有，在中国似乎更普遍？白馥兰的看法是，现代技术是一种精密深奥的、不断进步的现代现象，与所谓传统的、保守的、落后的传统工艺大相径庭，但这种观念是一种后起的反文化现象，是将技术与文化剥离的说法。按照这种说法，技术以其优越的工程逻辑超越文化分析的视野，文化反而成了妨碍技术进步的累赘。但从人类社会史发展的多种可能性看，通过分析人类社会多元进化的具体特征可以看出，技术的性质是处理物质材料的手艺、技术和人工物的实际操作，在具体社会条件下，这种技术活动是对本土文化认同和文化价值观的表达[2]。白馥兰是不采

---

[1]〔英〕白馥兰：《技术与性别——晚清帝制中国的权力经纬》，江湄、邓京力译，江苏人民出版社2006年版，第14页。
[2] 参见〔英〕白馥兰《技术作为一种文化》，董晓萍译，中国大百科全书出版社，即出。

用欧洲中心论的,她也不采用将中国经典与中国工艺与物质生产活动区别开来的西式划分法,她从中国经典、社会制度、手工艺发明等多文本实际出发,研究不同时期、不同样式、不同地区和不同含义的中国资料。她也不是将中国文化史与中华文明史硬性区分的,而是要说明中国传统工艺史的中国文化渊源,及其与人类社会模式和现代科技思想的复杂联系①。

德国科技史学者薛凤(Dagmar Schaefer)对我国宋代工艺文献《天工开物》做了个案研究,分析中国古代学者与科举制度和科技活动的关系。在她的个案中,中国古代学者是使传统工艺成为历史文化遗产的描述者,她说:"我们仅视之为一种物质展示的技术,其实从一开始就是一种文化的产物;它是最为牢固持久的文化遗产,而且是不同世界观及人类灵感的外在表达和创造。"②更早些时候,20世纪初,沙畹的弟子葛兰言也通过中国工艺研究中国社会制度③。白馥兰对参与中国传统工艺活动的社会主体更为关注,她提出,这是多个阶层构成的综合效应,历代皇帝、中央集权政府、地方官员、农村地主、农民阶层和学者都发挥了作用④。据我有限的了解,西方学者的这种新方法已经对中国学者产生了影响,也有这方面的著作出版。

---

① 参见〔英〕白馥兰《科学、技艺、技术:中国农业从物质到知识的穿越》,董晓萍译,《北京师范大学学报》2015年第4期。
② 〔德〕薛凤:《追求技艺:清代技术知识之传播网络》,故宫博物院、柏林马普学会科学史所编:《宫廷与地方——十七至十八世纪的技术交流》,紫禁城出版社2010年版,第30页。
③ 参见〔法〕葛兰言《中国文明》,杨英译,转引自耿昇:《法国汉学史论》(下册),学苑出版社2015年版,第44页。
④ 参见〔英〕白馥兰《跨文化中国农学》,中国大百科全书出版社2018年版,第1页。

（三）传统工艺与"一带一路"

我国著名东方学家季羡林先生是最早一批研究"丝绸之路"文化的学者。他在这方面积累了很多研究成果，如《糖史》[①]。他很赞赏李约瑟。他还举了另一位伊朗裔法国学者阿里·玛扎海里研究中国传统工艺的例子，并谈到"丝绸之路"工艺史。下面引用他为这位伊朗学者的著作所撰写的中译本序：

> 科学研究，包括人文社会科学和自然科学，其目的首先在于求真。真就一定能符合社会发展的规律。因此，真本身就是价值，就是意义。真，有的能够立竿见影，产生政治、经济或其它效益；有的就暂时不能。具体事例多得很，用不着列举。
> 　　文化交流史是一门科学，它当然不能脱离上述原则。但是，我个人认为，它是一门能立竿见影的科学，它能够产生政治、经济和其它效益。它至少能让人们了解到，人民与人民之间，民族与民族之间，一向是互相依存的，互通有无的，互相促进的，谁也离不开谁的。了解到这一点大有用处。它能加强人民与人民间，民族与民族间的感情与友谊。有了争端，双方或者多方要心平气和地来解决，不必大动干戈。对真正的侵略者和压迫者，他们是世界人民的公敌，当然不能照此处理。我始终相信，不管当前看起来世界上有什么矛盾，有什么

---

① 季羡林：《糖史》，江西教育出版社2009年版。

危机，人类最终总会共同进入大同之域的。

中国人民对人类文化的杰出贡献，皎如日月，有口皆碑，无待赘述。但是，人们谈论的和我们想到的，无非是那著名的四大或几大发明，这是非常不完全的，也是不符合实际情况的。有众多细微的（也许并不细微）发明创造，我们不十分清楚。这无疑是一件憾事。令人奇怪的，也或许是令人欣喜的是，一些外国学者在这方面知道得要比中国学者多得多。英国著名的学者李约瑟就是一个最好的例子。现在我在谈的阿里·玛扎海里是又一个例子。

在他的这一部巨著里，在很多地方，好像是在有意与无意之间，都指出了许多中国文化影响外国文化的事实，有不少是从来没有人提到过。"译者的话"，页2：作者于1960年著文《论杆秤起源于中国》，说古代罗马人使用的杆秤，以及后来由此发展起来的衡具都应追溯其中国来源。

"导论"，页4：在促使古老的丝绸之路遭到遗弃的主要因素中，应该提到近代技术工业的诞生和发展，这种工业以代用品取代了来自中国的传统产品。①

我国的"一带一路"建设意义深远。季先生还告诉我们，历史上"丝绸之路"的兴衰，与中国传统工艺史的兴衰有一定的关系。

---

① 季羡林：《丝绸之路与中国文化——读〈丝绸之路〉的观感》，《北京师范大学学报》1994年第4期。

传统工艺活动在西方工业革命前曾普遍存在,代表了人类社会多样性发展的成绩,但大规模的工业化成了传统工艺的劲敌。现在到了现代化和全球化时期,现代高科技工业比比皆是,能否找到保护发展传统工艺的新路径?这是需要思考的问题。白馥兰主张传统工艺与现代技术二元论,指出,现代社会的发展途径不应该是只考虑单项因素,只追踪单一模式。在中国和印度,拥有传统工艺与现代技术工业化二元模式发展的历史经验,这种模式应该成为现代国家生产模式的基本结构。人类现代社会的发展,不是在二元模式中消灭任何一种模式,而应该总结二元模式共生的得失利弊,提升其发展水平,做到整体发展,这是测量国家现代化政策水平的标尺[1]。

欧洲汉学会主席巴得胜(Bart Dessein)也认为,中西世界对很多概念和分类的不对等已成为越来越多的中西学者能够意识到的问题。欧洲学者正在反思对中国的偏见,中国学者也没有必要坚持所谓赶超"先进西方"的观点,结果误解自我的优势,失去文化自信[2]。其实这个意见在我国自然科学和人文社会科学界也有,发表的文章也更早、更多。

三、传统工艺与高等教育

谈两个问题,一是对传统高等教育误区的认识,二是将振兴传

---

[1] 参见〔英〕白馥兰《手工业与工业化技术:中印手工纺织业的比较》,董晓萍译,《北京师范大学学报(社会科学版)》2017年第5期。

[2] 参见〔比利时〕巴得胜《翻译的技巧:汉语文献概念体系的重构》,董晓萍译,《民俗典籍文字研究》2018年第21辑。

统工艺学纳入高等教育。

关于传统教育的误区,沙畹有个评价,我们不见得同意,但不妨听一听。沙畹称赞中国人有很多精神上的能力,但就是不知道怎样实干。他们能当工匠,不能当工程师。他们能记忆,不能创新。中国儒家将精神劳动界定为"高大上",把物质劳动界定为"皆下品"。中国文人肩不能担担、手不能提篮,不擅长物质劳动。中国农民和工匠阶层有工艺发明,但与上层学者的精神运动隔离。上层社会和少数学者的"非物质因素使中国人组成了一个民族国家"①,沙畹从西方人的角度看这件事,能很简单地把自己的感知表达出来。这是一种什么性质的社会现象呢?他引用莱布尼茨的话:"在实用哲学,即伦理教育和政治方面,中国人要优先于我们,他们更多地为社会培养人才,而不是为不同教派造就创始人"②。他认为,中国人不擅长对精神运动与物质运动的共同驾驭,更不要说从精神到物质的娴熟思考。

我想在这里举另一个例子,利玛窦与中国弟子徐光启和王征都有过合作③,他们师徒三人都是思想家,也都是技艺高超的工艺

---

① 〔法〕沙畹:《沙畹汉学论著选译》,第136页。
② 同上书,第148页。
③ 参见耿昇《法国汉学史论》(上册),学苑出版社2015年版,第7页,注释1。关于利玛窦与徐光启的手工制品合作的实物,部分存于上海徐家汇徐光启纪念馆,参见 Xujiahui Origin Tourist Center ed. *The Cardle of Shanghai-style Culture*, National AAAA-Rated Tourist Attraction, 2017, pp.5-6。关于王征,我在与法国历史学者蓝克利共同从事"华北水资源与社会组织"合作项目期间,约2000年10月,赴陕西农村做田野调查,到过王征的家乡,看到王征碑记载的近世地方社会对他的思想生平的评价。张柏春等对王征后人的访谈和资料搜集,详见张柏春、田淼、马深孟(Matthias Schemmel)、雷恩(Jürgen Renn)、戴培德(Peter Damerow)《传播与会通——〈奇器图说〉研究与校注》,江苏科技出版社2008年版,第335页。

第六讲 传统工艺民俗

机械师,他们善于利用中国社会环境实现他们的理想。这个例子与沙畹的说法是一个反差。

不管怎样,以上两者都是明清社会的例子。现代社会的教育情形怎样呢?下面看一组数据①。法国里昂中法大学(Institut Franco-chinois de Lyon)对1923年至1950年期间中国留学生的129篇博士论文做了统计,以科学、医学、文学、法律为分类,其中科学49篇,医学34篇,文学22篇,法律24篇。

这些统计数据从一个侧面显示,留法中国学生接受高等教育的专业倾向,他们选择学习科学和医学的,与选择学习文学和法律的,两者比例是1∶1.8,学科学和医学的超过学文科的近一倍。近现代以来,中国人接受了西方科技先进而中国落后的观点,产生了学西方以救国的想法。然而即便出国留学成为科学家的中国人,也难忘传统工艺背后的文化温馨。20世纪40年代防腐材料专家左景伊赴美留学,学习比中国火药发明不知先进多少倍的现代化学,可是他仍要回忆少年时代放鞭炮的欢乐。②同时期的法国青年学者在中国出版的情况怎样呢? 1936年,沙畹的弟子伯希和(Paul Pelliot)在中国发表了研究中国传统工艺瓷器的论文。③这就是内部传统与外部教育的差异,如果我们既保留内部传统又在内部发展现代教育呢?情况就会不一样。

振兴传统工艺学的高等教育是一项刻不容缓的工作,它的职

---

① 〔法〕金丝燕:《解释模式、态度、视角,文化相异性研究方法的探讨》,朝戈金、董晓萍、萧放主编:《民俗学与新时期国家文化建设》,中国社会科学出版社2013年版,第191页。

② 参见左景伊《左宗棠传》,华夏出版社1997年版,第526页。

③ Paul Pelliot, "Le Prétendu Album de Porcelaines de Hiang Yuan-Pien", *T'oung Pao*, Volume 32, 1936, Leiden: Brill, pp. 15-58.

能是将传统工艺的国学价值、国家多元生产模式、技术文化一体化结构和中西共享研究成果做整体构建，提取其"六有"要素，即有国家制度的技术、有价值体系的技术、有社会结构的技术、有中国故事的技术、有丰富历史文献的技术和有专业知识的技术，发扬这笔优秀遗产并向前发展，建成一个既能再现中国特色，又能汇通中外的宏观阐释框架，同时还能承担未来传承使命的学科体系。也许有人会问：可否将之纳入中小学教育？可以，但中小学教育只是普及，培养兴趣，达不到我们所要的难度与承重。它涉及科技史学、民俗学、语言文字学、考古学、海外汉学等多学科，涵盖人类社会史和当代社会发展模式的深刻命题，需要高校和科研院所的自然科学和人文社会科学学者共同承担。

振兴传统工艺高等教育的主力团队是自然科学工作者，但也需要搭建跨文化、多学科合作平台。20世纪90年代，钟敬文先生与华觉明先生合作，首次将传统工艺学引入人文社科高等教育的课堂。今后这项事业还需要大批有现代意识、现代化精神、现代教育理念和现代研究成果的学者，从自然科学与人文社会科学的各领域中来，为了共同的目标，走到一起，结为同道，坚持奋斗。他们可以打造中国传统工艺学的知识结构、课程网络、教材体系、新型人才，把学科建设工作一步一步做下去。

第七讲　民俗艺术

经典民俗学在民俗艺术理论上建树不多,但钟敬文本人对民俗艺术十分重视,终其一生发表了很多著述予以讨论,并形成了他的民俗艺术观。在钟敬文晚年主编的《民俗学概论》中,专设《民间艺术》一章,含"民间音乐""民间舞蹈""民间戏曲"和"民间工艺美术"四节,对民俗艺术研究和民俗学的教育事业都起到指导作用。在我国的经典民俗学在这方面的相关研究乏匮的情况下,钟敬文的民俗艺术观已在客观上成为一种理论基础。本讲以钟敬文的民俗艺术观为例,阐释经典民俗学研究民俗艺术的观点与方法。

一、民俗艺术研究的理论构成

经典民俗学中的民俗艺术观的发展可分为三阶段,一是五四运动时期至抗战时期;二是新中国成立后社会主义文化建设时期;三是改革开放之后。其发展动力主要是我国传统国学中的艺术思想在民俗学框架下的创新发展,社会主义意识形态学的引导,以及多元文化建设的作用。具体的民俗艺术研究,大体集中在三个方面:一是在分类上,分文学艺术、造型艺术、表演艺术和物质艺术四类;二是在结构上,民俗艺术研究、民俗学与民间文艺学之间既有独立性，也有内在联系；三是在方法上，提倡文献与田野研究相结合。下面以钟敬文的研究为例说明。

钟敬文的民俗艺术观分三部分：民俗艺术的概念与社会分期、民俗艺术的文化属性、艺术社会观。

（一）民俗艺术的概念与社会分期

钟敬文在1933年提出民间艺术的概念：

什么是民间艺术呢？

一个国家或民族里，一部分人的文化生活，已经达到了相当的高度，而其他大部分的民众，则仍然停滞在文化生活的童年时期或比较接近这种童年时期，这种民众自己所产生和流传的艺术，就是所谓"民间艺术"——本义的（或狭义的）"民间艺术"。[1]

他在早期学术思想中提到的"民间艺术"，即他后来所讲的"民俗艺术"。他起初受到进化论的影响，认为民俗艺术是"停滞在文化生活的童年时期或比较接近这种童年时期"的艺术，这并没有看不起民俗艺术的意思，相反他认为民俗艺术通过社会分期，获得了一个理论位置。

---

[1] 钟敬文：《关于民间艺术——〈艺风·民间专号〉卷头语》，《钟敬文文集·民俗学卷》，安徽教育出版社1999年版，第534—535页。

第七讲 民俗艺术

"民间艺术"的被发现,在人类的文化史上看来,还是比较新近的事。这种发现,在我们中国又更迟缓些。我们的歌谣研究会成立的历史,到现在还不过十余年。而且它老早就关门大吉了。至于民间绘画、木刻、舞蹈之类,简直就很少人注意到,更莫问那专门从事于它的搜集或研究的机关了。从整个的社会情况看,这原是相当自然的事。即使有少数较明白的学者,留心到这种可宝贵的东西,但是他们又哪里去找到那多余的闲暇和经费呢?自然,有钱的和有闲的人是多的,但他们不是这种清苦的学术工作的担当者。①

现代民俗学者评价原住民艺术已有不少新解释,钟敬文当时使用的西方人类学是当时的高起点,至20世纪60年代,这些学说已经变旧,而钟敬文本人后来的思想也有变化,但我们仍要提到《关于民间艺术》这篇文章,是因为他创建民俗艺术研究的历程是前后有联系的,这种联系的存在,就在于他要建设中国的民俗艺术研究,而不是把自己变成别人。他在1934年发表的另一篇文章同样重要,题目叫《前奏曲》,副标题是《〈人类学、考古学、民族学、民俗学专辑〉前言》②。这是上文的姊妹篇,它告诉我们,钟敬文如何找到做这门学问的切入点。

---

① 钟敬文:《关于民间艺术——〈艺风·民间专号〉卷头语》,《钟敬文文集·民俗学卷》,第537—538页。
② 钟敬文:《前奏曲——〈人类学、考古学、民族学、民俗学专辑〉前言》,《钟敬文文集·民俗学卷》,第495—502页。

中国一部分的知识分子，因为世界革命潮流的刺激，为了自家民族动向的决定，颇致力于民族过去所经由的历史足迹的检讨。他们的努力是可尊敬的；他们的成绩也不仅是一张白纸。但因为他们所把握的史料，大抵局限于某些特定的文献上，至多也仅及于上代一部分考古学的资料的缘故，结果便难于达到怎样完美之境，甚至或陷于意外的错误。假如他们能够更广泛地应用人类学、民族学及民俗学等的资料乃至于它们的某些方法，那么，在他们著作的结论上必当有更为优越的成就，是可以预言的。①

他要把这些外来学说当作知识兼方法去吸收，扩大研究的范围和认识。但早期的钟敬文还没有区分人类学、民族学、民俗学和考古学诸学问的各自侧重点，对它们的推介还是十分笼统的。从他要尽量开放吸收的整体倾向看，他对以上学科的相邻关系更为关注，而对中国社会怎样接受这几门学科的分析是粗略的。

在我们这个占据着纵横广阔的陆地的国度里，有使用石器、信奉图腾、过着先史时代生活的原始部落，有聚族而耕、有无相通、保存着原始共产制度遗痕的冷僻农村，同时也盛行着手工业、商贩、限于近地的中世式的古旧市镇，更有铁骨建筑、煤烟冒天、聚全世界的商品于一隅的最摩登的大都会。一部纵的人类文化史，差不多都可以在我们的国境里明确地读

---

① 钟敬文：《前奏曲——〈人类学、考古学、民族学、民俗学专辑〉前言》，《钟敬文文集·民俗学卷》，第499页。

到。在那些欧、美学者要劬劳地坐着轮船或火车,到老远的地方去才能搜集到的资料,在我们,只要肯伸一伸手,那结果便无疑是满握的了。①

钟敬文告诉我们,在当时的外来学说中,人类学所给予他的一个最重要的启示,就是让他有了社会分期的概念。前面谈到,他看到人类学把民俗艺术放到童年文明的社会分期中,让民俗艺术有了学术价值。那么他同样可以想到,把中国现存的民俗和看似不符合现存社会的其他民俗等,也都放到不同的社会分期中去,这些不同的民俗不也就获得了各自的学术价值吗?于是他豁然开朗。他谈到,在中国,找出西方人类学所说的从原始社会到近代工业文明的各社会分期发生的民俗现象俯拾即是,简直是"是一部纵的人类文化史"。钟敬文由此被一种心底的"热忱所掀动",并一发而不可收。但正如我们现在所知道的,他用人类学的社会分期法与民俗学的方法类比,又不无冒险。因为民俗学是现在学,要依靠现实调查资料做研究,在一些由古至今长期流传下来的民俗上,社会分期上要模糊化,这与早期人类学搞确定时间的社会分期是不同的。民俗学不是完全不能使用社会分期的方法和资料,这要视具体资料而定。早期人类学所依靠的考古学资料,很多是史前至前工业化时期的文物,适合做分期研究,但这不是民俗学的长项。钟敬文晚年治民俗学,也使用了考古文物,如后面将要谈到的马王堆出土汉代帛画,不过他要补充现代调查资料,以给出民俗学的解释。总

---

① 钟敬文:《前奏曲——〈人类学、考古学、民族学、民俗学专辑〉前言》,《钟敬文文集·民俗学卷》,第500页。

之,在民俗学发展的早期,究竟怎样研究民俗艺术?怎样给其定位?他还需要职业理论家的储备,单纯的社会分期法并不能帮他包打天下。

(二)确定民俗艺术的文化属性

钟敬文的民俗艺术观的进一步发展得益于日本民俗学。钟敬文赴日留学后,1937年,看到日本民俗学者江南二郎的《原始民俗假面考》一书[①],大有收获。日本民俗学给他的启示是,给民俗艺术以文化属性,再做跨社会分期的传承研究。钟敬文开始从文化属性的角度,而不只是社会分期的角度讨论民俗艺术研究。这让他对人类学与民俗学的关系有了进一步的认识。

钟敬文首先关注民间绘画,用他后来的分类术语说,这叫"造型艺术"。他认为,有些民间绘画的文化属性十分明显,如宗教造像,不用增加文化属性的方法加以研究就无法解释。它们也许没有考古学的价值,但却有文化学的价值。这种文化属性叫宗教性。学者要利用它们,就要换一种文化学的思维,而不是以现代"科学"思维对待它们,将之贬为"迷信"。此外,如再假以民俗学的类型方法,还有助于进一步揭示民俗绘画的知识系统和民俗文化意义。

钟敬文这时关注民俗艺术的文化属性,从民俗艺术研究的理论与方法的构建来说,特别重要。但他要用人类学、民俗学和文

---

① 〔日〕江南二郎:《原始民俗假面考》,地平社书房1929年版。关于钟敬文援引此著的背景,参见钟敬文《傩戏面具的展览、研究与保存——在贵州傩戏面具展览上的讲话》,《钟敬文文集·民俗学卷》,第618页。

化学去建设民俗艺术研究，补充早期人类学的不足，还需要提供两点：一是艺术品与使用者的社会关系，一是艺术品赖以流行的民族志环境；而他当时还缺这两点，于是他的此文就会有另外两种结果，一是直接用民俗学和文化学去补充人类学，一是把民俗本身看作是一种理想化的文化价值系统。他到晚年发表马王堆汉墓帛画的研究论文，才对艺术品的社会关系的研究有了实质性的推进[①]。他用民族志的观点研究古代史料的文章，如女娲神话研究，发表于1980年代[②]，这时距他首次发表这类观点也有半个世纪，至此他将1930年代遗留的两个问题都做了回答。现在民俗学者大都知道钟敬文有研究马王堆汉墓帛画和女娲神话的两篇论文，但不了解它们在民俗艺术研究史上的来历，这就多少减轻了它们的分量。

钟敬文提出，在研究造型艺术上，要正确评价它们的民间"技术"水平。要承认民间技术为其文化所制约，是另外一种技术知识系统。有人用现代专业美术或工业技术的观点去解释它们，便得不到任何东西。

> 有人要从技术学的观点，来否认这些民间制作被展览的意义罢。……没有疑义，从现代的眼光看，民间图画，它的技术大致上是稚拙的、简陋的。但是，……对于这些民间制作的技术的注重点，是要从这些作品中间，去领会中国民族及全

[①] 参见钟敬文《马王堆汉墓帛画的神话史意义》，《钟敬文民间文学论集》（上），第121—147页。

[②] 钟敬文：《论民族志在古典神话研究上的作用——以〈女娲娘娘补天〉新资料为佐证》，原作于1980年10月22日，收入钟敬文：《钟敬文民间文学论集》（上），第148—172页；《傩戏面具的展览、研究与保存——在贵州傩戏面具展览上的讲话》，《钟敬文文集·民俗学卷》，第617—619页。

>人类的绘画技术在"青少年期"甚至于在"胎儿期"的真实状态。……它的色彩的简单,它的构图的呆板,它的笔致的拙朴,这些不是对于人类的、民族的艺术史的观察,给予以很有益的知识吗?
>
>我们更简要地说,民间图画,是民众基本欲求的造形,是民众严肃情绪的宣泄,是民众美学观念的表明,是他们社会的形象的反映,是他们文化传统珍贵的财产。①

他认为,民俗学者要理解这种与职业画家不同的专业知识,这正是还原民俗艺术的文化属性的一种方法。他还使用"民间图画的技术学"的概念来界定这种文化属性,强调具有这种属性的技术,本身就是另一种艺术,它们与现代人的技术观念的差别,是一种文化差别。

(三) 艺术社会观

在钟敬文民俗艺术研究理论构成中,占有相当重要位置的,是对民俗艺术相关的社会事件给予重视。有两个契机促进了这一转化:一是抗日战争,一是新中国建立之初的社会主义新文化建设。我国广大艺术工作者曾利用民俗艺术去参加国家民族独立解放的运动,去繁荣新文化事业,给钟敬文带来巨大的生命的感动。他运

---

① 钟敬文:《民间图画展览的意义——为民间图画展览会作》,《钟敬文文集·民俗学卷》,第277—279页。

用民俗艺术与社会事件发生关联的实证资料,探求研究民俗艺术的实证方法。他在1949年前已接受了新的社会人类学观点和其他相关学说,包括法国涂尔干的社会人类学说、德国格罗塞(Ernst Grosse)的艺术发生学和冯特(W. M. Wundt)的社会心理学著作等,而不止是日本民俗学。新的理论来源导致他对民俗艺术的社会关系发生兴趣[①]。

钟敬文在《民间艺术专号》的《序言》中指出,观察人们在重大社会斗争和社会建设中利用民俗艺术的方法,正是一种实证的方法。民俗学者研究民俗艺术为谁所用的社会观念,可以揭示民俗艺术的社会关系,深入民俗艺术的生命力本质。他希望学者从这个角度关注民众"也有艺术"。

> 有些学者大声嚷着,中国一般民众,太缺乏活气了。他们终日终年死沉沉的,没有一丝笑声,没有一点狂态。他们是失掉艺术的和宗教的热情的国民。这种话,虽不是全无根据,但毕竟说得太大意了。中国现在一般民众的固有文化,纵然用近代的水准测量起来,是相当落后的。但是,谁也不能否认它的存在。他们有艺术,也有宗教;有教育,也有科学。假如真的缺少了这些,他们的生活史,便成为十足的奇迹了。[②]

50年后,他在讨论贵州傩戏面具的文章中,重提以上观点。我

[①] 参见钟敬文《被闲却的艺术》,《钟敬文文集·民俗学卷》,第294—295页。他在此文中直接谈到受法德学说的影响关注民俗艺术研究,关于钟敬文受冯特思想的影响,另见钟敬文《钟敬文文集·民俗学卷》,第549页。

[②] 钟敬文:《〈民间艺术专号〉序言》,《钟敬文文集·民俗学卷》,第530页。

国的民间傩戏将造型艺术与表演艺术合一，将音乐、舞蹈与戏曲合一，将生活艺术与宗教仪式合一，长期在民间流传，使错综复杂的社会关系文化化，被民众喜爱千百年而不灭。它能证明携带社会关系的民俗艺术最有活力。钟敬文认为，保护它们就是"保证其文化的整体性"。他的这一思想十分坚定，来自他对民俗艺术的社会关系的连续考察。1950年代，在阅读国内舞蹈调查资料时，他对自己在30年代的看法有所扩大。至1980年代，他看到国内仍然保存傩戏，这种认识更为强烈。他回顾这段思想历程说：

> "文革"前的《舞蹈》杂志上，曾刊有对江西傩戏的记录。贵州这次大规模挖掘出的傩戏面具资料，这在建国以来还是第一次。要研究它们，不仅要具备较为丰富的人文科学知识，如民俗学、民族学、考古学、戏剧史、宗教史和原始文化史的知识等，而且要注意开展纵向和横向的比较研究。

> （研究傩戏面具）应同时发掘与其表演相关的民间戏剧、原始宗教活动和其他密切关系人民生产、生活及与傩戏有联系的民俗事象，以保证其文化的整体性。[①]

我们现在可以思考，在民俗艺术研究的建设上，民俗学能与艺术学分享什么？民俗学又能给艺术学提供什么？民俗学者研究民俗艺术，怎样从人类学的影响下独立出来发挥自己的独特作用？

[①] 钟敬文：《傩戏面具的展览、研究与保存——在贵州傩戏面具展览上的讲话》，《钟敬文文集·民俗学卷》，第618页。

民俗学者利用社会分期、文化属性和社会关系等方法研究民俗艺术,可以确立怎样的研究优势?怎样开展民俗学、人类学、文化学和艺术学的综合研究,才更适合我国多民族、多地区民俗艺术研究的需求?等等。

二、民俗艺术研究的任务

钟敬文提出将民俗艺术划分为文艺艺术、造型艺术和表演艺术①,后来他又增加了物质艺术②,共分成四类。按照他的分类,民间文艺学主要研究文学艺术,民俗艺术研究研究其他三种艺术。在不同的社会环境中,这些种类可以分开,也可以按照民俗文化的内部规则,发生各种组合。民俗学正是承担这种规则的研究任务,而民俗艺术研究和民间文艺学需要互补,才能执行各自的研究任务。

(一)民俗艺术研究的地位

在我国20世纪以来的国家现代化进程中,民俗艺术几度成为关注对象,这不能不涉及民俗艺术研究的地位问题。从钟敬文的著述看,他强调民俗艺术研究的中国化地位。他认为,在中国这种

---

① 参见钟敬文《被闲却的艺术》,《钟敬文文集·民俗学卷》,第294页。
② 钟敬文对物质艺术的提法较晚,详见钟敬文《中国民居漫话》,原作于1994年7月下旬,《钟敬文文集·民俗学卷》,第273页。

开化较早的文明国家中,有大量现存的、同时也是"历史艺术"的民俗艺术,中国学者不能一味跟在西方人的"未开化文明"的研究后面走。此外,中国的民俗艺术,在长期复杂的条件下传承,具有多时期、多区域社会、多民族群体和多方言媒介的特征,中国学者也不能盲目追随西方人的单线进化论,必须面对中国的社会实际,研究中国自己的民俗艺术研究。

(二)民俗艺术的交叉研究性质

钟敬文指出,民俗艺术各门类,如舞蹈、音乐和戏曲等,是单一的,但民俗艺术研究的学科性质是综合的。民俗艺术研究搞"单打一",就会变成专业"技术"研究。只有建设综合学科,开展综合研究,才有理论前途。

开展民俗艺术交叉研究有助于发挥民俗艺术的独特功能。钟敬文认为,民俗艺术研究有两个功能,"第一,是关于学术的;第二,是关于教育的"[1]。在教育方面,民俗艺术研究的教育可以弥补现代学较教育的不足,因为它的内容"往往是和学校不怎样发生关系的"。民俗艺术是民俗文化事象的组成部分,"他们的礼仪,他们的习尚,他们的禁忌,他们的艺术,都是他们具体的教义和教材"[2],在此基础上建立的民俗艺术研究,正好可以补充现代学校教育所失落的东西。在发展民俗艺术研究教育上,钟敬文受到日本民俗

---

[1] 钟敬文:《〈民间艺术专号〉序言》,《钟敬文文集·民俗学卷》,第531页。
[2] 同上书,第532页。

学者柳田国男的影响,强调用这种教育了解祖先历史。他还提出自己的观点,即选择一部分民俗艺术的历史遗产进入新文化。在他晚年的看法中,还进一步提到,发展民俗艺术研究的教育,可以帮助国民增加认识中国文化特征。

民俗艺术研究补充民间文艺学。钟敬文所创建的民俗学整体框架中,民俗艺术研究的学科建设,一个直接的功能,是补充和完善民间文艺学。在1980年发表的《建立具有中国特点的民间文艺学》一文中,他仍继续呼吁建设具有"中国特点的民间文艺学",所指新观点,包括重视民俗艺术研究。他提出,缺乏对民俗艺术研究的观照,就无法做好民间文艺学的研究。民俗学者必须重视两个学科布局的整体性。[①]熟悉钟敬文学术思想的学者知道,钟敬文晚年进一步强调,民俗艺术研究与民间文艺学,在文化来源与传承对象上,两者同源共体,所以,民俗艺术研究对民间文艺学的"科学性"有支撑作用。

三、民俗艺术研究的理论收获

经典民俗学在民俗艺术研究方面取得了一定的理论收获,了解这方面的内容,对继续开拓民俗艺术研究领域有益,仍以钟敬文为例说明。

[①] 参见钟敬文《建立具有中国特点的民间文艺学》,这是他在昆明《思想战线》编辑部召开的座谈会上的讲话,原作于1980年7月5日,收入钟敬文《民间文艺谈薮》,湖南人民出版社1981年版,第58—59页。

（一）民俗艺术与社会史

钟敬文将民俗艺术研究、民间文艺学与民俗学通盘思考，在这方面，他提出的另一个问题是，以往民间文艺学和民俗学所关注的文学艺术，与民俗艺术研究所关注的造型艺术、表演艺术和物质艺术，在研究的过程和方法上，彼此有何不同？他的回答是，造型艺术、表演艺术和物质艺术三者，对民间日常社会的渗透更直接、更迅速，形成社会舆论的渠道也更直接，因此更适合做社会史研究。

以节日民俗研究为例。节日是享用文学艺术的社会现场，又是造型艺术、表演艺术和物质艺术一齐登场的社会舞台。其实文学艺术正是在这个舞台上被形象地传讲的。相比之下，研究节日民俗，非文学的民俗艺术分量更重，因为它的出场过程正是社会史本身。早在1930年代，钟敬文已发现这个规则，他说，"在新年佳节的时候，在迎神赛会的时候，在朝山进香的时候……这是民间艺术特别显身的机会"[①]，他的这种思想在抗战时期迅速发展。1939年至1943年，在全国抗战文艺高潮中，他连续发表四篇文章谈民俗艺术，并将之与社会史结合研究。他从五四运动时期的社会史开始，讲到抗战时期，认为，在群情激愤的社会史中，学者容易找到研究的方向。他还举例说，"像民间木刻、民间绘画及民间戏曲等，都受到以往不曾有过的关心和探究。目前这种运动正在不绝

---

① 钟敬文：《〈民间艺术专号〉序言》，《钟敬文文集·民俗学卷》，第530页。

地急速向前发展"①。这些都可以成为民俗艺术研究研究的切入点。

现在我们知道,二战艺术品本身也已成为特殊的文化产品,而他很早就看到了这一点。他说:"在这种意义上,今天民俗艺术的搜集、研究运动,和抗战以前的比较起来,是有性质上的差别的。它是一个跃进。"②事实也是这样,在抗战时期,学者从事民俗艺术研究的社会事件与社会团体,对建设进步的抗战社会文化发挥了积极作用。当时他提出建设民俗艺术研究的社会机构,是将民俗艺术研究建设制度化的最早呼吁。新中国建立之初,他又发表了《进一步挖掘和发扬人民固有的艺术》一文,对采用社会史方法的认识更为明朗。这是一篇为民间音乐舞蹈所作的专论。比起1949年前,他的看法增加了三点,一是将社会史看作人民的"生活和斗争"史;二是提到汉族和少数民族人民共同进行"艺术创造",认为民俗艺术有全民族性;三是将民俗艺术视为社会史中"固有的艺术",但这种固有艺术不是人类学和考古学所说的原始艺术,而是代表国家民族伟大历史的艺术。③

钟敬文在全国学苏联的氛围中,接受了苏联的社会史方法。但他这时要肯定的,是人民的艺术史,而不是早期人类学所说的史前艺术史,他认为人民不仅拥有现实的民俗艺术,而且也创造了"历史的、集体的"艺术④。他在这一前提下,也接受了人民艺术的提法。不过有些夸张论断在他一生中都很少见。

---

① 钟敬文:《民间艺术探究的新展开》,《钟敬文文集·民俗学卷》,第302页。
② 同上书,第303页。
③ 钟敬文:《进一步挖掘和发扬人民固有的艺术——庆祝第一届全国民间音乐舞蹈会演大会》,《钟敬文文集·民俗学卷》,第296页。
④ 同上书,第297页。

"毫无疑问,人民的艺术,是艺术的最高形式,是最有才华、最天才的艺术。这种艺术是为人民所铭刻、为人民所保存、人民经过数世纪所留下来的东西……人民好像是掘金者一样,在数百年内加以琢磨,他选出、保存和流传下来的只是最宝贵的、最有才能的东西。"加里宁这种卓越的见解,应用在我们汉族人民和兄弟民族固有的艺术上是完全恰当的。[①]

新中国成立初期,从国家性质和政党制度上,都把人民利益放在首位,全党全社会都提倡提高人民艺术的地位,特别是提高少数民族艺术的地位,这是党和政府提倡社会主义文化意识形态和民族形式结合的切实步骤。钟敬文成为引导我国传统优秀民俗艺术进入"新的文化系统"及其高等教育的关键学者。他要求"必须使它生动地活在我们的新的文化系统中",而"这种继承和发展,是跟我们广大人民和各兄弟民族的进步利益完全相适应的。这是我们目前建设祖国新文化任务的一个组成部分"。需要指出的是,1950年代早期,他对民俗艺术研究的论述和推举,与他建立新中国的民间文艺学也是同步的。

1980年代以后,钟敬文总结毕生治学之得失,指出艺术研究的特殊性。

艺文重欣赏,其次乃评论。倘若两兼之,品格自高峻。

[①] 钟敬文:《进一步挖掘和发扬人民固有的艺术——庆祝第一届全国民间音乐舞蹈会演大会》,《钟敬文文集·民俗学卷》,第297页。

第七讲　民俗艺术

真正的艺术产品不是普通的东西。曾经还有一种倾向，就是把文学艺术品仅仅当做思想资料来处理，那也是狭隘的。因为，艺术的内涵，远远超过思想。艺术品里固然有思想，这毋庸置疑；但是，它还有感情，还有专门的艺术象征等其他方面的性质。①

他所概括的一些基本观点，比如艺术大于思想、艺术的核心是情感、艺术的性质是象征和艺文重欣赏等，都是相当精彩的。其次，他还提出，马克思主义社会史理论应该是开放的思想体系②。在这个问题上，他不是柳田国男，柳田国男本人吸收了欧洲民俗学理论，却在日本抵御西方的东西。再次，钟敬文提倡，采用民俗学的方法，其实也是民俗学、民间文艺学和民俗艺术研究可以通用的方法，如类型学的方法、民俗社会史的方法，开展研究。

我个人曾设想进行这方面的尝试。我记得，我年轻的时候在杭州，很喜欢看李商隐的诗。李诗中采用了不少神话传说的典故，我想就此写一本书，后来因为事忙，没有写成。不过，至今回想，这个动机还是有道理的。因为，即使像李商隐这样被认为是唯美派的诗人，其作品里还有很多同民俗文化相关的东西，何况历代其他诗人文学家的作品呢？所以，我觉

---

① 钟敬文：《文艺研究中的艺术欣赏和民俗学方法——1997年10月6日在中国社会科学院文学所庆祝〈文学评论〉创刊40周年纪念会上的讲话》，董晓萍整理，原载《文艺研究》1998年第1期，收入钟敬文：《建立中国民俗学派》，黑龙江教育出版社1999年版，第148页。

② 同上书，第149页。

得,现在的文学研究,既然路子很宽,应该有同志从民俗学的方面开辟一块领域。①

西方民俗学理论,包括类型学,能够在中国逐步被接受,是因为中国也有相似的文艺思维模式。中国文学与民俗有天然联系。中国古代文人使用故事母题进行诗歌、小说和戏曲创作,再添加地域性或民族性的民俗描写,已形成源远流长的传统。当西方的类型学理论输入后,经过中国学者实施中国化的改造过程,便能够被用来容纳中国的丰富文艺遗产。

(二)民间造型艺术、表演艺术与文学艺术的流传

自20世纪初以来,曾有不少学者涉足皮影戏的考察和研究,其中的一个分支对象是河北乐亭皮影。钟敬文也有专谈皮影戏的文章,题目就叫《看了乐亭皮影以后》。②其中有关民俗艺术中的造型艺术、表演艺术与文学艺术融汇流传的问题,是一个基本问题。而在我国的皮影戏传承史上,民间艺人使用影卷学习和演唱,使民间戏曲与文学艺术融通一体,是一个长期的历史现象,乐亭皮影戏也不例外。没有文学艺术的皮影造型艺术和表演艺术是不可

---

① 钟敬文:《文艺研究中的艺术欣赏和民俗学方法——1997年10月6日在中国社会科学院文学所庆祝〈文学评论〉创刊40周年纪念会上的讲话》,《建立中国民俗学派》,第151页。

② 钟敬文:《看了乐亭皮影以后》,原作于1963年2月21日,后收入《钟敬文文集·民俗学卷》,第281—288页。

第七讲 民俗艺术

想象的。

钟敬文研究皮影戏的观点,有以下几点:第一,民间的造型艺术、表演艺术与文学艺术相结合,与其内部文化的"技术"知识是吻合的,改编皮影戏也要对此加以维护和发展。第二,皮影戏的全国分布,遍及南北城乡,不止河北乐亭皮影戏,因此也要关注其他地方皮影戏的特殊知识和技术。第三,皮影戏的文献化传统和国际影响。他指出,清人富察敦崇的《燕京岁时记》就已对皮影戏有所记载。中国的皮影戏还被写入外国的学术著作和文学书籍,如《世界傀儡戏年鉴》《世界各国的傀儡戏》和《秘密的中国》。正是对各类民俗艺术广泛融汇的特点,使皮影戏成为"有世界声誉而又在新社会里继续发挥着作用的民俗艺术"。[1] 第四,提倡开展比较民俗学的研究,他将中国皮影戏与印度尼西亚的皮影戏、韩国皮影戏做了初步比较。在那种政治条件下,他还是强调改造民俗艺术作品的学术性,认为改造的目标,在于"要改得的确胜过原来的,有没有明显的副作用(破坏剧情的统一性或固有风格等)才好"[2],不然不如不改。对他的这些意见,我们也要会读。

在发表《看了乐亭皮影以后》的17年,他又对社会主义文艺提出建设性意见[3],有两点:第一,新中国初期"所针对的重要问题,还没有较好解决"。对民俗学和民俗艺术研究这种学科来说,用政治教条去管理,会造成很多损失,他称之为狭隘的马克思主义。

---

[1] 钟敬文:《看了乐亭皮影以后》,《钟敬文文集·民俗学卷》,第287页。
[2] 同上书,第285页。
[3] 参见钟敬文《谈框子——周总理六月十九日讲话读后随笔》,原作于1979年2月7日,后收入《民间文艺谈薮》,第45—52页。

> 有好些人（我相信他们大都出于好心），对民间文学，往往拿我们现在社会的政治、法律、道德、风习和思想的标准去衡量它，要求它。如果不是这样做，好像就不能达到古为今用的目的。我们以为，这是不大理解民间文学的性质特点的想法和看法。
>
> 如果我们稍为具备民族学、原始文化史、比较神话学和民俗学等科学知识，这些，本来是不怎么难理解的。①

他因此强调民俗学和民俗艺术研究的研究应保持相对独立性，他还再次谈到要开展比较研究。

第二，去除盲目学苏联造成的框子。他肯定新中国成立之初学苏联的一些文学理论是有用的，"它跟解放前的这方面的情形比较起来，不能不说是一种进步"。他也感受到新中国社会建设和文化建设关系的复杂性。他要求不要用一般文学理论同化民俗学、民间文艺学和民俗艺术研究，而要正视中国民间文艺产品的具体特点，建设"特殊文艺学"，"对于文学、艺术这种精神产物，也许特别是这样"。

（三）民俗艺术与狂欢文化

在1999年发表的《略论巴赫金的文学狂欢化思想》一文中，钟敬文借鉴西方的狂欢理论，使用中国资料，从这个角度，对民俗

---

① 钟敬文：《谈框子——周总理六月十九日讲话读后随笔》，《民间文艺谈薮》，第47—48页。

第七讲　民俗艺术

艺术的性质和特征做了较为完整的论证。他曾在1937年谈到中国人有愉悦的狂态①，至这时谈中国人狂欢中的艺术活动，中间相隔60年。

他使用比较民俗学的方法，将中国民俗艺术活动与巴赫金的狂欢理论做比较，提出，两者是可以比较的对象。

> 中国文化中的狂欢现象，从历史和现实的情况看，都是存在的。至于巴赫金的狂欢文化理论，同中国的文学作品和文学理论，能不能挂上钩；如果能，彼此之间又是一种什么样的联系；或者说，中国文学中的狂欢描写是以什么样的中国风格体现出来的，这些都需要给予切实的回答。②

他指出，研究中国狂欢文化中的民俗艺术，应该注意几个特点，一是在狂欢文化中，富有民俗艺术产品，"像中国保留至今的民间社火和迎神赛会，其中的一些比较主要的传统活动和民俗表演，就同世界性的狂欢活动，在一定程度上，具有一致性"③。二是在狂欢文化的精神现象中，有民俗艺术的情感成分，"洋溢着心灵的欢乐和生命的激情"④。三是在狂欢文化结构中保留着宗教成分，"中国的这类活动，保存着宗教法术的性质，它们与现实的崇拜信仰，依然有着比较密切的关联"。四是狂欢文化的社会网络"还带有民

---

① 参见钟敬文《〈民间艺术专号〉序言》，《钟敬文文集·民俗学卷》，第530页。
② 钟敬文：《略论巴赫金的文学狂欢化思想——1998年5月14日在〈巴赫金全集〉中译六卷本首发式上的讲话》，《建立中国民俗学派》，黑龙江教育出版社1999年版，第154页。
③ 同上。
④ 同上书，第153页。

间娱乐、民间商业等种种其他因素",与社会人群的联系更为复杂。五是民俗艺术展演是象征性的表达,其中的丑角,"是由先秦的俳优发展而来的。但在狂欢生活中,丑角,却扮演了对既定的社会秩序或规范进行嘲讽、抨击,甚至反抗的鲜明角色"。六是狂欢文化具有社会整合的功能"暂时缓解了日常生活中的阶级和阶层之间的社会对抗,取消了男女两性之间的正统防范等"①,同时也起到文化自律的作用。七是狂欢文化对基层社会和上层社会的生活方式都有调节功能。

> 整个一部《水浒传》,差不多都可以叫做狂欢文学。其他像《红楼梦》,也有狂欢情节的描写。《红楼梦》里面写到的许多宴会,就是一种狂欢化的象征。即贾宝玉不喜欢做官,追求男女平等,在他的个性化的生活方式中,就有一些狂欢行为。类似的例子,在《儒林外史》等其他古典小说中也有。②

狂欢文化对全民族的精神世界都有塑造作用。钟敬文的这些观点,深化了民俗艺术研究。进一步加强民俗艺术学的理论建设,是经典民俗学的下一步工作。

---

① 钟敬文:《略论巴赫金的文学狂欢化思想——1998年5月14日在〈巴赫金全集〉中译六卷本首发式上的讲话》,《建立中国民俗学派》,第155页。
② 同上书,第157页。

第八讲　手机民俗

《绪论》中谈到芬兰学派研究网络民俗一马当先,我国的经典民俗学对网络民俗的研究刚刚起步,但研究手机民俗的动作很快。手机民俗与网络民俗有联系,我国的手机民俗研究更有优势。

手机是俗称,在现代通信术语中,叫"移动电话"(mobile phone),也叫"蜂窝式便携无线电话"(cell-phone),这种称呼在国际上和港台地区很流行。其中的一个英文单词"cell",也被翻译成"细胞",指手机用户无论走到哪里,都可以根据自己掌握的熟人号码,畅情地发送信息,组成一个临时的说话单元[1],这时大家共享一个信息、一张图片、一种社会观点,或一段历史认同,欣悦无比,这种感觉是不为其他通信工具所具备的。固定电话通信就没有这个本领,没有两个人端着电话对面打的,但却能两个人面对面、背对背、在远方或近距离地打手机。

手机民俗不是传统农业社会的通信民俗,而是信息民俗。信息民俗是现代化、城市化、工业化和科技产业化的产物。它的生产方式和消费方式还是民俗方式的,它的信息文本也都是民俗文本,两者还是有密切的联系。信息民俗不是一般地使用民俗资源,而

---

[1] 参见〔美〕保罗·莱文森《手机》,何道宽译,中国人民大学出版社2004年版,第4页。

是带着"科技温馨",把用户的耳朵和心整合到一起,让人类倾听地球和共享地球。美国学者保罗·莱文森（Paul Levinson）认为:"手机有两面性:既赋予我们了不起的力量,又使我们相当脆弱。"[1]国产电影《手机》是责备手机的,批评手机经常骚扰生活,影响人与人的关系,产生疯狂的话语泡沫,[2]任何通信方式变化的终极影响,都是一个理念,这种理念整合了无数具体的文化传统,又生发出现代人百种千样的通信行为,现代学者的研究都在试图靠近这个终极理念,本讲尝试接近这个理念,但重点是我国的手机民俗。

一、手机理念与信息民俗

手机是数字时代的口头传统,而数字化使以往的口头传统与现代社会的政治、经济、技术、文化和法律要素相结合,成了新的口头传统,即信息民俗。与美国用户相比,在中国,手机用户主要是信息民俗的用户,手机信息也由三个系统组成,即电信系统、科技系统、用户系统,这使信息民俗产生了新的传承样式,融入了现代媒体工业的特点。

---

[1] 〔美〕保罗·莱文森:《手机》,第2页。
[2] 同上书,第5页。

第八讲 手机民俗

(一) 听力系统与交通系统的结合

人类有三种基本的通信方式,说话、书写和走路。在人类通信的发展中,说话、书写和走路三者分开的。人类进入电脑通信时代后,电脑也还是把人牢牢地钉在椅子上或房间里,让其他媒介充当两地沟通的工具。手机通信的理念,在于把说话和走路结合在一起,从此人类可以从固定的椅子上或封闭的室内解放出来,走到任何地点去通信,这是人类通信史上的一场伟大的革命。随着高科技研发的深入,手机通信还可以附加写字的功能,如短信,不过这是口语的变体,不是书面文献的新样式。①

(二) 信息民俗与管理系统的相遇

手机通信有三个管理规则,一是电信话费规则,它是由时长(字段)和地区距离组成的。在开发和推广手机业务的过程中,政

---

① 手机把说话和走路结合起来的说法,作者受到保罗·莱文森的启发。但他原来是讲"人类有两种基本的交流方式:说话和走路,可惜,自人类诞生之日起,这两个功能就开始分割,直到手机横空出世。"我认为,至少从中国的通信文化模式看,还应该加上"书写"交流方式,还应注意到在手机通信中,书写和发送"短信"对扩大手机用户和手机市场的关键作用。当然,保罗·莱文森把说话和书写分开的做法,有美国传媒理论界的传统,二战后的传媒理论家麦克卢汉(M. Mcluhan)和哈夫洛克(Eric Havelock, *Preface to Plato*, 1963)都是主张口语社会和书写社会的对立的。不过这一观点对说明中国的情况不合适。在本讲中,我也将进一步讨论中国的手机用户的自身特点。参见〔美〕保罗·莱文森《手机》,第5—6页。

府和用户紧密合作，还创造了一系列评价管理手机经济效益的指标，其中有一些涉及经济民俗事象，这对观察信息民俗的变化是颇有参考价值的。二是技术企业运作规则，主要是对手机原材料、内外形设计和使用功能进行不断更新。在中国人久已习惯的通信民俗社会中，以手机为代表的信息民俗能后来居上、一马当先，依靠了中国人对现代多功能通讯工具的选择趋势，当然也承受了信息民俗对通信民俗的巨大冲击，有的还触及技术与法律、民俗的矛盾等。三是社区文化规则。手机不仅跟熟人通信，也跟陌生人通信，被用来建立新的行为可能性、新的关系网络、新的社区民俗，构成了开放型的信息社区，而通信民俗是封闭的，这是两者的区别。今天的中国手机之所以能"俗"，就表现在它能广泛构成新的、临时性和场所性的政府信息、技术信息和社区信息的能力，这使它对各社会阶层和各种具体文化模式的用户，都提供了民间参与和民间诉求的自由渠道，影响面也就更加广泛。经过十几年的发展，现在中国手机已"俗"得跟自行车一样，家居必备、出行必带。它还拥有更多的智能功能，造成了现代科技对现代社会的全面渗透。

二、手机通信的民俗容量

手机信息与以上三个系统的结合有三个过程：一是手机市场化，二是手机全民化，三是手机管理法制化。在这些过程中，政府、企业和用户互动，形成新的手机经济文化。

（一）政府对手机的评估与管理

我国政府定期公布通信发展行业公报，里面包括对手机经济效益的评估。从统计看，手机的发展对我国国内生产总值的增长做出有力支撑。

在手机之前，最有人缘的是呼机，最初呼机和手机的地位还不能同日而语，呼机用户要比手机用户多20余倍，是真正的"大哥大"。1995年邮电体制改革后，手机用户上涨。到1997年，呼机用户为4674万户，还对手机用户占有压倒优势，多出近一倍。然而，仅仅过了一年，至1999年，手机用户数量就追上来了。再过一年，2000年，手机用户猛增，一夜翻牌，成了名副其实的"大哥大"，呼机迅速消失。

20世纪90年代以后，国家经济转型，手机行业开放搞活。1995年出现涨势，1998年创建市场模块，手机用户增长6倍，达2386万户。在这一变迁中，政府始终起到了导向作用。此后，政府用了四年的时间，完成了邮电分营、政企分开的改革[1]，增强了手机产业的活力。政府还出台了其他政治、经济、文化的新政策，也给手机业务的开发创造了有利条件。例如，1999年50周年国庆、澳门回归和千禧年，2000年正式组建中国移动集团和打入国际资本市场，2001年的新世纪庆典和电信资费结构调整等，在这些政府行为中，手机行业都是最大的受益者之一。到1999年，我国的

---

[1] 中华人民共和国信息产业部综合规划司：《2002年通信发展统计公报》，http://www.mii.gov.cn/mii/hyzw/tongjigongbao2002.htm，2003年4月1日。

手机用户已达到4674万户,是四年前的12倍。2001年,我国手机用户首次突破1亿户,达到新的高峰。同年建成通信数据、语音、图像传输一体化邮政综合计算机网络,并拥有邮件运输飞机9架、航空邮路1047条、邮船15艘、火车邮箱481辆、铁路邮路177条、邮政汽车4万6千辆、汽车邮路1万3千余条,成为世界上通信用户规模和网络规模的第一大国。① 至2004年1月,我国的手机用户已升至2亿7千万户,② 达到1995年的76倍,成了我国通信事业的台柱子。手机业务的增长,充分支持了国内生产总值的增长。这一过程,实现了手机的市场化。

手机竞争不是挤兑,而是联合。你存活,我也存活。在政府引导下,手机借助现代社会的财运和人气,与其他热点媒体组合在一起,形成了联网,③ 也养成了自己的大气象。自2002年起,中国卫星通信集团公司开拓信息市场业务,④ 又给手机提供了一个嵌入广播电视的绝好机会。广播电视为了提高收听或收视率,也争相开通了手机热线,发展了嵌入式新闻采访。一两年下来,手机能共享别人的功能,别人却不能替代它的作用。手机生也逢时,将人文平台再度扩大,悄悄吞吃或链接其他载体的客户市场,其吸收的能量超出了我们的想象,把一种个体通信变成了公共资源。

---

① 中华人民共和国信息产业部综合规划司:《2001年通信业发展统计公报》,http://www.mii.gov.cn/mii/hyzw/tongjigongbao2001.htm,2002年4月1日。

② 中华人民共和国信息产业部综合规划司:《2004年1月通信行业主要业务完成情况》,http://www.mii.gov.cn/mii/hyzw/tongjigongbao200401.htm,2003年3月12日。

③ 中华人民共和国信息产业部综合规划司:《邮电业务发展情况》,http://www.mii.gov.cn/mii/hyzw/tongjigongbao2001.htm,2001年3月23日。

④ 中华人民共和国信息产业部综合规划司:《2002年通信业发展统计公报》,http://www.mii.gov.cn/mii/hyzw/tongjigongbao2002.htm,2003年4月1日。

手机运营商与中央媒体的组合,造就了大量的商机,2004年希腊雅典举办奥运会,中央电视台每天24小时热播,《雅典精彩早知道》的节目播放的广告词是:"为中国健儿加油,移动用户发至8006,中国联通发至9868,赢5000元健身基金",用语火力十足,情分十足。在政府体制中,手机的话费业务可由银行代管,银行也利用手机推广金融业务。

近年政府对手机的意识形态活动加强管理。禁止手机危害社会安全,强调维护文化安全。严厉打击手机诈骗犯罪,让用户了解政府经济法规的严正性。政府管理有利于促进手机经济在良性循环的轨道上发展。

(二)企业对手机功能的技术开发

观察中国手机用户变化的另一类资料,是对手机由市场进入家户方式的记录。这方面的统计工作是不遗余力的,能细化到每个邮电局、每平方公里、每人、每年、每次。从这方面的统计数据看,手机利用率与传统优势大宗通信项目相比,如写信、订报、打座机等利用率的比较,手机用户的普及率增长迅速[1],逐年战胜了写信、看报和打座机的老习惯。人们少写信、少看报、少打座机、多用手机,还绝不仅仅是行为的变化,而且是理念的变化。现在也有人怀旧,批评手机,说写信好,写信有面谈感,还有跑邮局投信的人情

---

[1] 中华人民共和国信息产业部综合规划司:《邮电通信服务水平情况》,http://www.mii.gov.cn/mii/hyzw/tongjigongbao2001.htm,2001年3月23日。

和个性。也有人说打座机好，公用电话"传呼费3分钱"①，充满了人情味，换了手机就全凉了。

我上大学时看过一篇文章叫《有信》，说远方的人来信了，信里写到小提琴拉了几遍了，院子里的绿草长多高了，猫咪在草上叫，读信的人读得热泪盈眶。他把信放进兜里，有空就拿出来看，看到字迹模糊了，信封被揉皱了，但每看一遍都能读出一些新的信息。这篇文章表扬了书信传播信息的功能，给人的印象极深。杜甫不是也说过"烽火连三月，家书抵万金"吗？说写信的价值能与万金相比。开个玩笑说，虽然"万金"也是一种"数字化"，但它不是技术问题，而是人心和人情的问题，而这正是中国人最看重的人格问题。

进入21世纪，人们激情燃烧地用过的书信、电报和电话都降温了，现在都认同手机了。手机的全民普及与科技企业对手机功能的综合开发有关。现在的智能手机能把通话、广播、上网、照相、写信和游戏等各种功能压缩到一起，通过一部手机实现，这种手机是不能不让用户喜爱的。一条中国联通的广告标题是"手机看电视，走到哪，看到哪！"十分吸引用户眼球。手机跨国公司推出"和弦彩铃"服务，高呼要把手机用户需求的功能"一'码'打尽"②。

手机技术开发的转折点是发明了短信和微信。先看收发短信。我国政府自2001年公布开发短信运营消息，次年开通国际短信业

---

① 张大放：《楼上楼下、电灯电话》，《作家文摘》2004年12月3日。
② 北京鸿联九五信息产业有限公司：《和弦、单音铃声一"码"打尽》，《京华时报》2004年9月22日。

务并公布运营成果。2002年全国共发短信793亿条[1]，月均发短信66亿条，平均每部手机年发短信近400条，发送覆盖面达67个国家和地区。以每条0.1元计价，当年国家短信收入79亿余元。到2004年1月，月发短信达157亿条[2]，比三年前同期短信又增长了2.4倍。2005年春节期间短信收入10个亿，仅除夕晚8点央视春晚开始一小时内，就发送短信1700万条，是平时的5倍。[3]2006年春节期间，中国人发送短信达126亿条，创历史新高，这个指标是手机采用廉价的短信价位的结果。

手机短信与网络和微信的结合进一步扩大了使用范围，创造了前所未有的自媒体话语空间。

（三）手机话语的分布

从调查统计看，手机用户结成话语关系的热点是节日通话、亲友沟通和灾情通报。以下是对这三个指标的跟踪采样结果。

1. 节日通话

在一年的12个月中，我国传统的春节和元宵节，通常在公历的1、2月份，中秋节和重阳节（现称"老人节"），在公历的9、10月

---

[1] 中华人民共和国信息产业部综合规划司：《2002年通信发展统计公报》，http://www.mii.gov.cn/mii/hyzw/tongjigongbao2002.htm，2003年4月1日。

[2] 中华人民共和国信息产业部综合规划司：《2004年1月通信行业主要业务完成情况》，http://www.mii.gov.cn/mii/hyzw/tongjigongbao200401.htm，2003年3月12日。

[3] 张薇：《春节短信7天"按出"10个亿》，《竞报》2005年2月18日。

份，都是拨打手机的高峰点。改革开放后兴起的新节日，如中国的教师节，镶嵌在民族传统节日庆典的时段内，手机拨打率更高。劳动节和国庆节，全民放长假，人们有空打休闲电话，丰富了人情沟通。西方传入的节日，如万圣节和圣诞节，在公历的11月和12月，手机通话率高，与现代中国社会的节日西化因素有关，也与西方来华工作、生活人员的需求有关。改革开放后，驻我国的西方国家外企数量和外方人员历年递增，万圣节和圣诞节是他们的传统节日，他们需要届时打手机问候，跟中国人是一样的。不过对西方人来说，这种节日就不是西化，而是人家的民族化了。

清明节的通话量很少，与这个节日的祭祀性质有关，不适合与陌生人结交。中国清明节是个家族祭扫的日子，按民族民俗，这一仪式大都在家长同辈或晚辈子女中进行，原来就是不对外张罗的。现在有了手机，人们也照样遵循老规矩，就地祭扫，不去声张。

2. 异地亲友通话

从调查看，手机通话的地区指向，基本是"本地"和"港澳"。熟人和亲友，双方都知道彼此的文化、习惯和价值观，通话时语少情多，这点与通讯民俗的原则是一致的。一个常打国内电话的用户说，他使用"只有在内部圈子了解的语言，传播一些社会观点、政治调侃、私人自乐的内容，有符号意义，别人享用不了。"打手机的"都是旧日同学、朋友和远方亲戚，彼此说祝福的语言和笑话段子，能让人保持一种持续的温情。如'七种快乐的方法：一、放下仇恨，二、少担心，三、简单生活，四、期望少，五、多付出,六、经常笑,七、交我这么可爱的朋友,并常常想我,哈哈'"①,它"用最简洁的语言去编织最丰富的内容,就像过去发电报一样。正因为操作手机所具有的快乐享受,所以我对手机总是乐此不疲"②。

中国人赋予手机以更多的隐私性和随意性,而且很主动。过去中国人在私人领域中发生了许多脍炙人口的故事,都是使用通信民俗工具,还流传了很多历史掌故,如鸿雁捎信、柳毅传书等,都很动人,也很悲情。但使用通信民俗的速度太慢,消磨感情,当一封滚烫或一诺千金的书信传到对方手上时,不觉红颜已老,抱憾终天,传统社会的通信民俗是极深情的,也是不发达的。手机给中国人的私人领域通信带来新的革命,它既深情又发达,还能让通信民俗转型为现代文化。

3. 灾情通报

灾害救助最能反映集体文化的规则和人情。在灾害时期,其他通信工具的功能都有所减退,唯独手机成了人们的近身依赖。在一片恐慌中,它帮助熟悉和不熟悉的人们相互安慰、彼此鼓励,结成新的临时社区,释放和缓解了精神压力,功不可没。

从以上三种手机用户的话语范围看,节日的范围最广,其次是灾情时刻,再次是异地通话。虚拟社区的关系种类,主要有五种:即节日问候、亲友联络、社会表态、灾害自救和群体娱乐。这些都是中国现代社会最大的人情。现代化以来,中国人工作忙了,节奏

---

① 调查人:北京师范大学文学院本科生张文杰,调查时间:2004年4月。
② 调查人:北京联合大学应用文理学院本科生王瑶,调查时间:2004年4月。

快了,变化多了,人情少了,手机在这时被选择当空中红娘,不仅仅是市场需求,也是一种精神补偿。打手机是要花钱的,但中国人在以上几个峰值点上一齐花钱的群发性和高消费性说明,有时钱不是主要的,主要的是巩固人情。从本质上说,中国社会是一个人情社会,它的礼俗传统被群体记忆的事实,在人们打手机的瞬间得到了一种体现。手机能把中国人的人情观和消费整合在一起,成为一种新的现代通信观,这是它的功劳。我们都曾看到这样一种令人深思的镜头:两个人对面打手机,互问对方,"你在哪儿?""你好吗?"观众看了一笑,都明白,这时钱就不值钱了,值钱的全是真情。这种零距离的通信,违反了人类通信的基本原则,却表现了人类精神沟通的基本动力,有些动力还是传统美德。

手机通信的三个系统,产生了现代工业化社会的经济民俗、技术民俗和社区民俗,也产生了高科技与通信市场和民俗的新关系,还产生了科技与法律和民俗的对立统一关系。将所有这些要素有机地组合在一起,就成为手机时代的信息民俗。

三、手机短信的民俗内涵

手机改变了现代人的生活。很多人视手机为掌中之宝,日不能藏,夜不能离。在一些富于民俗的领域内,如刚才说过的节日、亲友、灾害等,选择手机还有公众性,用来告知消息、关心人生、询问态度、协商行动、确定角色和创造新机会,这时发消息的手机本身也变成了一个中心,一群人围着它,建立群组、形成网络、发动行动,把个体的喜爱、厌恶情绪转化为社会舆论,产生了约定俗成的效果。需要对比的是,在农业社会,通信民俗都有自己古老的渠道,都是农业文明的造物,都有一方水土的传播对象。手机是现代化工业文明中的数字化高科技产品,它是按照工业产品的制造规律,打造新的民俗用户,制成新的内涵和目标的。而且是速成,既能携带地方化,又能超越地方化,还能全球化,它对民俗的传播力有时更大。没有高科技,这些事是无法完成的。

(一)手机制造的民俗用户

手机制造民俗用户很快,只要用户使用它的特定信息源工作就行。在这方面,手机对两个信息源进行加工制作,一个是民俗载体,一个是现代变体。民俗载体,指从农业社会中流传下来的,长期为全民族成员所共享的民俗文本。现代变体,指在民俗载体的基础上,加入现代社会的政治、经济和技术要素,制作手机用户共享的新文本。在过程上,民俗载体被输入手机后,经过传递、消费、市场营销和政府、技术部门的网络化管理,就成了一种新的现代工业产品。手机的现代变体可以赢利,也可以批量再生产,或者制造新的民俗用户。这是一种民俗载体和现代变体混合的形式,依托数字化高科技完成组合。

手机短信和微信的收发,将个体集合为群组,对民俗载体进行加工和传播,发动社区网络的力量,形成约定俗成的行动和舆论,扩大了对现代日常生活的影响力,组成新的社区关系。

很多都是原生态的民俗叙事文本,包括节日吉利话、笑话、民谣和神秘数字符号等。它们都是手机利用民俗载体的对象。我们的问题是：手机的民俗用户如何将民俗载体带进现代通信中？如何使一部分民俗载体变为现代变体，编制短信和微信？以下分析四种方式。

1. 利用节日祝福语料

在通信民俗中，节日祝福是专为节日使用的。在手机的民俗用户中，却利用节日祝福的话语，制成各种场合适用的吉利话语料，用来讨巧、问候和广泛联络。这种语料的特点，是可以被反复再生产的，并不受节日的限制。

第一组，适合青年组的民俗用户语料。

> 装一袋阳光两把海风/自制了几斤祝福/托人到美国买了些快乐/从法国买了两瓶浪漫/从心灵的深处切下几许关怀/作为礼物送给你/祝五一快乐！①

> 想你，是件很快乐的事/见你，是件很开心的事/把你放在心上，是我一直在做的事/不过/骗你，是刚刚发生的事/节日快乐。②

第二组，适合中老年组的民俗用户语料。

> 老爸/这是我发的短信/吃饭时要少喝酒/广告词：要干还

---

① 调查人：北京体育大学本科生崔玉麟，调查时间：2004年4月。
② 调查人：北京体育大学本科生贾雪，调查时间：2004年4月25日。

是要肝/顺祝劳动节快乐/。①

慈母泪/有化学分析不了的高贵而深厚的爱/存在其中。②

第三组,适合社会上的各种民俗用户的语料。

劳动节劳动/是无视国家法令。③

像这些吉利话语料,在民俗学者看来,情结是民俗的,产品是现代口传物。但谁也不能保证它们他日不是民俗。每每祭庙的人,不也常用现代口头语料么?本来民俗载体的内容就是变化的,与现实日常生活密切相关的民俗,还是变化最快的,在庙里发生的民俗,就有变化慢的,也有变化快的,越联系现实的,变化就越快。手机使用民俗载体,绝大多数都是"坐快车"的,看上去新颖时髦,但是一旦与变化最慢的信仰层面相结合,就像庙里的信徒对神倾诉一样,就转成民俗内容了。

2. 利用笑话

手机翻用民俗载体的大宗产品制成现代社会人见人笑的笑料,一首传统情歌唱道:

"想你想你真想你/请个画匠来画你/把你画在眼珠上/看

---

① 调查人:北京体育大学本科生崔玉麟,调查时间:2004年4月。
② 调查人:北京体育大学本科生贾雪,调查时间:2004年4月25日。
③ 调查人:北京体育大学本科生崔玉麟,调查时间:2004年4月。

在哪里都有你。"

手机用户把它改造成新语料，成为5种现代变体：

（1）寄给铁杆球迷："想你想你真想你/请个画匠来画你/把你画在足球上/一脚一脚都踢你。"

（2）寄给广告人："想你想你好想你/找个画家画下你/把你贴在杯子上/每天喝水都亲你。"

（3）寄给同龄人："想你想你真想你/就像老鼠爱大米/想你想你真想你/就像牛郎爱织女。"

（4）寄给同事："想你想你真想你/找个相机拍下你/把它挂上圣诞树/你是花儿我是叶。"

说笑话的主体是手机的青年用户，被他们利用的笑话，富有年轻人的语言和感情特点。下面是一条利用"聚宝盆"故事套式编制的新变体：

（5）"上帝送了我一个聚宝盆/想啥它就变啥/我不小心想了你一次，它就变出一个你/我止不住想/它就不住地变/最后满屋都是你。"①

下面一组笑话，是利用了民俗文艺常用的双关语，又套在广告的模式中去制作，生产出新的现代文本。它讽刺刚从高中考入大

---

① 调查人：北京林业大学本科生胡珺，调查时间：2004年4月。

学的新生的逃课心理,很有针对性,也有幽默感。

（脑白金保健品）原广告:"今年送礼送什么/只有脑白金。"

改为:"今天开学不上课/上课只有体育课"。

（高露洁牙膏）原广告:"我们的目标是/没有蛀牙"。

改为:"我们的目标是/没人上课"。

（好迪洗发水）原广告:"大家好/才是真好"。

改为:"大家逃/才是真正的逃"。①

原文本都是著名品牌广告,在电视里广泛流行,现经小改成短信,收信人一看即知原来的广告,又能读一份新文本,等于一下子收了两个广告,本身就生趣,加上从一个侧面呼应高考后疲累的学生的一种无奈的情绪,颇能揭示这时的学生在下意识的"好"与"逃"之间的彷徨、取舍的心理。这种笑料能以小改带大胜,获得流传。

完全利用谐音制作文本的手机短信,也不乏其例,这是因为以往有口头传统,所以用户一读就懂。

黑（嘿）/泥号妈（你好吗）/泥载坐神莫（你在做什么）/油煤油相窝（有没有想我）/窝相泥（我想你）/泥砍窝蚊话油近布妈（你看我文化有进步吗）/窝鞋了横酒（我写了很久）/泥步药贱乖（你不要见怪）/猪泥添田块了（祝你天天快

---

① 调查人:北京师范大学艺术与传媒学院艺术设计专业学生胡月,调查时间:2004年4月。

乐）/弯四路易（万事如意）/工西法莱（恭喜发财）/读懂算你厉害①

不考虑口头传统的读者对照着括号外的话去读，会以为是琼瑶电视剧《还珠格格》里面的"小燕子"写的糊涂作业。但恐怕没有人会把这种手机文本当成没文化的东西，而能看出里面用另一种思维方式在说话。手机就是能表达这些独特内容的工具，让它们不当口头传统很荒谬，当了却很真实。这种宜读不宜写的东西，过去都是民俗。

3. 利用数字民俗

中国手机用户讲究手机号码，带有数字6、8、9、444的手机卡号，都会被与运气联系在一起，变得很抢手，这是一种精神民俗，在世界各地都有。还有另一种，是用数字来写手机内容的，也很容易被生产和流行，但也是新形式、老民俗。

有的利用民间的数数歌，再加入打手机的技术，编成新民谣，描绘数字化科技通信的奇妙效力："一键钟情中青年/两天三天邀约玩/四更也曾梦里醒/五笔输入编六言/七上八下心难静/九九短信月光前/十七八九小燕飞/百日无期说情缘"②。

有的反过来利用科技术语，编制现代高层用户的使用文本。有一则短信说起理工科大学生的心态：

---

① 调查人：北京体育大学本科生崔玉麟，调查时间：2004年4月。
② 调查人：北京体育大学本科生崔玉麟，调查时间：2004年4月。

大一：电脑＋网络＝高数重修

大二：拳皇＋星际＝四级不过

大三：FIFA+CS=学位不保

大四：一＋二＋三＝失业。

它流传在北京的高校中，暗示了大学期间分科的阶段、冲顶的方法和学习的教训。① 还有的利用数字的汉语谐音双关传达信息，如用8013表示"伴你一生"，用39表示"Thank you"等。它们都用口语做秀，又掺和了现代白话或英语，活泼乖巧，逗人一笑。

利用民俗载体，变化现代文本，已在手机用户中大行其道。从分析上面的资料可见：有了民俗载体的原型，他们就容易接受；有了民俗口语的语料，他们就容易张扬个性；有了对口头、数字、文字和科技语等进行转换的劳动，就能满足用户的文化兴趣和技术好奇心。所以他们对手机格外钟爱，上手特快。特别是大学生和打工移民群体，往往狂发猛收这类信息，用来解决人生青年时代的特殊问题，包括成长的烦恼和与家人分离的危机等，这恐怕是数字化口头传统昌行的部分原因。

我们曾在大学生中做过调查，发现打手机成了他们的成年礼。一个学生用户在调查中说："我本来要成为中国最后几个用手机的人"，但父亲却说："你不要手机就不要上大学。"② 这种对话是个别的，不过家长爱子心切可知。但学生脱离了家长的翼护进入大学后，他们的孤独和寂寞也是异常突出的，这时手机成了他们的贴心

---

① 调查人：北京体育大学本科生崔玉麟，调查时间：2004年4月。
② 调查人：北京师范大学文学院本科生林孝杰，调查时间：2004年4月。

伴侣。

大多数手机用户的通信风格也都诗意凸现,数字化让他们生活得很精彩。

通信方式是界定传统社会与现代社会的一把尺子,这是手机给我们提的醒儿。传统农业社会使用通信民俗,那些慢信就成为回应当时社会慢悠悠节奏的一把尺子。工业社会使用电话通信,计时电话就成为回应机械价值的一把尺子。全球化时代使用卫星高速定位通信,民俗化便成为回应快节奏社会和多样化文化的一把尺子。

手机民俗带来的变化主要有以下三点:

第一,农业产品与工业产品的差别。在手机短信中,文化产品的神圣性消失了,公益性取消了,赢利性出现了。由于赢利的原因,在手机短信中,还出现了经济、技术、民俗与法律的矛盾,需要不断加以解决。

第二,口头传统与短信表达的差别。手机短信和微信把人的思维切割成短文本,被看成坏事。口头传统的文本许多都是一两个月也唱不完的,手机能制造信息民俗,却不能代替口头传统。

第三,民俗传承与枪手传播的差别。通过全球化的反思,人们已经认识到口头传统的民俗原型是"不可再生资源",只有加倍珍惜它和保护它,才能保持手机传媒的生命力。

现在人们对手机的看法众说不一。欣赏者认为,它是廉价资源,超值享受。否定者认为,它是浮躁根源,一个读手机的民族终究拼不过读书的民族[1]。推销者认为,它是至上之选,成功快人一步。流

---

[1] 林鸣:《全民"读"手机》,《作家文摘》2004年12月28日第8版。

动者认为,它是查找向导,管理便捷。暴发户认为,它是身份名片,彰显尊贵。还有很多人认为,它是感情快餐,说说而已。但不管怎样,现在手机已占据我国通信主战场,据统计,截至2019年4月底,我国手机用户已达15.9亿。手机与民俗的合作空间既新且广。

四、手机民俗与民俗规则的联系

手机通信作为通信材料科学,它的变化是遵循着自然科学的规律的,但作为人类沟通文化的工具,它的变化又是遵循着民俗规则的,中外皆如此。

(一)保留面谈感

中国的手机民俗以农业文化为基础,重视当面性和面谈感,上面谈到的手机民俗种类都追求这种"面谈"效果。现在虽然正在更换数字移动通信技术,但后者提供了方便快捷的服务,却无法牢笼手机民俗所能展示的巨大社会文化信息空间。这一点是与全球化通信的统一复制特点有反差的。许多善良的中国手机用户打开一部手机,如同见了亲人的面,写个没够,聊个没完。在全球化中,通过大力发展音视频技术,保留这种面谈感,更加带动信息民俗后来居上。

（二）生产民族性

手机民俗在全球化中的张力究竟有多大，还很难说，但它至少能生产民族性，表现了三个特点。首先，在全球化中，现代通信技术的加入，扩展了手机民俗信息的发散量。其次，在全球化的开放通信中，手机民俗成为一种对立的生存形态——既生产民族性，也生产文化批评。再次，在全球化的推动下，手机民俗与短信、微信和语音电话相结合，打造了共赢局面。

第九讲　民俗非遗

我国政府长期重视文化遗产保护工作,经典民俗学者大量参与了其中的民族民间文学搜集整理和保护利用工作。2004年我国政府加入联合国教科文组织非物质文化遗产保护工作框架,对"非遗"保护加大了力度,本讲侧重介绍其中的民俗非遗的研究理念与方法。

一、民俗非遗的概念

"民俗非遗"是新拟词,但从其社会应用上看,它的词根"非遗"已被我国各文化层次的集体成员和相关社会工作部门所普遍使用,其所指已被"约定俗成",由此所衍生的一系列概念,如"民俗非遗",与"民歌非遗""戏曲非遗"和"手工艺非遗"等,都已为人们耳熟能详,雅俗共赏。当然,如果我们愿意较真,将"非遗"与其背后的"非物质文化遗产"(intangible heritage)的英文概念直接相比,两者又是不能完全对等的。这是因为在字典翻译中,汉语中的"非物质文化遗产"中的"非物质"一词,应该对译为英文的"no-material";而英文中的"intangible",应对译为汉语的"无形";将两个译词相对照的结果是矛盾的,因为汉语中的"非物质"

与"无形"不是一回事。然而就在学者们热议"非物质文化遗产"的翻译有问题的时候,大众舆论已悄然接受了"非遗"的说法,在紧接着开展的我国各地热火朝天的非物质文化遗产的申报与保护活动中,"非遗"一词的使用非常活跃。学术上的"非遗"似是而非,社会应用中的"非遗"却简明扼要,有利于人们加以领会和指导实践,已获得文化事实上的接受。面对这种活跃的现状,我们应该将"非遗"纳入通过文化翻译的外来语。学者在这中间就有对"非物质文化遗产"的字典翻译与对"非遗"的文化翻译的取舍问题。我认为,联合国教科文组织推行的保护世界非物质文化遗产的概念输入我国,是一宗重大的多元文化保护的联合行动,而不是字典翻译运动。其宗旨是提倡人类优秀而富有差异的思想与行动之间进行文化交流,取得相互理解和尊重,而不是用某种全球统一概念去套用千差万别的文化交流模式。文化交流绝不是死的、原封不动的、刻舟求剑的。文化交流的结果是产生文化转移:彼国的优秀而有差异的好东西,来到此国的优秀而差异的文明圈中,要经过此国的"文化过滤"①,形成在此国的打动人心的新事物,还能加入此国的文化传承之中,这时才能获得实际的意义和价值。这种外来语的含义,也不会再是彼国出身的原意,也不会是此国语言的原意,而是相望于彼此又有所不同的第三义。同理,"非物质文化遗产"的西方概念,从数万里之遥的法国,来到东方文明之珠的中国,也会经过林林总总的文化转移,已变成了现在的"非遗"。这种结果能带来怎样的启示呢?它体现了目标国人民接受外来语时的文化

---

① 这里使用了金丝燕教授"文化过滤"的概念,参见〔法〕金丝燕《中国对他者的期待视野》,《跨文化对话》(第29辑),生活·读书·新知三联书店2012年版,第230—254页。

能动性；或者就是我们刚刚说过的，外来语要过文化翻译这一关。文化翻译大于字典翻译。在文化交流中输入外来语是常态，这些外来语在字典翻译中经常矛盾重重，但也有的外来语能在文化翻译中山重水复，柳暗花明。在我国历史文明的长河中，谁知道又有多少外来语经过如此文化翻译通关被融入到历史典籍和口头语汇之中？在它们中间，已有大批词语进入《辞海》和《现代汉语词典》，相信还会续有新增，也许还会有"非遗"。

经典民俗学研究民俗非遗，大体有三种关注：一是对于具有人类文明共享潜质的历史经典，对承载经典文献与口头传统的文化差异性的语言、风俗习惯、国民生活模式和社会心理给予关注，对其在差异性中的"相遇"，要有足够的对话空间与礼仪尊重；二是注意民俗社会功能的变化：在封闭和半封闭社会中，民俗的直接教育功能是惊人的，在开放社会中，民俗的直接社会教育功能减弱，特色化工具作用增强，民俗学者要关注这种转变；三是吸收跨文化学中有关语言、特质、一元、多元、差异等阐述方法和一系列概念，强调科学方法对研究工作的重要性。

二、民俗非遗研究的知识系统

在联合国教科文组织非遗理论知识体系中，政府管理非遗项目是一个全面协调的工作领域，在这个领域下，划分不同层次的非遗项目，如世界级、国家级和地方级等，并没有所谓政府非遗和民俗非遗的提法。但在我国，情况有所不同。在我国的非遗保护工作中，提出这两个概念，相对划分这两种知识，讨论这两者在政府非遗保护工作的差异与互动，符合我国国情，能够帮助外来非遗理论在我国转化，为我所用，促进我国民俗非遗保护理论的建设，推动政府和民间社会力量都发挥积极性，合力保护民俗非遗。

从民众知识系统看，落实到民俗非遗保护方面，目前已有两种知识，第一种是现代学校教育知识，它经典、标准、国家发布权威、社会制度准入、工业改造和商业支持，已形成了"普世"机制。第二种是未列入现代学校教育的知识，它的非遗性能更强，是人类沟通自然与社会的生命本质所在，也是人类在自然过程中发展个体创造力的源头。但它过于多元而特异，很难被直接"普世"。随着人类自我心智的成熟，文化创新能力的提升，它也必然进入人类知识教育系统的视野中。相比之下，在两种知识中，第二种知识更与人类本真的自我相亲相爱，是体现各国各民族文化传统的特色部分，更能承载各民族的情感和价值观。相比于第一种知识的人类共性知识庞大宝库地位，第二种知识就是人类文化异性相吸的部分。保护非遗，两种知识都要，但我们目前缺乏对第二种知识的研究与教育。联合国教科文组织发布的非遗公约和传递的多国非遗保护个案，正是对第二种知识的补充。这些都是建立民俗非遗保护理论的福音。

现在我们讨论"政府非遗"与"民俗非遗"的概念。"政府非遗"，从第一种知识的角度说，这不算是一个命题，因为现代学校教育知识一直握有最大的话语权，是政府开展非遗保护的智力依托。"民俗非遗"，是从第二种知识的角度提出的。由于各国的社会历史传统、文化传统和风俗习惯不同，各国政府在贯彻非遗理念和执行非遗保护计划时，都会遇到种种障碍。有些民俗非遗的保护，政府认为是好事，民间认识却未必。从我国近年非遗保护的实践看，仅从政府投入上说,就存在着政府与民间视角的分歧。来自于政府的视角认为,对民俗非遗予以政府财政投入,存在着行政决策和行政执行上的层层难题,社会效益难以预测,最终费力不讨好。来自于民间的视角认为,民俗非遗保护应该避免变成纯行政工作,避免流于形式。两种分歧的焦点是非遗主体利益的权属问题,换句话说,究竟是谁的非遗?是政府的非遗?还是民间的非遗?就此而言,本节拟用"政府非遗"与"民俗非遗"两个概念,来分析两种知识差异面中的分歧点,也讨论它们的趋同性,旨在促进两种知识的互补共进。

"政府非遗"与"民俗非遗"的差异面中的分歧,是指"政府非遗"中以政府和学者的观念为主导,使用第一种知识指导非遗保护;"民俗非遗"以民俗观念为主导,使用第二种知识申遗和保护非遗。"政府非遗"与"民俗非遗"的差异面中的趋同性,是指全球化下两种知识的融通的趋势。当然,接受第二种知识是世界范围内的问题,不止我国有此需要,但我们之所以仍要讨论,是因为第二种知识对于建设我国民俗非遗保护理论与工作框架,体现中国非遗的特色,更为有利,也能促进发挥第一种知识的作用,制定包容我国非遗项目的社会分层与文化分层多样性的保护规划,变难题为机遇。

我国政府启动非遗保护工作,是在全球化时期,世界文化格局发生变迁的背景下进行,在深化经济社会改革和对外开放中开展,会遇到一些意识形态上的问题和体制上的问题,这些都是正常的。但现在的问题是,政府和部分建言学者观念跟进不力,需要改进。对政府指导非遗保护工作来说,转变观念的前提是定位。总结政府原文化管理工作与当今非遗保护之间的难题,需要重新定位并转变观念的，大体有三。

（一）解决非遗"公有财富化"与国别非遗"国有化"的矛盾

非遗保护是一项实践性很强的学问，政府工作的定位要扎根于我国的实际，而不是扎根于外来的条款。我国非遗的特质是农业文明的积存，它不仅具有巨大的无形的精神资产，如中国故事，还有巨大的物质化的精神资产，如传统手工技艺制品。而全球化下物质化的精神资产已迅速上升为人类文明异性相吸的对象。它不需要语言便能在世界各国的旅游沉浸、审美收藏和网络互通中交流；它拥有对物质的自然过程的美化奇迹，传达了多元文化的造型艺术、社会功能和民俗信息，更能激发人们长远的历史意识、亲近的自然观，塑造文化共鸣。2011年，我国国务院公布了第三批国家级非遗名单，其中传统技艺类项目有26项，占这批非遗总项目的14%，所申报省区为北京、上海、河北、河南、山东、山西、江苏、浙江、湖北、湖南、福建、云南、青海和新疆等14个，这些省区全部都是故事资源极为丰富的地点，同时也是相关民俗文艺表演的繁盛地，还是物质化非遗传承的历史声望场所。它们从物质化的非遗角度说明，我国民间资源怎样成全了非遗项目，而非遗保护又能怎样促进民间资源的保护。这一点，是政府和建言的学者在制定非遗保护规划时要注意的特点。

非遗保护工作的本质是一种政府治理工作，在这方面，西方国家动手要比我们早，也总结了不少解决政府难题的对策，如解决非遗保护法与知识产权的矛盾，保护非遗与经济开发的矛盾，国家评估不计保护成本、以投入为主而收效甚微的矛盾,保护资金来源的矛盾,保护非遗成绩和国民教育跟进不力的矛盾等。政府定位是国家所有制的定位,但政府却不能出任国民保护非遗的替代者。政府在新时期指导非遗保护工作,要将所有制定位与转变观念的过程相联系,才能逐步实现工作转型。在这个问题上,西方非遗保护国家提出的一个治理观念可供我们参考,就是要建立非遗的"公共财富"观念。对我国政府来说,在指导非遗保护上:要突破所有制的框框束缚,将所有制定位与两种知识的观念共同思考,并加以合理拓展;要增强宣传国家优秀非遗全民共享和世界共享的观念,加强这方面的基础教育和社会公共教育。政府要在此前提下,发展非遗公益保护事业,使这项工作从根本上得到可持续发展。

(二)解决国家非遗"清单化"与非遗保护"传承人化"矛盾

这个问题与上个问题有相关性。我国是一个非遗资源极其丰富的文化大国,在申遗之前,非遗国有化与非遗私有化的矛盾似乎并不存在。在以往的社会主义国有化制度和计划经济体制下,属于非遗的所有文化资源、管理权与社会利益分配,都在国有化的体制下运行,国有化的概念是政府行政解释权的依据。但是,我国又是在实行社会主义市场经济体制改革后加入世界非遗保护工作体系的,非遗保护项目要求落实到具体文化空间、具体地点和具体传承人,这样矛盾就产生了。从我们搜集的资料看,目前国家还是采取大行政定位,即对进入国家级非遗清单的项目有两种处理方案:一是提供非遗项目展演中心,拨发固定编制,予以行政规范管理,建立国家化的非遗传承空间;二是为国家级非遗项目保护地点和传承人提供不同比例的财政投入,建立国家责任与国家供养一体制。但这两种方案都面临着一个共同的风险,就是占用政府大量资金,增加政府财政负担,而无法获得显著的社会效益。这种政府投入俗称"无底洞"工程和"政府奶妈"工程。政府要将大行政定位转变为适应不同社会分层和文化分层结构的法制权利,下放部分行政管理权,鼓励社会公益慈善投入,建立适合我国体制的非遗保护法和传承人知识产权法,弥补政府政策的缺位问题,化解风险。

(三)解决非遗项目"名录化"与非遗文化权利多样化的矛盾

我国政府的国家级非遗采取省域申报机制,通过省域单位建立名录的方法,认定和实施非遗保护项目。但是,我国大部分非遗的文化空间共享性很强,很多著名非遗项目实际上是跨省域和跨县域联合共享资源,包括多地区文化走廊共享生态资源、多区域流动共享品种资源和多民族共享文化资源。它们具有政府管理与民间管理的密集交叉点,很难用国家非遗一元化标准去统一。对这个问题,我们在前面已多次提到,后面在涉及具体掣肘问题时还会做具体分析。这类非遗项目在通过省域申遗的资格后,在回到原地保护时,就会出现与原自然文化区划共享空间不吻合的矛盾,出现国家一元化文化管理与申遗地方化和传承人保护个体化权利不协调的矛盾。政府在投入非遗保护资金时,还会发生不同社会利益群体分配资金的次生矛盾。在这种情况下,政府非要了解两种知识不可。政府还要重视第二种知识的强大地方功能和生态传承系统的能力,要将一元化名录定位与多元文化权利观念联系起来思考。要制定国家管理与各文化空间管理相协调的新政策。要在保护国家一元文化权利的同时,兼顾文化权利多样性的现实。抓住此点,并做得好,正是国家文化软实力建设创新所在。

三、民俗非遗:文化空间保护与研究性保护

现在需要讨论第二种知识,它是"民俗非遗"概念的支点。什么是第二种知识?联合国教科文组织界定的非遗鉴定五条标准都属于这类知识,包括:"(a)口头传说和表述,包括作为非物质文化遗产媒介的语言;(b)表演艺术;(c)社会风俗、礼仪、节庆;(d)有关自然界和宇宙的知识和实践;(e)传统的手工艺技能。"[1]对我国政府和学者而言,怎样通过调查研究将这些定义中国化?怎样将这种向世界推行的框架与我国新时期社会文化建设挂钩?这些都需要时间。从我们已有的调查研究看,我国目前要抓紧进行的民俗非遗保护理论建设工作,就是要加强文化空间保护和研究性保护,并从这个角度,与"政府非遗"工作联合,努力建设具有中国特色的非遗保护知识系统。

---

[1] 联合国教科文组织:《保护非物质文化遗产公约——联合国教育、科学及文化组织第三十二届会议正式通过》,中央民族大学民俗文化研究中心《民俗与研究通讯》2003年第24—25期。

（一）文化空间保护

我国非遗保护规划还缺乏文化空间保护知识和相应工作规划。目前政府非遗工作主要是发红头文件、审批项目、挂牌、开会、展演、办班和拨款，①此外办法不多。

在以上谈到政府应反思定位和转变观念时，我们已说明，要用适合我国社会文化建设的新思路去规划非遗保护工作，就要对以往工作积累的数据化旧为新。所谓"化旧"，就是要充分利用以往已进行的前期工作基础，而不是一概否定。所谓"为新"，就是要从中发现，我国以往非遗保护规划的一个缺口是文化空间保护。出现这个缺口的原因是知识兼实践的问题。

2011年的一份《民间文学保护发展报告》已指出这个问题，报告称之为"联合申报问题"，即本节所讲的"文化空间保护"问题，从报告中可以看出，在文化空间保护上，我国"政府非遗"的难题表现得最为集中。作者指出：

> 多地共存是一个非常普遍的现象，共同申报成功的案例比比皆是，如在第一批国家级名录中有："苗族古歌"是贵州省台平县、黄平县共同申报的。……但是，由于行政区划的分隔，地方政府、文化部门对于非遗项目发源地、属地问题存

---

① 参见吴海敏等《传统技艺发展报告》，康保成主编《中国非物质文化遗产保护发展报告（2012）》，社会科学文献出版社2012年版，第246—273页。

在地方主义,这使得一些优秀的民间文学项目未进入"非遗名录"。例如:在华南地区影响颇广的冼夫人传说,同属于广东省茂名市的高州和电白两县在争夺冼夫人传说发源地的问题上偏执狭隘。其实,在地缘上两县毗邻,在历史上,两县的行政区划也是分分合合,若能联合申报就是最好的解决办法。再则,由上一级的茂名市文化部门来主持申报也可行。但是,在过去的几年时间里,两方僵持不下。有着1400年历史的冼夫人传说,被周恩来总理称赞为"中国巾帼英雄第一人"的冼夫人,至今仍旧徘徊在"非遗"名录之外。纵观全国,此类案例必是不少,应当引起反省。①

分析报告之所描述,我们可以看到,以往政府实施的老艺人保护,是适用于封闭社会的民俗文艺保护政策。现代社会是开放社会,要在开放条件下进行文化空间中的非遗保护,政府就要认识和接受必要的思维转型,此时了解第二种知识就显得尤为重要,因为整个社会都在由封闭转为开放,第二种知识源自封闭社会又进入开放社会,遇到了生存危机,反而特征更加突出。当开放社会与全球化条件相结合的时候,第二种知识表现了异性相吸和多元互补的特质,获得了新的生命力。现在第二种知识繁荣很快,而不是死去。政府要了解第二种知识,才能认识"民俗非遗"所在文化空间的底气,及其有怎样的国际话语空间。所以,保护文化空间,就是保护第二种知识的知识生态基地和民间社会组织。它是我国政府

---

① 刘晓春等:《民间文学保护发展报告》,康保成主编:《中国非物质文化遗产保护发展报告(2011)》,社会科学文献出版社2011年版,第98页。

非遗工作争取国际话语权的重要资本。

保护文化空间，从过程上说，是一场将狭隘一元空间非遗转化为国家"公有财富"的观念的革命。从政府文化工作改革的方面说，加强文化空间保护，也是中央政府下放对非遗项目的包办权力，同时关注各省申报非遗保护时，附带申请文化空间保护的数据。

从目前情况看，政府加强文化空间保护规划，实现非遗"公有财富"观念的转变，是有可能获得明显的社会效益的。所谓社会效益，指激发非遗遗产地的非遗保护活力，打开政府与地方社会力量共同保护非遗项目的新局面。可以假设，从最初申遗到现在，多县和多省联合申请非遗一直是行政难题；但是，如果我们从下而上的观点看，对于那些多地区、多民族长期共享的民俗非遗来说，这种非遗的生存和传承，正是在当地自然地理和历史环境中始终进行的。它们原本就是特定文化空间的公共产物。各级政府在申遗时，征得了特定文化空间中的民俗非遗传承主体的同意，这正是政府尊重民俗非遗传承者的文化权利的表现。只是事情不能到此为止。

政府在批准地方联合申遗的项目之后，不能将这类非遗悉数划入某单一行政单位的囊中，因为这种划分依据的是第一种知识，适合了行政管理的要求，却违反了这类非遗运行所必须遵守的第二种知识。用第一种知识的角度看，第二种知识是"潜规则"，但用第一种知识代替"潜规则"，就会把接下来的非遗保护工作拖进死胡同。

换个思路思考还能发现，在我国这个多地区多民族统一国家中，文化空间分布广泛，文化空间内的各省、县申遗活跃，这正好体现了我国非遗的生态系统的长期存在与现实活跃状态。政府僵硬地使用第一种知识，就会按既定的行政手段去看待和批评下级联合申遗后发生的纠纷，结果是给自己挖坑。政府补充和使用第二种知识，就能正确发挥政府对"民俗非遗"的引领作用。政府要在文化空间上借力发力，放手让民间社会资源自己行动起来。政府要将"民俗非遗"保护的文化权利还之于民，而不是只在老艺人去世的损失上悲情万丈。

自2007年至2010年，我国政府建立了10个国家级文化生态保护实验区，它们是：（福建省）闽南文化生态保护实验区、（安徽省）徽州文化生态保护实验区、（青海省）热贡文化生态保护实验区、（四川省）羌族文化生态保护实验区、（山西省）晋中文化生态保护实验区、（广东省）客家文化（梅州）生态保护实验区、（湖南省）武陵山区（湘西）土家族苗族文化生态保护实验区、（浙江省）海洋渔文化（象山）生态保护实验区、（山东省）潍水文化生态保护实验区和（云南省）迪庆文化生态保护实验区，分布在我国华北、华中、华东、华南、中南、西南和西北七个大区中。这些实验区的保护范围共涵盖了10省41市（县）。应该说，如果可以将"保护区"的概念与"文化空间"的概念互换，那么，建立10个保护区，就是政府在非遗文化空间保护方面迈出了重要的一步。然而，可惜的是，这两个概念是不能互换的。我们以各"区"的空间为单位，将10个保护区的非遗项目按各自的空间单位分别提取出来，再将各自空间内已审批的国家级非遗项目中的申请文化空间保护的210省（次）和140县（次）的数据相比较，就知道保护区的问题何在了。

将两个数据相比，这10个实验区的市（县）覆盖范围仅占29%，其省域覆盖范围仅占0.95%，余下的70%以上的文化空间就都被排除在10个保护区之外了。余下的70%以上的非遗文化空间谁来管呢？特别是那些极为活跃的跨县联合申报的非遗项目由谁负责呢？

从已获得非遗项目的文化空间保护资料看，这种文化空间的比例尽管只占30%左右，但同样有对第二种知识的自觉利用需求。具体针对性的问题有以下两个。

1. 文化空间保护要兼顾保护多地区与多民族文化权利

政府对民族地区的非遗文化空间保护要加强使用第二种知识，从政策制定到财政投入上给予优惠，鼓励和推动民族地区多元化非遗项目的建设，2005年至2012年，文化部拨发西藏自治区专项资金3258万元，西藏自治区财政配套投入3000万元，共逾6000万元，用于保护西藏自治区多种世界级和国家级非遗[①]，但这种政府投入是框架式的，不是地方权威性的，具体落实就要依靠地方权威性的作用。同样重要的是，政府要促进多民族非遗保护的有序发展。新疆维吾尔自治区是我国维吾尔族群众的聚居区，其传统节日有古尔邦节。这是具有极为强烈的民族色彩和民族信仰知识的节日，历史悠久、规模盛大，但它并不是覆盖全国的节日。2011年，文化部下达了传统节日文化活动经费补贴的决定，规定补贴覆盖全国的节日，包括春节、清明节、端午节和中秋节，新疆维吾尔自治区政府就决定在中央政府补贴的四个节日之外，在新疆维吾尔自治区的范围内，继续增加对古尔邦节等四个节日的文化补贴，

---

① 参见康保成主编《中国非物质文化遗产保护发展报告（2012）》，第452页。

这样新疆维吾尔自治区政府补贴了8个节日,比中央政府补贴的节日增加1倍。按着这份文件,在当地的文化空间内,民族节日与全国节日享有同等待遇。对清明、端午、中秋、重阳、诺鲁孜节五个节日,由自治区文化厅负责,给"节日的文艺活动给予每场补贴20万元",每年补贴100万元[1]。由此可见,在少数民族地区,对非遗认知的文化知识和知识的价值观有历史传统和民族倾向,地方政府在制定非遗保护政策上,有主动补偿民族节日的情感和意愿,在这些地方,中央政府都应该加大力度给予支持,并提前进行规划。

2. 文化空间保护要解决知识产权问题

在多地区、多民族联合申遗的非遗项目管理中,政府要灵活使用两种知识,并在具体问题上实现两种知识互补,妥善处理非遗项目传承人与资源权利人之间的版权之争。它比申遗工作的行政纠缠更为深刻,更能触及文化空间非遗"公共财富"化的观念革命的实质性问题。例如,在"梁祝"这种我国经典传说故事上,其被改编进入上中下多层文艺代表作的例子是大量存在的,政府在管理申遗项目时,既要尊重民俗文化资源拥有者的知识产权,也要尊重学者、作家和艺术家对民间资源二度开发的知识产权。在非遗知识产权的问题上,如果政府不作为,下级就会困难重重。在这个问题上,我们同意调查者的批评和建议,"我国1990年颁布的《著作权法》第六条明确规定,民间文学艺术作品的著作权保护办法由国务院另行规定,但时至今日,相关的法律、法规仍未出台,关于越

---

[1] 康保成主编:《中国非物质文化遗产保护发展报告(2012)》,第453页。

剧《梁山伯与祝英台》改编权的诉讼案,折射出对民间文学立法保护的缺位。"①

(二)加强研究性保护

我国还缺乏一支以政府为主导的,掌握两种知识的非遗鉴定与监理专业队伍。如何建立这支专业队伍?要以深入充分的实地调查和理论研究为基础。否则,按照第一种知识系统去复制所有非遗保护方案,无疑指挥越多,偏离越多,风险越大。

这里有一个十分实际的问题,我们已在前面多少讨论过。自从国家加快现代化和农村城镇化建设以来,在我国农村中青年人口流入城镇之后,广大农村基层社会的民俗非遗传承群体已经分解,在社会资源与文化资源的分配之间,出现了分离现象。农村中的中青年人口在城乡流动过程中,开拓了眼界,刷新了世界观,重组了社会分层和文化分层结构的关系。很多人虽然不是传统意义上的故事篓子和地方歌王,却凭借祖辈传承的民俗基础和年轻好学的年龄资本,出色地演绎第二种知识,打进了影视圈或网络圈,获得了传承民俗非遗的社会资源。在农村的民俗非遗传承人中,那些老年人是掌握农村民俗非遗的智库和镇山之宝,但在子女外出务工后,在农村空心之后,他们的天才演唱和庄严仪式失去了理

---

① 刘晓春等:《民间文学保护发展报告》,康保成主编:《中国非物质文化遗产保护发展报告(2011)》,第98—99页。

想听众，他们的民俗非遗精神失去了最有生命力的血脉质换。他们手中的民俗非遗资源的辐射力，抵不上进城年轻农民工拥有的社会资源的发酵速度。在这种较量中，一个农村老年传承人的亡故，便成为本地民俗非遗弱化的一盏警灯。过去说，一个老艺人故去便是某地某类一座民俗博物馆的关门，现在却已变成威胁民俗非遗整体生存的"地震"。在这种社会变迁中，政府转变对民俗非遗管理的思路是必要的。这里肯定需要一批专业人才，专业人才的核心部分是学者，学者则要提升研究水平，才能适应社会环境变迁下的研究需求。现在的学者有与以往学者思维方式一致的抢救性焦虑，主要是为老艺人去世感到悲哀。

2009年4月国家级非物质文化遗产"走马镇民间故事"项目代表作传承人魏显德辞世，终年88岁。

2010年6月25日，国家级非物质文化遗产"苗族古歌"项目代表作传承人王安江辞世，终年70岁。……随着王安江的辞世，"苗族古歌"现状堪忧。贵州省台江县，全县13万苗族同胞，能唱完整部古歌的已寥寥无几，只有200余人能唱一些不完整的古歌，而且都是中老年人，传承古歌较多的老人年事已高。王安江先生的逝世是"苗族古歌"保护工作的重大损失。

……

现在，国家级非物质文化遗产项目代表性传承人中最年长的是"维吾尔达斯坦"项目的夏赫·买买提，今年已经101岁高龄；最年轻的是"格萨尔"项目的达哇扎巴，今年31岁，传承人的平均年龄超过70岁,可见传承人老龄化问题严重。①

学者建言的核心是"传承人的老龄化问题严重,一旦老人'人亡艺息',民族文化瑰宝将消失,这将给非遗保护工作带来无法估量的损失"。这个建言让我们了解到,"探索行之有效的非遗传承之道是当下保护工作的重心"。②另一份2012年发表的《传统技艺发展报告》中提出保护手工技艺非遗的三点措施,分别是保护老艺人、避免盲目市场化和谨慎执行文化产业政策。③报告所述都是不用调研就能讲出来的常识,对于严重遭受现代工业化、媒体化和商业利益化打击的传统手工技艺来说,这些说法既不解渴,也不治病。正确的做法是,研究者要走进传统手工技艺行业知识的内部,通过调研,获得研究成果,再正确表述我国手工行业非遗保护知识。

我国学者近年发表了为数可观的非遗调研报告,其中有一批报告来自民俗学者。民俗学对民俗文化传承有集体性的概念界定,有20世纪80年代以来引进的传承人理论,这些都可以成为"民俗非遗"概念的理论基础,能够帮助民俗学者在民俗非遗保护项目中建言献策。但是,我们在前面已多次说过,目前我国民俗学者使用的研究理论,很多是在研究封闭社会的民俗文化传承中产生的理论成果,现在拿来直接研究当代社会环境变迁中的民俗非遗项目,还是有风险的。以上述两报告的观点为例,两者都将保护民俗非

---

① 刘晓春等:《民间文化保护发展报告》,康保成主编:《中国非物质文化遗产保护发展报告(2011)》,第95—96页。
② 同上书,第96页。
③ 参见吴海敏等《传统技艺发展报告》,《中国非物质文化遗产保护发展报告(2012)》,第272—273页。

遗项目中的老年传承人作为重点,但人的生老病死是自然规律,迟早发生。维护一个民俗非遗品种不能全部依靠对老人的生命维系。在现代社会的民俗非遗研究中,民俗学者要在文化空间的民俗文化生态系统研究方向上拓展研究,[①]要特别关注民俗非遗的生存所依赖的知识系统和文化空间,并争取产生新的理论成果,要特别注意民俗非遗教育工作的全面展开。政府工作的当务之急则是培养新型专业人才队伍,建立适应现代开放社会要求的非遗政策研究框架,让政府非遗保护司令部的头脑变得更强大。

  保护民俗非遗是政府、学者和民间社会力量共建的文化内容。政府要运用多元知识制定非遗保护决策、学者要掌握多元知识为政府建言、民间的社会力量也要提升创新能力去传承非遗。三方协力的前景令人期待。

[①] 劳里·航柯曾于1980年后提出了民俗传统的生态系统理论,可结合我国实际借鉴利用。Lauri Honko and Vilmos Voigt, *Adaptation, Change and Decline in Oral Literature*, Helsinki: Suomalaisen Kirjallisuuden Seura, 1981.

第十讲　社会民俗

　　经典民俗学与社会意识形态学关系密切，但从前讨论不多，本讲弥补这方面的不足。1954年，普罗普（Vladimir Propp）写了一本书，书名《民俗学与民俗学史》。一本小书，仅63页，但十分重要。该书后来被译成英文，于1984年在美国出版。[①]他在此书中提出一个重要观点：民俗与社会意识形态的关系。这方面要讨论的问题很多，本节使用社会民俗的概念，主要讨论两个问题，即民俗在社会变迁中的变化与民俗学在社会变迁中的功能。从方法上说，在两者之间，主要从民俗学的社会功能观察民俗的社会变迁。这不指民俗学怎样为社会文化建设服务，而是指民俗学怎样将民俗的社会变迁纳入自己的研究对象，在这个问题上，20世纪和21世纪有不同的认识。

　　在20世纪的经典民俗学中，对前文字文明、前工业文明和工业文明社会及其民俗研究，成为西方文化的主流。在中国和东欧国家的社会主义阵营中，在讨论民俗学的性质和功能上，形成了自己的经典问题，即社会分层与文化分层的关系与发展模式。在20世纪50年代初，普罗普就已提出，民俗学在本质上是一种意

[①] Vladimir Propp, *Theory and History of Folklore*, trans. by Ariadnay Mantin and Richard P. Matin, Minneapolis: University of Minnesota Press, 1984.

第十讲　社会民俗

识形态科学,社会主义国家的民俗学是阐释社会主义意识形态优越性的工具,民俗学研究体现了社会主义意识形态可以将传统社会的口头文学、民间信仰和民族文化纳入建设范畴的理论兼容性和具体过程。①

比普罗普还要早几年,在新中国成立前夕,钟敬文已发表文章指出,应考虑将民俗学的研究对象适时地转变为新型社会文化构建要素的可能性。他根据当时即将开展国家民主政体建设的趋势,认为有必要抓紧口头文学和人民文化传统的研究,将其优秀成分视为民族文化财富,纳入新建设。②在新中国成立后,陆续出现了很多民间文艺学和民俗学成果。在我国人文社科其他领域,也都有各自的研究著述。民俗学研究对象中的中下层文化,对应着社会主义社会的人民主体社会阶层互动,社会发展了,文化就发展,文化繁荣了,社会就繁荣。

在当代民俗学的研究对象中,社会分层与文化分层的关系发生了错位,这是由于全球化和信息化对多元文化(包括民俗文化)都有"解密"性,同时中国的社会结构和文化结构也发生了快速变化。由于社会流动、社会分层和市场经济等新因素的羼入,社会分层与文化分层的界限已变得模糊不清,距市场最近的民俗,成了"最炫民族风"。非市场化的民俗,靠近历史传统和农业社会,曾被民俗社会成员肩扛手捧,奉为祖本,现在却锁在崇高礼仪、口承世

---

① Vladimir Propp, *Theory and History of Folklore*, trans. by Ariadnay Mantin and Richard P. Matin, Minneapolis: University of Minneasota Press, 1984, pp. 9-11.
② 参见钟敬文于1948年末发表的分析延安诗人李季的论文《谈〈王贵与李香香〉》,1949年初发表的讨论华南方言运动系列论文《关于方言文学运动理论断片》,详见钟敬文《民间文学论集》(下),第28—35、415—423页。重点参见钟敬文《口头文学:一宗重大的民族文化财产》,《民间文学论集》(上),第1—3页。

传和手艺绝活中，日渐冷落，两者矛盾突出。民俗学者需要重新面对21世纪凸显的社会分层与文化分层关系的经典民俗学问题，提出有说服力的新阐释。当然，这也取决于民俗学者参与建设国家文化的决心和能力。

还有两点需要注意。

第一，正是由于全球化、现代化和信息化对多元文化的"解密"，中西民俗学展现了各自的学术优势。被西方同行分段切分的三文明研究，在中国民俗中却不同程度地都保存了下来，而且从20世纪起就被混合地考察或被整体地研究。我们曾羡慕西方学术主流，现在也看到了自己的优势。民俗学往哪里走？是继续跟在西方主流文化后面当"漂流瓶"？还是深入研究中国整体文化中的特有民俗文化？还是要了解西方，然后在跨文化的视野下，侧重中国本位？这要我们自己去思考。

第二，其实在以文化建设促进社会建设的方面，中西差距也很大。在人口、教育、城乡、民族、地方和宗教等问题上，中国民俗学要解决的独特问题也很多。中国民俗学能否在新的世界氛围和国内环境中得到新发展，还要看能否拿出有中国特色，也能跨文化的理论新成果。

一、民俗学视角的社会文化建设

新时期社会文化建设，指在党提出的社会主义经济建设、政治建设、文化建设、社会建设和生态文明建设的总体布局中，在21世纪的开局20年，以中国为主体，面向世界，总结改革开放以来我国文化建设的探索成绩和实践经验,进一步改进和完善社会文化建设的结构和内涵,加强以文化引领经济的理论建设、能力建设和相关协调发展的实践活动。

民俗学研究社会文化建设问题,要有针对性目标,才能提出建设性的对策。应从民俗学角度,对20世纪后期我国社会转型和经济发展中的文化运行的经验教训,做出描述性的解释,提出可以参与解决的关键问题,包括:政府主导的社会主义文化运行与民俗文化良性运行的整体关系;国家公共文化政策与投入民俗文化服务的协调关系;政府文化工作进入联合国人类遗产保护框架后,与维护原地文化权利和改善原地人民生活的关系;我国对外文化输出中的民俗代表作的成本与收益;以及在世界灾害一体化的变迁趋势中,对优秀民俗在综合防灾减灾工作体系中发挥文化作用的评估;等等。在这些辅助国家社会文化建设的重点领域,民俗学需要发挥自己的优势,讲好中国故事。

西方发达国家已实现现代文化输出的战略转型,主要采用政府、民间和外界都能接受的民俗文化传播方式,塑造一种人文亲和的姿态,实施国家文化战略建设。其实我国在这方面的传统更为深厚。我国还在长期统一的社会发展中,在各地区和各民族之间,形成了高度统一的中华民族历史认同和社会认同。不论中国的经济崛起到什么程度,都要重视这种民俗文化财富。

二、民俗学视角的社会变迁

现在,民俗学研究来到了一个社会文化层次最多、民俗文化涵盖最广的时期。以社会文化建设为对象，需要民俗学者具有复杂性思维，具体解决社会实践中出现的复杂问题。

（一）社会分层引发的民俗变迁

民俗学过去以民俗事象为研究对象，因而擅长文化分层，认为民俗事象的承担者有一个稳定的社会阶层。但是，在新时期国家经济社会建设中，在高速城市化进程中，民俗学的研究对象正在经历悄然的变化：从以民俗事象为主，转为以民俗承担者为主。现代社会的民俗事象是什么？对这个问题，民俗学者的回答滔滔不绝，一般人也能通过看书或看电视做解释；然而，现代社会的民俗承担者是谁？他们在哪里？在做什么？想什么？民俗学者却未必对答如流，一般人也不大能说清楚。这就需要加强调查研究，才能做出科学的解释。在这方面，民俗学与社会学需要进行交叉研究。从我们近年的调研结果看：你只能看见文化分层，你看不见民俗承担者的稳定；你只能看见社会分层，你看不见民俗承担者的稳定文化表现都发生在什么地方。原来民俗承担者是把社会分层的压力与文化分层的生命力"混搭"在一起的。从民俗学和社会学两个学科看问题，就能让我们对社会文化建设的作用看得很清楚。民俗学者加强对民俗承担者的文化建设是必要的。在经过正确的社会实践之后，政府主导文化也会拥有更广泛的社会基础，地方社会建设也会得到更有力的支持。

（二）现代生活方式引发的民俗变迁

在我国现代经济的发展中，社会环境和生活方式也随之变迁，同时引发民俗变迁。主要有二：

一是从民俗生活方式的承担者变为拥有民俗文化权利的"目标人群"。在旅游点和非遗示范村，他们成为高关注度的人群。在民俗学研究中，可以发现，他们从拥有文化权利的个人或集体，转变为主动争取社会利益的人群。这种变化是在计划经济时期所没有的。

二是新时期的"目标人群"成为可观察的历史传统，其声音被认为具有祖先文化的特质。在现代社会，他们借助媒体和高新技术产品，部分地改变了传承材料，增强了传承的正能量。在民俗学研究中，我们还能发现，以往那些民俗承担者，从传承民俗文化的单一角色，转变为有时传承民俗文化、有时传承时尚文化的复合角色。这种变化的根源，是我国由封闭社会转变为开放社会，社会结构发生了根本性的变化，这就造成民俗传承介质和传承渠道的变化。

（三）社会分层与文化分层的不平衡性

现代人的社会分层与文化分层存在着较大的不平衡性，这时民俗学的文化分层研究有哪些需要考察的问题呢？主要有以下四点。

1. 民俗承担者的地方价值化和民族价值化倾向增强。在他们的观念中，"民俗"被看成是"地方"和"民族"的象征，他们的社会分层的改变，源自他们是地方文化利益与民族文化利益的双重拥有者。

2. 在解释民俗现象上，他们的"历史化"做法比较普遍。他们纷纷为所享用的民俗事象接续历史人物和历史事件，补充历史文献，延长民俗事象的传承时间，争当传承人。这种现象，也往往被民俗学者当作延续民俗传统的现实生命力所在。如此民俗承担者便成为民俗历史与传承现实的双向代言人。

3. 通过对全球化背景下的非物质文化遗产的识别与肯定，他们赢得了政府政策的保护，政府和学者的工作也提高了他们的对外影响力，他们被当作内外文化的共有符号。

4. 民俗学者通过指出民俗知识和民俗权利，强化了民俗承担者对全球化背景下的同化文化的抵御作用，他们随之成为全球化与民俗化的双化对象。他们中的国家级传承人还从文化分层进入了新的社会分层，获得有社会地位的本土文化代言人的地位。

社会结构的变迁和社会分层的加剧，并不能直接引起文化分层的骤变，这也是民俗学和社会学都在讲的道理。但在我国社会结构和社会分层剧变下的文化分层为什么变化得那么缓慢？作为国家文化组成部分的民俗文化，在文化分层上有哪些新动态？文化分层的变化迟缓是文化包袱沉重所致，还是表现了文化变迁适应社会变迁的特有过程？为什么说民俗学研究文化分层对国家的文化建设有辅助作用？这些都是需要民俗学者给予研究的。在我国这个历史文化大国，文化是有其特有价值的。这种特有价值就表现为对社会结构和社会分层变迁具有动态的适应性,民俗学者与民俗承担者都是动态民俗运行环节的主体部分。这种动态变化还能告诉民俗学者,很多文化分层适应社会分层的日常民俗知识,除非民俗学者看不见,民俗承担者自己总是能看见的。

(四)城乡二元社会对民俗形态的影响

经费孝通研究,中国可做城乡二元社会分类,他本人也在这一分类下使用了社区的个案,①郑杭生和陆学艺指出两者混合和变迁的一般现象。②李强在研究我国高速城市化进程中的社会分层时,对城市做了新的分类。③马戎对少数民族流动人口与城市化的关系做了研究分析。④民俗学开展社会文化建设研究,要吸收社会学的相关理论和方法。21世纪初以来,我们使用社会史方法开展城市民俗学的研究,有以下收获。

1. 社会学的城市划分已经细化。现代城市是交通、人口、财

---

① 参见〔美〕戴维·阿古什《费孝通传》,董天民译,时事出版社1986年版。详见此书对费孝通"社区"理论的讨论。Fei Xiaotong, *Peasant Life in China: A Field Study of Country Life in the Yangtze Valley*, London: Routledge and N. Y.: Dutton.1939. 费孝通:《行行重行行》,宁夏人民出版社1992年版。

② 参见郑杭生主编《社会学概论新修》(第三版),中国人民大学出版社2003年版,第347—348页。陆学艺等主编《2010年北京社会建设分析报告》,社会科学出版社2010年版。

③ 参见李强《转型时期的中国社会分层结构》,黑龙江人民出版社2002年版,第1—57页。

④ 参见马戎《中国人口跨地域流动及其对族际交往的影响》,《中国人口科学》2009年第6期。

富、知识、高科技信息、仪器设备、政府机构、水电国防高度集中密集区。社会学者已改变了以往的城市或农村的笼统划分，开始考虑到综合城市空间、城市社会布局、城市经济、城市文化构成和城市民俗等特色，将城市划分为传统城市、城市核心区、历史街区、民俗文化区、城中村、城乡结合部和卫星城等。社会学对农村的划分也在细化，陆学艺将农村划分为中西部贫困村庄、沿海发达村庄、纯农业村庄、工业发达村庄、传统村庄、城市化进程中的城中村和城郊村等不同类别，将政治、经济、文化和民俗因素都置于考虑农村划分的要素之内，这些研究意见对民俗学都有启发，民俗学者所谓的纯农村研究也必须细化，而细化才能深化。

2. 研究证明，就民俗承担者本身而言，他们对农村与城市的划分也不是简单的行政划分。他们根据家族传统、社会资本、创新能力的区别和差异性，也根据对社会组织理念的认识，与对城市市场机会的把握程度等，确定将城市空间的某城区作为落脚之地和发展网络。在现代社会中，还出现了文化村、文化市、城帮村、外省援建社区和新农村等命名，各学科都在城乡研究中利用"民俗"的概念，民俗学对这些现象也要加强研究，这样民俗学就大有提升的空间。

有些工作不是民俗学所能独立承担的，如对传统节日的研究，这就需要开展民俗学与社会学、人类学和民族学交叉研究，对昔日通行的农村民俗、城市民俗、民族民俗、区域民俗等概念做综合研究，并纳入地方社会建设。

三、民俗学视角的社会民俗分类

从民俗学的视角研究社会文化建设问题的分类,指从总结和预测的两个方面,描述具有中国特色的、为中国各民族人民所高度认同的国家文化系统的整体结构,其中包括国家管理的社会主义意识形态文化,也包括具有多元文化来源的传统文化、民俗文化、民族文化和遗产文化。民俗学通过科学的问题再分类,促进完善新时期国家文化建构,并在这一过程中,将民俗文化传承变成文化权利。

(一)社会主义意识形态文化

民俗学研究新时期社会文化建设,要关注它的主体结构部分,即以国家政府为主导的社会主义意识形态文化,同时要将我国人民集体创造与长期共享的其他层面文化纳入政府主导文化结构综合思考,将政府主导文化与其他层次文化共同建设。这有助于改善政府的执政能力,有助于在21世纪中国继续对外开放和世界重新认识中国的双向需求中,加强建设中国的凝聚力文化。

（二）其他不同层面文化

我国其他不同层面的文化的特点是具有多元文化来源，包括民俗文化、民族文化和遗产文化。这些概念之间有交叉，但又不能彼此替代。它们在人文社科研究中的使用频率高，有创新提升的价值，适合开展非政府的对外交流，是政府主导文化的公信力的落脚点。它们的性质是局部特有文化。它们在特定的范围内，号召力强、开放能力大、人民对之习惯成自然，利用成本低而社会效益高，容易被国际社会所接受。其他不同层面的文化包括以下主要层面。

1. 民俗文化。我国的民俗文化，是祖先创造并世代流传下来的共有风俗习惯，以及一套有关宇宙观、人生文化和周围世界和谐运行的人文知识系统与行为惯制。它是社会主义意识形态文化和其他层面文化都不可或缺的组成部分。它是现代学校教育之外的人类社会传承教育文化，但要比现代学校教育的资格更老，乃至无论在有没有现代学校教育的地方都有民俗文化。在现代社会文化建设战略中，两者互补。

2. 民族文化。我国的民族文化，在我国多民族和多地区社会的形成和发展，是社会主义意识形态文化的重要基础，也是民俗学研究对象的核心部分。在我国现代经济社会高度发展的过程中，民族文化的建设与地方社会建设相结合，已成为地方社会"维稳"的深厚文化基础。

3. 遗产文化。遗产文化，由人类学、民俗学、社会学、历史学、艺术学和地理学等学者共同提出，用来界定人类共享优秀遗产的理论概念、政府工作框架、原地历史传统和建设可持续生态文明社会的未来意识、遗产公有化的脆弱性等。它是一个综合概念。20世纪90年代后期，联合国在制定千年发展规划中，将区域、种族、性别和民俗列为四大要素，纳入了政府工作的社会主流化框架。这对全面保护利用遗产文化是一种福音。

（三）民俗学视角的文化软实力建设

我国的民俗学研究自20世纪初至今已有百余年的历史。钟敬文先生创建了民俗学的中国学派，为民俗学研究与社会文化建设的相关性的探讨，在学科建设的主流方向上，做了蓝图式的规划。全球文化环境的变迁给民俗学又提出了一问题：即如何在社会文化建设中，发展民俗文化的软实力？我们可以从以下四点考虑。

1. 特色化。过去也叫"民族化"。但我们不能简单地讲"越是民族的，越是世界的"。民俗在本质上就是内部文化，其实要传出去很难。民俗学要研究的是民俗文化怎样才具有跨文化性？在这个前提下，"特色化"才成为一个优势战略概念。它能促使民俗学以内外双视角看民俗，兼容别人，推广自己。民俗学要在这方面加强工作。在设计理论问题上，应包括：民俗学研究跨文化交流的历史本质和当代内涵是什么？在国家文化传播中的战略定位是什么？等等。在基本概念上，应包括：民俗文化交流对当代世界多元文化交流理论中的"跨文化"起点、"接触点"（contact zone）和"边际理论"（boundary theory）等概念，如何创造自己的新工具概念，等等。开展这些工作,可以帮助民俗学研究扩大眼界,争取更多的社会效益。①

2. 故事项目。西方发达国家把人民共同选择和价值趋同的民俗文化做成国际项目,如神话、故事、民间音乐、民间舞蹈和民间戏曲等。他们在与当地文化不冲突的前提下,开展不同国家间的文化运行策略互补和文化沟通的对话,中国也已处在这种主流中,发展讲故事项目,有助于增加国家文化的对外影响。②

3. 综合防灾减灾民俗文化建设。民俗学讨论这个问题的迫切性是,在全球气候变迁的环境中,我国作为灾害大国兼文化大国的特征凸显,在防灾减灾中,抵御社会风险源,涉及脆弱性很强的一部分民俗文化保护问题,这已被提到议事日程上来。从我们对灾区的调查看,很多民俗文化遗产的价值不在于物品贵重,而在于它们所附着的情感、价值观和宗教信仰,一旦它们被自然力破坏,就容易引起文化恐慌,由此带来的社会混乱危害极大,乃至能造成"次生灾害"。世界各国防灾减灾技术有模式,但防灾减灾民俗无模式,这就需要在本国文化建设中加以重构。还有一个更重要的问题是,民俗学研究对象中的中下层文化承担者,往往是现代社会的中低收入人群和低保群体,而他们正是政府加大公共资金和社会福利投入的对象,民俗因此成为政府制定社会政策的一种知识

---

① 参见董晓萍《跨文化的汉语文化交流:调研与对策》,《温州大学学报》2012年第1期。

② 关于对跨文化故事项目调研数据与理论讨论,参见董晓萍《跨文化的现代民俗传承》,北京市社会科学联合会、北京师范大学编《前沿、创新、发展——学术前沿论坛十周年纪念文集(2001—2010年)》,北京师范大学出版社2011年版,第212—216页。

结构。①

4. 处理好国家社会文化建设结构内部的关系。在国家社会文化建设结构中,各层次文化划分不是绝对的,它们之间存在着彼此交叉的关系。在我国现行体制内,政府主导文化与其他各层面文化具有较高的融通性,但在对外沟通交流中,其他各层面文化则往往能承担优先开路的角色。在综合防灾减灾文化建设中,其他各层面文化还有更强的心理穿透力,能帮助政府主导文化建立"社会信任"。

在全球化背景下,民俗学研究社会文化建设特别重要,它涉及国家的文化权利、文化多样性、文化遗产保护、民族团结、生态环境、地方社会传统和综合防灾减灾等种种问题,不容忽视。民俗学研究社会文化建设,并做出理论贡献,这是新时期民俗学研究的大方向,也是民俗学学科建设能力的标志。

应将利用民俗文化资源的工作纳入政府文化建设的决策,包括从文化角度开展的社会管理实践、文化安全管理、政府投资方向管理和预防风险管理。要从民俗学的角度,理解中低收入社会阶层的风险补偿和民俗习惯,研究民间组织等相关社会力量的参与机制等。

民族民俗研究是国家文化"维稳"的核心工作。我国是多区域多民族的统一国家,地方民族和民族民俗一向是民俗学研究对象的重点。在我国现代经济社会高度发展的过程中,它们均已被前所未有地纳入地方社会建设,成为地方社会"维稳"和发展的支

---

① 参见董晓萍、王静爱《减灾文化建设与社会管理》,北京市社会科学联合会、北京师范大学编《科学发展:社会管理与社会和谐》(上),北京师范大学出版社2011年版,第108—117页。

柱。正确利用地方民俗和民族民俗资源，可以与国家和地方政府的社会管理形成互补。从民俗研究民族史和地方史，已成为一种理论兼方法。

  加强跨文化民俗学研究。在全球化和现代化时期，民俗、影视和汉语推广已成为我国文化输出的主要渠道。但我国民俗从封闭社会发展而来，在现代世界文化输出的高标准要求面前，民俗的优秀性还缺乏与开放环境和外部世界的联系与对比，对社会文化建设有效能力的预测水平和激发内生机制的水平不足，这些都是需要改进的地方。民俗学研究的功能就在于提升民俗文化的生命力。我国还要通过高校民俗学教育和社会普及教育，使民俗获得新的社会适应性，而改善民俗文化的输出水平是民俗学者的共同责任。

第十一讲　中国民俗学史

经典民俗学研究的重要对象是民俗学史。我国历史遗产中保留了丰富的民俗史料,前人也已开展研究。[1]本讲分古代、近代和现代三个时期,简要介绍中国民俗学的历史。

一、古代关于民俗的记录与观点

我国封建时代的民俗,从先秦到明清,在不同历史时期的多民族融合中,形成了一些基本形态。同时,由于封建皇权的统治,以及儒家思想占支配地位的影响:在对待民俗事象的观念上,出现了正统与非正统的分野;在应用民俗的做法上,也表现了阶级、阶层、文化和兴趣的差异。这一时期关于民俗事象的记录与观点,大多包容在伦理学、历史学、地理学、哲学、宗教学、农学、文学艺术和语言学等的著述中;部分民俗记录还有了专门的编著,如岁时风俗

---

[1] 钟敬文是中国民俗学史研究的开拓者,其中集中讨论晚清民间文艺学史的系列论文如:《晚清时期民间文艺学史试探》,原作于1960年代前期;《晚清革命派著作家的民间文艺学》,原作于1963年7月5日;《晚清革命派作家对民间文学的运用》,原作于1963年8月6日;《晚清改良派学者的民间文学见解》,原作于1964年3月17日,均收入《钟敬文民间文学论集》(上),上海文艺出版社1982年版,第195—353页。

志、民歌集、谚语集和笑话集,等等。

(一)先秦文献中的民俗记录与见解

春秋战国以前流传下来的古代文献记录,从各方面表现了初民社会的古朴风俗。它们对于殷周时期和稍后一段时间的社会信仰、习俗惯制、生产生活以及与重大政治历史事件相关的采风活动,也都有直接或间接的反映。例如,《尚书》的《汤誓》《盘庚》篇,《山海经》的《五藏山经》,及《庄子》《韩非子》等典籍,就记述了有巢氏、燧人氏、伏羲氏、神农氏、黄帝、尧、舜、禹等的原始神话。在其他古籍中,也记述了一些民俗资料,如:《左传》记述了"古之大事,惟祀与戎"的神鬼筮命观;《吕氏春秋》记述了葛天氏操牛尾跳舞唱歌的农耕仪式;《列子》记述了"男女杂游,不媒不娉"的原始婚俗;殷墟卜辞和《易经》记述了当时的气象历法、市井贸易、民居丧葬与工艺技术;等等。

成书于封建社会形成时期的一些典籍,如《周礼》和《穆天子传》,主要记述了上层礼俗,描绘了贵族的生活和社会理想,说明当时上、下两个阶级之间的民俗已开始分化。

还有的文献,记叙了民俗的地区性差异,如《诗经》中的民歌反映了北方的民俗,《楚辞》中的唱诵则反映了南方楚地一带的风尚等。

古代文献不必等到民俗成为自身科学的研究对象才予以搜集和命名。当时的很多民俗资料,出自当时史官记录的关于社会政治的重要史事和言论,因此,在这种情况下被注意到和运用的民俗,本身就含义模糊。它们一般都具有明显的社会政治倾向。各种史籍反复使用这些民俗资料去勾勒上古社会的"理想国"的图景,先秦诸子则一再征引古代神话来说明各自关心的社会问题。民俗还被吸收者们用来给动荡的春秋社会制定规范,例如,为人伦秩序、信仰制度与日常生活命名等。正是在这些社会活动中,形成了我国先秦时期的伦理民俗观。

但这时被借用的民俗资料,连同表达民俗的不同说法,缺乏一致性。然而,它们的重复出现,有助于加深人们对先秦民俗史的认识。它们还要求人们把当时的民俗活动现象,与其时代、社会和作者的习惯用法结合起来加以考察。

诸子的民俗观,集中反映了这一阶段民俗学史的理论特色。

1. 孔子的民俗观

孔子是我国儒家伦理政治思想体系的创始人。伦理政治的核心是人学,因此,孔子也是从人学的角度来使用民俗资料的。他主要是在阐明人治的过程中,力图把古代民俗观改造成与礼治体制有关的学问。

首先,他以"志古之道,居今之俗"[1]为指导思想,让历史介入民俗;然后,抛弃传统民俗观中的"怪力乱神"的思维,用人文历史的观点解释神话。这就使民俗从上古社会一开始就具有价值,也在春秋社会的现实生活中获得了重要意义和社会地位。其次,他以"民教俗朴"[2]说为前提,致力于贯彻男女、父子、君臣、礼义、仁

---

[1] 王国轩、王秀梅译注:《孔子家语·五仪解》,中华书局2011年版,第57页。
[2] 同上书,第26页。

德的纲常模式，让人们从中了解什么是民俗活动、什么民俗是属于人群集体而区别于禽兽的、什么民俗依赖于人治，等等。孔子理解民俗，还涉及社会生活的其他层面，如冠、婚、丧、祭等人生仪礼。他尤其重视丧礼，提倡通过隆葬厚仪，建立个人的家庭观念与社会理想相结合的群体经验，并由此自觉接受一套相应的礼仪规范。他曾删定"诗三百"，宣传德音圣乐，提出诗歌音乐是人生阶段的生理环节与社会环节的中介的说法，以辅助礼治。

孔子之后，孟子进一步发展了他的丧制学说，以后又受到了墨子的批评。但孔子民俗观的历史方法和人文原则，对于我国封建时代的民俗观系统的形成，具有奠基意义。它还对中国人的生活方式、思想方式与信仰方式，产生了深远的影响。

2. 荀子的民俗观

荀子的伦理社会思想强调人为的力量，对夸大杰出人物的历史决定作用的说法持否定态度。他开始转向了建立伦理道德价值观的范畴。他的新命题是民俗的道德标准。他主张按照美、丑、善、恶的道德概念去确立民俗知识，为民俗事象分类，选择美俗善政的民俗应用方式。他认为，作为上层统治者，学习和运用这种伦理民俗，善于从俗为事，就可以做到"其法治，其佐贤，其民愿，其俗美"，[1]赢得良好的政治效果，并树立他们的"民德"形象。不然，他们就会做出"国家失俗"的逆行。

荀子以道德民俗为社会评价，还导入对于民俗的社会标记和一般性质的推理判断。他说："入境，观其风俗，其百姓朴，其声乐

---

[1] 《荀子·王霸篇》，《荀子选注》，天津人民出版社1975年版，第171页。

不流污,其服不挑,甚畏有司而顺,古之民也。"①他认为,民俗是由民众的性情、气质、服饰、器用、歌舞、仪式和管理惯制等现存的群体标记所显示的。他还认为,民俗具有自己的"注错习俗之所积"②的自然属性。他的这方面论断与孔子民俗观中的一些先验论的说法是有区别的。

荀子赞成孔子的诗乐教化思想。他认为,诗乐可以直接铸造人性中的正直、温和、宽厚、明辨和弘毅等性情,有益于人的性格和品德的修养。所以,他在《乐论》中赞叹说,"故乐行而志清,礼修而行成,耳目聪明,血气和平,移风易俗,天下皆宁,美善相乐","夫声乐之入人也深,其化人也速"。他的目的,当然还是辅佐礼治。

荀子对民间文学比较关注。他创作的《蚕赋》,是我国古代文人作品中第一篇仿制民间谜语的重要作品。

荀子道德民俗观的特点还在于,不是一切民俗价值都隶属于政治价值的。他说:"鲁人以糖,卫人用柯,齐人用一革,土地刑制不同者,械用备饰不可不异也。故诸夏之国同服同仪,蛮夷戎狄之国,同服不同制。"③这是他用朴素唯物主义的世界观认识民俗的结果。

荀子的学生韩非子,力倡"便国不法古"④,推出变法易俗的新说。他在《五蠹》篇中,根据古今社会变迁的情况,举述了三皇五帝迭代嬗变的神话传说,用以论证自己的效俗法治观点的合理性。

---

① 《荀子·王霸篇》,《荀子选注》,天津人民出版社1975年版,第200页。
② 方勇、李波译注:《荀子》,中华书局2011年版,第45页。
③ 《正论》,《荀子选注》,天津人民出版社1975年版,第360、361页。
④ 《韩非子》,上海古籍出版社1989年版,第17页。

这是他对荀子的"美俗善政"的思想的发挥,也是对孔孟的"上古理想国"蓝图的改造和补充。

3. 老庄的民俗观

道家的社会方案是无为而治,他们由此提出了自然民俗观的见解。

老庄民俗观的核心是反智主义,即主张"无知无欲"。他们鼓吹小国寡民,绝圣弃智的社会模式,让人们"甘其食,美其服,安其居,乐其俗"①。他们认为,民俗的实质在于保存自然的人性。

那些古代神话和初民习俗的魅力,在于它们产生于自然人性的本身,体现了人的感情、情绪、感觉和行为等生命的具体实在性,而与现实世俗功利的价值或某种为圣贤所承认的价值没有联系。

庄子也不追求民俗知识的历史确定性。他要求不使用文化解释的语言,把神话说成是一定具有某种样子的东西,从而为树立道德典范的意义服务。他著书十万余言,多借神话寓言,指事类情,把民俗的知识与自然人的知识作为同一类型的知识进行处理。

由于上述种种观点在后世的传播,老庄的自然民俗观逐渐演变成了我国古代民俗理论中的"天籁说"的源头。

汉代以后,仙话和道教神话兴起,不少上古神话传说借助于它们的流传得到了保存。

总之,先秦民俗,由于被史官和诸子文献所记录,增加了它们的理论分量和实际影响。以人论俗,是先秦伦理民俗观的主要特征。由此产生的"民俗"一词的含义的不确定性,也导致了后世社

---

① 冯达甫译注:《老子译注》,上海古籍出版社1991年版,第174—175页。

会在伦理原则以外,对民俗事象进行了其他多样性的分类。

(二)汉、魏民俗编著的出现与评注

汉末已全面进入封建社会。这一时期,正统与非正统两种文化都很活跃。儒学取得了正统文化的统治地位。佛教、道教思想也开始发展,并融入了当时的学术潮流。五行观念与谶纬学说起初在民间传播,到了汉末,渐与正统思想相忤。东汉时期,民间宗教肇始,楚风崇巫,中原盛行神仙方术,以后,这些仙巫观念又对统治者的行为产生了一定的影响。这样,汉代的上层文化、下层文化和新兴宗教三种不同的文化,彼此对抗、改造和创新,其结果是改变了当时社会信仰的传统结构,形成了对先秦以来的儒家文化和社会秩序的冲击。在学术上,世俗化倾向随之抬头。

汉魏文献的编纂,在这种背景下,无论撰史注经,还是搜神志怪,大多都吸收了一些非正统文化的因素,文人学者或使用,或编著先秦汉魏的民俗资料,都拓宽了范围,增加了数量。在史学、哲学、宗教和农学等一批新兴的学术中,评注民俗事象,渐成风气。代表人物有司马迁、王充、郭璞和宗懔等。他们对待民俗的态度,虽然有的欣赏、有的批评,处理资料的方法也不尽一致,但他们自身的学术建树也加深了后人对汉魏民俗的认识。

1. 司马迁的民俗观

司马迁在《史记》一书中,以历史学家的身份,处理上古至汉初史俗杂陈的材料,对历史学家与民俗、什么是历史真实、历史著作使用民俗资料的限度等问题发表了见解。

司马迁认为,历史不等于民俗。严格史家的态度,是不盲目地轻信所有史料和不采纳《山海经》、谶纬经书一类的荒诞言论。但是,他的卓越史识,他的创造性的治史观念,包括认为历史和事件、人物和情节不能分割,必须融合起来展现人类的史学思想,又使他不能不超越以往史笔的局限,在缺乏史家实录的地方,"网罗天下放佚旧闻"。他的做法,主要是通过搜集散在民间的神话传说,来补充叙述历史的发展过程。

司马迁提出,一部史书,要体现历史的真实性,就必须"与时迁移、应物变化、立俗施事",即不仅尊重前代的文化遗产,还要分析现实社会变迁的历史事实。对推动历史变化的各阶层、各方面人物和社会因素,都要加以记录,为此,他创设了《货殖列传》《游侠列传》和《西南夷列传》等专章,对从前被忽略的文人策士、市井平民、义勇游侠和边疆民族等不同社会、不同民族的口碑人物都做了记载,叙述了他们的社会关系和历史往来,也记叙了当地发展的气候条件、地理环境、经济文化和思想感情因素,描绘了相关的历史民俗风情。总之,他根据反映历史变迁的原则,扩展了采纳民俗资料的范围。

司马迁的史传著作,在指导思想上,以史别俗;在写法上,采俗补史,他因此使历史成为一门与民俗相遇而不相合的学科,并由此构建了我国古代编年史的第一个框架。他的这一撰史方法,成为我国古代社会《二十四史》编纂的基本方法。

班固撰《汉书》援例《史记》,另外增设了《艺文志》等专章,保存了古代小说的目录。以后,范晔著《后汉书》,最早收入了盘瓠神话和九隆神话等我国西南少数民族的神话记录。他们的工作,都得益于司马迁的启导。其他值得注意的编著,还有东汉应劭的《风俗通义》,它不是史书,但它按照历史的方法整理汉代以前的神话和风俗名物史料,与历史民俗著作触类旁通。它的理论特点是说明了古代风俗经过口口传播而充满了含义。东汉经学家郑玄在《毛诗传笺》中,有意恢复曾经被曲解的后稷神话的固有说法,表现出了区分原初意义和后世附会的倾向。

2. 王充的民俗观

东汉王充的著作《论衡》,其中的有些内容,对民俗知识的性质进行了评论,包括评论民俗事实与社会事实、民俗现象与自然现象、民俗解释与宗教解释之间的关系,等等。

王充生活的时代,儒家思想已出现了危机,谶纬经学的地位上升,佛老学说昌炽。但王充的哲学思想与它们都有距离。他在阐述自己的观点时,征引了民俗事象,把民俗知识当作他驳难辩诘的依据。他提出,民俗由感官经验产生,有符合历史文明的验证,其他东西都不是民俗。他批评当时社会上的诸家说法利用民俗,各取所需,失去了民俗知识的可靠性。例如,"旱久不雨,祷祭求福,若人之疾病,祭神解祸"[1]是一种民俗知识,儒家却以此申明春秋大义,做圣贤文章,这就违背了民俗知识,也违背了社会事实。对于谶纬学说,王充指出,它利用民间的自然崇拜心理,呼风唤雨,测应人事,实际上不过是一种虚妄之学。[2] 王充也不相信同时代的

---

[1] [东汉]王充:《论衡全译》,袁华忠、方家常译注,贵州人民出版社1993年版,第930页。
[2] [东汉]王充:《论衡·雷虚》,上海人民出版社1974年版,第96—103页。

宗教宣传，否定佛老学说的"劫变""灾异"和再创世界的解释。[①]

王充的主旨，是要肯定汉代文化的进步。但他把民俗知识与绝对确定的知识等同起来看待，就无法对日常生活中已消失的民俗生活事象（如上古生活习俗），与非实际生活中所能显现的民俗知识（如神话信仰）做出判断，更不能指出它们产生的社会条件和思维特点。这种情况，在我国古代社会的民俗观念中带有普遍性。

3. 郭璞的民俗观

魏晋南北朝时期，出现了郭璞注释的《山海经》、干宝的《搜神记》、任昉的《述异记》和殷芸的《小说》等一批民俗编著，它们标志着我国封建时代的民俗观念出现了一个转折点。

郭璞吸收了外来的佛教文化，接受了上古流传下来的怪异神话，并能按照民俗生活的原来样式，对这些神话进行解释，这就表现了他的新的理论眼光。他也由此在重新组织这方面的史料上表现了很大的主动性，发现和收录了一些前人没有记载的神话传说类型。

比如，郭璞注释的《山海经》，与西晋时期广为传布的《弥勒经》，在许多篇章上都可以相互映照。像弥勒诸经的许多内容，都谈到了天地开辟、始祖诞生、宇宙万物、人类生成、奇花异草、无量寿命、人体飞升和仙山神树；叙述教主创世说；描绘亚热带风光式的极乐世界等。在郭璞注释的《山海经》中，也相应谈到了炎黄帝族神系，群巫咸集、木石崇拜、民间医疗、西王母操不死药、仙山和神祭等中国的神话传说。西晋佛学鼓吹"人心均平"的彼岸理想，

[①] ［东汉］王充：《论衡·雷虚》，上海人民出版社1974年版，第229页。

用以吸引身处苦难动荡的社会现实中的民众。郭璞在他的神话注疏中，也展示了一个谷食丰硕、无有差别的理想境界，从而引起了人们的极大兴趣。他的这种归纳，在从前的古籍中是很少见到的，而他受到当时佛教思想影响的痕迹也是明显的。特别是他借助了佛教的创教说模式，引入上古的怪诞神话，帮助人们能够见怪不怪地接受这批祖先创造的神话遗产，更是对保存中国古代神话的一个贡献。他的工作因此具有开辟意义，这是他个人当时无法料想的，但这一点可以通过明清时代的著名学者杨慎和郝懿行等都乐于参与补注《山海经》得到证实。

与郭璞同时但稍后的一些文人学者，如编纂志怪小说的干宝等，也"别作小经，诈云佛说"，有人甚至直接在书中收入了宗教传说和方外杂谭，这都说明，当时佛教文化对我国的民俗文艺作品是很有渗透力的。著名的"天鹅处女"型故事和"牛郎织女"型故事，①正是在这种背景下被记录的珍贵资料。

我国后世的这类文献，被挤到正史以外的"灾异""神怪""杂俎"类的著述中保存下来，这恐怕也要归因于魏晋学者的首开风气。

4. 宗懔的民俗观

汉代出现了我国的第一个农业盛世，与农耕生产密切相关的天文历法、水利漕运、丰饶信仰和食俗居制等，也都有了较大的发展。南朝梁宗懔编《荆楚岁时记》，积累了这方面的史料。此书以十二月为序，按月归纳农事生产和生活事象，包括岁时节日、祈年

---

① ［晋］干宝：《搜神记·毛衣女》，汪绍楹校注，中华书局1979年版，第354页。

仪礼与文娱竞技等各种活动，以自然区划为范围，描述了它们的整体形态，使我国的地区性农业民俗首次被归纳为一个特殊的范畴。它也丰富了人们对民俗的功能和地位的认识。岁时民俗的观念，由于符合我国农业社会的特点，在以后的历代民俗文献中得到了沿用。

（三）唐、宋农政民俗思想的兴盛与都市民俗记录的开端

唐宋六百年，经济昌盛，文化开放，呈现出东方农业大国的恢弘气象。这一时期的民俗思想具有双重重要性。一方面，它已从个别民俗观念中脱颖而出，吸收了农业文明的整体价值观，来理解社会的发展和较高文化历史中的民俗传统；另一方面，这种民俗思想的贯通，不像以往那样，以上、下层民俗的冲突或缓冲为代价，而是在博大宽容的政治气氛中滋养新说。这一阶段民俗思想的发展，主要体现在农政民俗思想的兴盛、官修民间文艺图书的出现和帝都民俗中心的发现三个方面。

1. 农政民俗思想的社会地位及学术影响

唐代皇帝喜好新说，并以之安民富国。先秦以来的儒家教民稼穑为政的理论发展到唐代，与统治者提倡的佛道学说相结合，形成了助国劝农的社会思想，带动了农业经济的发展。

唐代农政思想的核心是强调统治者应具备"勤农"的意识和相关的"政绩"观念。它由唐《开元占经》和《四时纂要》等著作体现出来。其中，"勤农"指树立以农为本的农业经济意识，掌握

一套关于气象时令、作物品种、畜禽饲养、耕种灌溉和农具器用的生产知识和技术管理措施。它还要求把农业生产看成是一种与精神信仰和生活方式相关的社会行为，认为社会群体的日常生活的方方面面都与农业的丰歉有关。"政绩"指把农业经济的兴衰丰歉作为考察统治者治理国家效果的标准。因此，唐代的世风崇尚多种宗教或信仰，希望能够借助众多的神灵，护佑农事，富国强民。这种农政观在唐代的农书和占卜书籍中反映得十分明显，例如，《开元占经》中的《天占篇》，就用日月星辰神话进行农占、祈雨和预言人事。

宋代以后，农政思想仍有很大的势力。同时，在上层知识界，再次兴起了援佛入儒的思潮，宋代理学也在此期间形成。陈元靓的《岁时广记》是这一阶段比较重要的文献。作者有意对民俗"探其原委"，如在卷二十六中，多条征引织女渡河故事，他的观念就与宋代理学思想有关。其他许多学者，则借助佛学，反省儒学，重新注疏经典，否定偶像和经谶，也由此发现了民间文学的质朴可爱，如朱熹就比较注意民歌和神话传说，他在自己的著作《诗集传》中指出，《诗经》历来被奉为经典，但其中的"国风"就是"里巷歌谣"。朱熹还摒弃了汉代儒家的一些守旧人物用史实附会民歌的做法，指出古代民歌的性质是"男女相与咏歌，各言其情"。他的《楚辞辨证》面向当时宗教思想走向下层的社会现实，也部分地引用了民间信仰的资料，来阐释古代神话传说的思维特点。朱熹的这些见解在一定程度上淡化了儒学民俗观的色彩。

唐宋民俗思想的发展是社会各阶层文化整体演进的结果。

2. 官方类书和文人著作对民间文艺史料的辑存与谈论

唐宋民俗思想发展的第二个标志，是编辑了一批大型的官方类书，保存了唐、宋两代上、下两个阶层的大量民俗文艺资料。其中，比较著名的有唐代的《初学记》和《艺文类聚》，宋代的《太平御览》和《太平广记》。它们经帝王颁布诏谕，由文人学者进行收集和完成编纂工作。与前代不同的是，这种官修类书侧重分类条贯，方便检索，收入了部分宫廷生活与都市街区的民俗生活史料，也搜集和保存了相当可观的民间文艺底本，还为展示民俗文艺的样式、规模和内容开辟了新的分类编目。此外，它们还有其他一些特点，比如，在体裁上，它们汇集了经史子集、宗教宝卷和戏曲歌谣等各类文献，官民僧俗概不排斥，这就反映了唐宋新兴的都市文艺与传统农民文艺相混合时期的情景，展示了下层文艺向中层文艺过渡的状态，及其时代的、社会的和文化的背景。在叙述方式上，它们提供了一些民间文艺题材形成的线索，像中国四大传说之一的《白蛇传》，被宋《太平广记》收入，编者指出，白娘子其人，在唐人小说《博异志》中的《李黄》和《李琯》两篇传奇中已有雏形。诸如此类的说明，无疑扩大了这些官修类书的使用范围，也为后人研究这一时期的民间文艺提供了便利。

唐宋时期的个人编著在收辑民间文学材料方面也有类似的好处。它们中间至今被引用的，有唐段成式的《酉阳杂俎》和宋洪迈的《夷坚志》等。

唐宋戏曲论著的出现，是这一时期民俗文艺理论建设的收获。它们讨论俗乐俗曲、民间歌舞、民间艺人传承，以及戏曲与一般世俗生活的关系，预示了中、下层戏曲说唱文艺的抬头。其中，唐崔令钦的《教坊记》和宋王灼的《碧鸡漫志》两部著作都比较有名。

3. 都市文化范围的确立及都市民俗记录

唐宋民俗思想发展的第三个标志，是在当时的历史文献中，已开始记录和描述帝都民俗，并把帝都看成是城市民俗文化的中心。主要著作有：唐代的《两京新记》、宋代的《东京梦华录》《都城纪胜》《西湖繁胜录》《梦粱录》和《武林旧事》等。它们都记录了一些宫廷习俗，但由于作者大都是中、下层文人，观察的对象主要是宫闱以外的市井百态，因此，这些著作对市民的消费生活习俗和文艺娱乐叙述更为生动具体，如说书讲经、杂耍百戏，以及开展这类民俗活动的比较集中的场所，如庙寺集市和勾栏瓦肆等。

这种帝都民俗记录的特点，是突出表现了都城所在地的政治经济繁荣景象，在这种情况下被使用的民俗资料，总的说来，有三种倾向：(1)歌颂帝王圣谕可以直接影响民情人心的政治效果，反映了它们在都市文化的氛围中，有时都能起到劝世说教的作用；(2)管理都市是上层统治者管理国家的缩影，因此，都市的市场、人口、交通、服饰、食制和民居等的管理，体现了统治者利用和规范这方面民俗的过程；(3)农时规律和农耕信仰习惯是调节当时都市生活节奏的重要因素，也是都市上、下层文化接触的一个层面。

撰写这方面著作的文人学者称都市民俗为"风俗典礼，四方仰之为师"[①]，在他们看来，都市民俗中心的确立具有树立农业社会的治理典范的功能。

---

① [宋]灌园耐得翁：《都城纪胜·序》，中国商业出版社1982年版，第1页。

唐宋民俗的情况是值得注意的。我国封建社会至唐宋达到极盛,民俗文艺诸范畴也略具大端。尤其在宋代,民间说唱的种类繁多,表演形式基本定型,都市民俗记录的框架也大体得到了确定。这些都对后世民俗格局的发展产生了深远的影响。

(四)元、明、清民俗文艺的发展与补证民俗文献的工作

元、明、清社会文化的民间化有两种背景:一是汉民族与少数民族文化的融合;二是正统文化与中、下层文化的融合。在这一时期中,人们出于亲历社会变动的苦恼,向束之馆阁的正统儒学再次提出了挑战。为了保持历史文化的系列性,封建知识分子不得不搜寻含有可重复事象的民俗文献,以倡自救。到了明代中叶,产生了新的社会因素,封建知识分子又在对民俗文艺新现象的观察和记录中,成了民俗文献的发掘人和保护者。这时,部分学者还注意到语言载体的民俗价值,并进行了这方面资料的编辑工作。元、明、清民俗文献的发达,还有赖于宋代印刷术的发明,它改变了传媒的样式,促进了当时的通俗读物的传播。

就民俗功能而言,元、明、清不同时代的文人学者在借用民俗、改革社会的"致用"手段上,存在着差异:他们或者要借助民俗以怀旧复古,或者要借助民俗以变革文体,或者要借助民俗以兴导启蒙。但不论怎样,他们与民俗的关系,都成为这一阶段社会文化史中的引人注目的事例。

1. 方志笔记的民俗眼光及成果

自元代起，在传统正史之外，出现了大量的方志笔记著作，包括京畿志略、地方史志、边政考察记述和野史杂纂等。其中的主要部分，是以地方志为代表的地方文献。

康熙《河南通志》指出，收集和整理地方史志文献，并承担修撰工作的，是一批"宿儒名贤"。他们大都集中于乡绅和地方文人两个阶层。他们的特点是，在心图恢复、引渊叙流的同时，记录了当时的民族生活和民俗文化互相融合的事实。同时，由于他们是地方上的缙绅文士，熟悉本地的风土民情，怀抱外人所没有的对家乡文化的情感和理解，因此，他们修撰地方史志，能根据对地方的、乡村的文化体验，把编纂材料具体化，这就使官方治史的烦琐考据风气相对缩减，使保存地方民族民俗资料的规模相应扩大。这种情况发展的清代，初步形成了记载地方民俗志的体例样式。

编纂方志的一项工作，是对地方风俗的含义进行界定。清《博县志》申明，确定记载地方风俗的范畴，不能只依据地理范围来划定，因为它可能随着行政区划的变动而变动。因此，应该根据自然地理疆界与行政区划、社会政治与民族往来等诸因素交叉变动的结果来认识、划定和编述地方民俗。它们在大体上，应该包括地方神祇、农桑物产、民俗事件、传说歌谣和里实宗社等一些具体事实。编纂者的主张是："有一世之变，先进后记是也；有一方之变，五方之俗是也；有一都一邑之变，国异政，家殊俗是也。"可见，这种地方俗史观不是狭隘的，而是通达的。

地方史志记录民俗，一般都有承上化下一类的乡绅观点。这使它们在使用地方资料时，往往为了服从教化的目的，能超出官修史书的范畴，收入更多的民间文化资料。

但是，也有一些地方文献的编纂目的，以博闻广见为主。有的还出于对乡土文化的热爱，尽力搜索本乡本土的史料，其中多少都包括民俗的内容，笔记杂纂在这方面要更突出一些。例如，清代的屈大钧在《广东新语》中记录了许多"粤俗"。他对多民族聚居的岭南故土，呼之为"父母之邦"，对当地的"好歌"风俗和民间歌仙刘三姐等的传说故事，有闻必录，还大胆地表白了赞美之情。

一些文人学士虽久居城市，仍自认"犹未免为乡下人也"①。他们在自己的著作中，描述村言乡情，不用考据，不附会异时异地之说，而以"耳熟能详"的亲身经历，记俗评俗，表达了对地方文化的兴趣和看法，有些意见还是比较进步的，如王士禛的《池北偶谈》。

2. 明、清学者的通俗文艺观

明代中叶以后产生了新的社会因素，人们对于城市通俗文艺和口头文学有了进一步的认识。正统学者中的复古派人物李梦阳，赞叹时调俗曲流露了民间"真情"。一些主张新兴民俗文体的文人宣称："吾谓今之诗文不传矣。其万一传者，或今间阎妇人孺子所唱《劈破玉》《打草竿》之类，犹是无识无闻，真人所作，故多真声。"② 冯梦龙也特别赞赏民歌的"情真"，说："今虽季世，而但有假诗文，无假山歌。"③ 他在辑录口头文学方面功绩最大，编辑了《山歌》《笑府》《广笑府》和《黄山谜》等书，是我国历史上少有

---

① ［清］李光庭：《乡言解颐》，中华书局1982年版，第1页。
② ［明］袁宏道：《袁宏道集笺校》，钱伯城笺校，上海古籍出版社2008年版，第188页。
③ ［明］冯梦龙：《叙山歌》，上海古籍出版社1987年版，第269页。

的一位民俗文艺作品的搜集家。他还说,自己的工作并不单纯是为了观赏,而是要"借男女之真情,发名教之伪药"①。结合当时伪道学盛行的情况,冯梦龙对民俗文艺的这种社会作用的认识,比起传统的"观风俗,知薄厚"的观点来,显然是向前迈进了一步。

清代学者继续表现了对民俗文艺的热情。金圣叹发扬李贽评点通俗小说的长处,重新评论了通俗小说《水浒传》,提出了关于揣摩童心俚俗等方面的鉴赏理论。李调元接触和整理了多民族的土调,编纂了少数民族情歌集《粤风》。他还提出了民间花部"贵当行,不贵藻丽"等民俗戏曲观,是促使昆腔转入四川的关键人物。

清代的民谣和谚语编著有《天籁集》《广天籁集》《越谚》和《古谣谚》等。

3. 语言民俗观的形成及其资料的归纳

元、明、清多民族、多层次的文化交流,也开阔了文人学者看待语言民俗的视野。他们在一些著作中发表了这方面的见解。比如:有的提出词语的价值在其用途,而不在其来源;有的提出口语歧义的增多,在世道人心的变化,而不在口语本身等。还有一类语言学著作,主要收集社会交往用语、人事称谓,以及与地方风俗相关联的日常生活用语,对它们进行了语源考证。编者们指出,他们要通过记录这些语言民俗事象,说明"风俗之变迁,方言之有自",让人们了解一时一地的风土人情。其中,顾雪亭的《土风录》是这方面的代表作,编者感受到,民俗能体现民间语言的文化含义。

---

① [明]冯梦龙:《叙山歌》,上海古籍出版社1987年版,第269页。

明清时期，文人学者做了许多归纳民俗语言的工作，连钱大昕、郝懿行这样的著名学者都参加进来，撰写了《恒言录》和《证俗文》等著作。他们经过亲自调查，记录和保存了一批当时活在群众口头的民俗语汇，为后人研究前代语言民俗的传承情况提供了第一手材料。其他编著，如《通俗编》《称谓录》和《谈征》等，也有一定的学术价值。

二、近代启蒙民俗思想的产生与发展

本节介绍和阐释清末民初的民俗文化潮流和民俗批评主张。

鸦片战争以后，中国社会进入了一个新阶段。民俗观念受到外来侵略的刺激和资本主义文化思潮的影响，成为民族革命意识的组成部分。它一方面汇入了中国人民反抗斗争的洪流，一方面为民族先觉人士的改良和革命思想运动服务。比起我国历史上其他时期的民俗观，近代民俗思潮在这种社会作用方面发生了明显的变化。这种变化，同时成为现代中国民俗学建设的前奏。

（一）近代启蒙民俗思想的产生与历史意义

近代中国社会的性质，把民俗观与启蒙精神结合在一起，形成了一种启蒙民俗思潮。它的特点是，强调中国民俗文化的历史一致性和历史认同功能，反对清政府丧权辱国的行径，宣传民族自强的理想。这一阶段的口头创作和俗语著作，与"咸与维新"的革命实践紧密相关,逐渐背离了封建文化传统,向新媒体转化。

1. 革命派的"民俗武器论"

晚清时期,革命思潮高涨,黄遵宪运用当时西方启蒙主义的理论和方法,提出民族民俗是"思想启蒙利器"。他说:"天下合国之人、之心、之理没有不同",因此,"必须研究通晓民俗","重邦交、考国俗"。①他把寻找济世良方和呼吁君主立宪的政治改革,与综括民俗大义,作为同向选择。

黄遵宪为了实现自己的启蒙理想,倡导"诗界革命"。在《人境庐诗草》中,他针对封建文化的支柱——封建正统观念,号召重视民间诗歌,提倡文人学者用民歌谣谚,去创作自己的"新派诗"。他还看到,民间文学与方言和民俗的关系密切,便动员友人共同编辑民歌,并称之为编纂"新国风"。他自愧不如民歌手们才思敏捷,表示要向他们学习,用他们那样的真情实感去写诗,树立"我手写我口"的创作新标准。他因此被梁启超誉为近世诗人能熔铸新思想以入旧风格者。

黄遵宪虽然是晚清的一位革命健将,但并不是这方面的孤立人物。他的见解和实践,没有被当时的社会宣布为异端,这说明他在同时代人中间,已经拥有了一批会心者。

2. 改良派的"民俗工具论"

晚清还有一批知识分子是改良派。他们的政治观念徘徊于革命与保守之间。他们也重视民俗,但主要是利用民俗做工具,去反

---

① [清]黄遵宪:《日本国志》,上海古籍出版社2001年版,第351页。

思政体,开化民智和从事补救社会弊病的工作。他们一般兼通中西之学,又接受了历史进化论,有的还具有近代社会学和人类学等的新知识。他们认为,在世界许多国家,民俗都是通过神话传说来叙述的。一个民族幼年的民俗还是她的远古历史的开端,这种"神人杂糅"的情况,"不可以理求也",所以,不值得大惊小怪。[1]他们还认为,在中国,民俗中包含着产生本国的人种、群体、家族、道德、政治、宗教和国体的诸种因素,也包括环境因素、精神因素和情感因素等,要了解这些因素的由来,就必须认识本国的民俗。到了近代,中华民族的成员还依赖于民俗,"自别其众于余众"[2],并且是中国自强图新的一种基础。但中国晚清社会的积贫积弱,也要从国民的陋俗上挖根源。

康有为和梁启超等提倡教育救国。他们注意到,民间文学在国民中间具有很大的号召力,所以主张应用民间文学的形式,编写通俗教材,推广"新学"。梁启超为此写过《劝学歌》《爱国歌》和《戒鸦片歌》等。他们还就俗曲谣谚的教育功能发表过很好的意见,指出,国民通过记诵这些口头文学,"人心自新,人才自起,国未有不强者也"[3]。

改良派不主张推翻封建专制统治,他们对待民俗的态度,也不过是旧瓶装新酒。这种指导思想给他们的民俗工具论带来了局限。但由于他们的民俗理论评价与相关活动,跟他们对国事的忧愤和对变法的热心宣传结合在一起,因此也在当时产生了相当的影响。

---

[1] 参见夏曾佑《中国古代史》,商务印书馆1935年版,第11页。
[2] 〔英〕甄克思(E. Janks):《社会通诠》,严复译,商务印书馆1981年版,第3页。
[3] 梁启超:《论幼学》,《饮冰室合集》(第1册),中华书局1989年版,第44页。

3. 社会文化的俗变潮流

从近代民俗的发展来看，它的历史意义，还在于加速了中国社会的传播媒体的转变。口语体的白话文和近代的揭帖报纸等开始成为社会关注的大众媒体。

近代大众媒体的形成，从内部原因讲，是晚明通俗文艺运动的余脉。前面提到，清代以后，仍有一些文人学者注意搜集和评价民间文艺作品。到晚清，学界已集合了一支鼓吹通俗文体的理论殿军，如黄宗羲首开"学案体"，秉承明代小说的薪传，搜集乡邦通俗文艺；俞樾倒戈经学，动手编辑了笑话集，并改编了勾栏话本《龙图公案》等。他们的作用是不可忽视的，如梁启超称赞说，从他们开始，中国文体"空气变换"，已有了"中国知识线与外国知识线相接触的迹象"。从外部原因讲，当时西学已经传入，西学所使用的词白意露的欧化句式与刻意艰深的中国文言形成了鲜明对照，人们开始追随前者而厌倦后者；而来自知识界的启蒙教育的直接需要，以及广大民众在抵御外来侵略的斗争中所采用的通俗宣传形式，则成为促成这种转变的时代契机。

近代大众媒体作为载体，在反映民俗文艺的内容上，体现了反封建、反压迫和反侵略的时代特点。其作品大致有四种情况。

（1）表现当时重大历史事件的民歌、谣谚和揭帖。

（2）发生在这一时期的地方事件，被民众加工成口头文学创作，并在当时已经传播开来，如《钟九闹漕》《崇阳双合莲》和长篇吴歌《五姑娘》等。

（3）在大量的笔记、小说、方志和文集里被抄录，并基本保持原貌的民间文学作品，有神话、传说、民间故事和歌谣谚语，如鲁班传说和虎媪故事等。它们与近代社会政治的关系并不密切，但它们却在民间的日常生活中长期流传，并能在这个时期被记录，说明了在记录者的文体观念中有它们的一席之地。

（4）流传于社会各阶层的反侵略的歌谣和传说，如"洋人盗宝"等。此外，还有来华传教士和外国学者当时收集、编选和翻译的我国通俗文学作品，其中包括一些歌谣谚语集、说唱底本和章回小说等。

近代出现的报纸和期刊，采用了通俗语体，承担了大量通俗作品的登载工作。

（二）近代知识分子对民俗文艺的应用

晚清知识分子倾向于把应用民俗文艺作为接近革命的一个标志，或者作为有益心智的一种新文体的实践。因此，在这一时期，仿作民谣俗歌，成为一股巨流。在这一活动中产生的文学创作，推动了资产阶级进步文学思想与本民族民间文艺的接触，也助长了新兴通俗文体的声势。

1. 革命童谣与弹词

1900年义和团反抗八国联军失败后，清政府节节退让，激起了人民的愤慨，举国上下掀起了更大的反抗浪潮。章炳麟创作了童谣《逐满歌》，表达了坚决反清光复的决心。他在作品中，叙述了清统治者进兵中原屠杀广大人民的惨状，暗示了被宰割者的痛苦："可怜我等汉家人，却同羊子进屠门，扬州屠城有十日，嘉定广州都杀毕!"他还唱到洪秀全的起义、清王朝的镇压,号召大家去掉幻想,与清政府的卖国行径做斗争。全文用语通俗,感情沉痛,容易为一般文化水平较低的市民和会党、士兵们所接受,政治反响比较广泛。

弹词,是在我国南方一些地区流传的民间说唱体长篇叙事诗形式,深为那里的老百姓所喜闻乐见,一些晚清知识分子还仿作弹词,用以宣传革命思想。当时比较有名的作品有陈天华的《猛回头》和秋瑾的《精卫石》等。热血青年陈天华撰写《猛回头》,采用了弹词体裁,穿插传说、故事和谚语,控诉异族的侵略和压迫,揭示了民族存亡的危机,向广大读者倾诉了自己的革命理想,鼓励人民奋力争取自由美好的新生活。他写道:"猛睡狮,梦中醒,向天一吼!百兽惊,龙蛇走,魑魅逃藏!"言词激越,传达了中国人民的意愿,受到了社会各界的欢迎。《猛回头》初版五千部,不及兼旬,销罄无余,这在20世纪初的出版界是很惊人的数字。杰出的民主革命思想家秋瑾所创作的《精卫石》,也选用了弹词的形式。全书二十一回,表现了妇女要求解放和参加革命运动的经历,塑造了黄鞠瑞、梁小玉等新女性的形象。秋瑾善于撷取古代神话传说中的人物或事物,比附事理,表达自己对女性觉醒和争取男女平等的社会地位的意见。文中的某些传神之处,堪与民间艺人的优秀唱词相比拟。她的俗语作品在当时知识界是崭新的样式,从题材到形象,都体现了近代革命者的创作与民间文学之间的血肉联系。①

---

① 钟敬文:《晚清革命派作家对民间文学的运用》,《钟敬文民间文学论集》(上),第262—289页。

2. 文人竹枝词

文人竹枝词，最早由唐代诗人刘禹锡在唐长庆年间根据夔州地方民歌《竹枝词》创制。后人争相模仿，形成了一种专咏地方风土人情的诗词体裁。一些近代知识分子出于家国之恨，也经常发表竹枝词，增加了这一时期文人仿拟民间文学作品的数量。

辛亥革命前，梁启超到台湾旅行，有感于当地男女群歌自娱的风俗，撰写了《台湾竹枝词》十首，借此倾诉了个人的爱国心。也有一些文人学者和爱国官员写作竹枝词，以极其亲切的口吻，描摹了地方的民情，通过叙述自己所见所闻的民俗事象，来理解祖国多民族的历史形成、社会发展和彼此之间的亲缘关系，表达了深切的故国之思，如林则徐在《回疆竹枝词》中写道："把斋须待见星餐，经卷同蹯普鲁干。新月如钩方入则，爱伊谛会万人欢。"

3. 近代学者编纂的全国风俗志

在明代和晚清之前，学者们编纂的民俗风土志书，还是对一个地区或一个都市的风俗的记载，像明代的《帝京景物略》《宛署杂记》和清代中叶的《帝京岁时纪胜》等一批著作，叙述的都是北京的风土民俗。到了晚清，这种情况起了变化，出现了收集和编纂全国范围内的风俗的志书。其中，徐珂的《清稗类钞》是比较常见的一部。作者编辑此书，参考了前代文献，记录了时人掌故，还剪辑了清代的书报资料，扩大了资料的收集范围。在收存民俗的方法上，按地区分设条目，兼涉及多民族的民俗事象，反映了中国风俗的丰富性。

稍晚出现的《中华全国风俗志》，标志了我国风俗志的编纂进入了一个新里程。此书由胡朴安撰写，共二十卷，分上、下编，近六十万字。全书按照各省区的行政区划编排体例，分设条目，对全国风俗首次进行了全面、系统的整理和编辑。比起从前的风俗志书，胡朴安的编辑思想也更为开明。他在序言中表示，他的工作目标：一是要帮助参政者掌握民俗知识，以有利于民政的建设；二是要展示中华民族风俗的整体面貌，以增进国人的民族自强意识；三是要在西学东渐的形势下，强调适宜于中国社会"国情"的学术发展。

胡朴安做过行政幕僚，因此对这项工作所涉及的民风民俗资料有一定的认识，也颇有阐发和应用民俗的志向。不过，截至此书为止，我国这类书籍的编纂，还未能使用现代民俗学的方法。

三、现代民俗学史

我国的现代民俗学史，介绍和阐述"五四"以来我国民间文艺学和民俗学这两门学科的建设与发展的学术历程。

中国结束封建社会以后，由于西方现代的人文科学和社会学说的输入，中国知识分子的价值观发生了变化，这就加速了传统的民俗文化向现代民俗文化的转化过程。这一时期出现的民俗研究团体、民俗书刊和民俗学者的学术活动，具有一个共同的特点，就是围绕雅、俗文化对立的基本点，重新解释民俗和民俗文化，努力探讨民众的精神信仰、口头文艺和行为习惯，试图从中发掘被正统文化长期压抑的反封建意识和民主思想，利用民族民俗文化的民主性和丰富样式，开展民族新文化的建设。这个阶段民俗学的发展，展示了民族觉醒意识和民主主义思想对中国知识分子的新要求。

科学意义上的中国民俗学产生于"五四"时期。它的早期学术建设，具有重视搜集和整理口头文学作品、宣传通俗文艺、提倡白话和推行国语等特点。它的学术活动，在北京大学发起，后扩展到广州、杭州等地。抗日战争爆发以后，它配合民族解放斗争的伟大事业，承担了教育国民的使命，同时开始了民间文化学的初步构建工作。自20世纪40年代起，一批知识分子以延安革命文艺为方向，探索民间文艺学的新传统，相应的活动在全国其他省区也有所展开。

1. 北大时期

在新文化思潮的影响下，1918年春，北京大学成立了歌谣征集处，在校刊上逐日登载近世歌谣。1920年，歌谣征集处改为歌谣研究会，两年后，发行《歌谣》周刊，出版了97期。后并入《国学门周刊》，继续收集、发表各类民间文学作品。为了工作的需要，北京大学还相继成立了方言调查会和风俗调查会。

我国早期的民间文学评论和研究工作，也在北大校刊发表《歌谣选》的时候就开始了。初期的研究观点主要是文艺学的，但也有人从教育学、社会学和民俗学的角度进行考察，如探讨民间童话的教育作用，或者着重从民俗现象上去谈论歌谣、故事等。这一时期，顾颉刚运用历史地理比较的方法，撰写了论文《孟姜女故事的转变》。胡适发表了对于民歌《看见她》的研究文章，进行了母题比较研究的尝试。[1] 稍晚，茅盾出版了《中国神话研究ABC》一书。

---

[1] 参见胡适《歌谣的比较的研究法的一个例》，原载《努力》周报1922年第31期与《歌谣》周刊1924年第46期，后收入何卓恩编《胡适文集·治学篇》，长春出版社2013年版，第146—151页。

此外，周作人、刘半农、郑振铎、赵景深、容肇祖、常惠和黄石等的成绩也比较显著。

2. 中大时期

1926年，北京大学一些教授由于黑暗政局的压迫，南下广州。一时南北学者合流，民俗学活动的中心也由北京大学迁至中山大学。

1927年秋冬间，中山大学民俗学会成立，同时创办了《民间文艺》周刊，共出12期。次年更名《民俗》周刊，出版了110期。《民俗》所刊载的民俗资料，大大超过了北大时期。该刊除歌谣外，还登载了其他民间文学体裁的相当数量的作品，编发了多期民俗专号，出版了多种民俗丛书。中大民俗学会还开办了"民俗学传习班"，举办了"风俗物品陈列室"，向师生展示民间乐器、唱本和神马等民俗实物，普及民俗科学知识。

这一阶段，民俗学者的视野相应开阔，由于民族学、人类学和社会学等学科的影响，他们的研究，在不少地方吸收了这些相邻学科的观点。这个时期国内的民俗学著作，比较著名的有：顾颉刚的《孟姜女故事研究集》、江绍原的《发须爪》、钟敬文的《民间文艺丛话》、容肇祖的《迷信与传说》、赵景深的《童话论集》和黄石的《神话研究》等。它们半数以上是中山大学民俗学会的出版物。

中大的民俗学活动，被学者们认为是中国现代民俗学科确立的标志。

3. 杭州时期

杭州中国民俗学会于1930年在杭州成立，它将民俗学运动继续推向深入。学会主办了《民俗月刊》杂志，出版了理论丛刊《民俗学集镌》和专刊《民俗艺术专号》《民间风俗文化》与《民俗特刊》，并对国外的民俗学理论和学术动态也增加了介绍。

民俗学的研究方法，起初仍以英国人类学为主，后来吸收了日本和法国的民俗学学说。钟敬文在这一时期发表了一系列论文，如《金华斗牛的风俗》《中国神话的文化史价值》《民间文艺学的建设》和《民众生活模式与民众教育》等，从经济上探求民间习俗的社会根源，提出了民俗学与文化史的关系、民俗学者在提高国民素质方面的社会责任，以及创建民间文艺学的学科体系等重要问题。

这个时期，马克思主义文艺理论已开始在中国传播，鲁迅较早地运用了这种理论，写作了一些有关民间文艺的文章，给中国民俗研究的发展注入了新的活力。

4. 战争时期的大后方民俗学与延安的民间文艺新传统

1937年以后，由于战争的影响，我国民俗学的发展，在不同政治区域内出现了不同的情况。

国民党统治区的学者，处在接近少数民族聚居的省份，他们更有条件发展民族学、人类学和社会学等学科，以及从这些学科的角度，去研究神话传说、民间故事、歌谣谚语和语言习俗等。这方面比较重要的刊物有：中央研究院一些研究所刊行的报告、集刊，迁址贵州的上海大夏大学社会学研究部编印的一些书刊，还有其他个别学者的著作。闻一多、芮逸夫、凌纯声、程憬、陈志良、常任侠、马学良等，都对神话、传说等做过有益的研究或调查，张光年也在云南收集出版了彝族支系阿细人的民间叙事诗《阿细的先鸡》。

在中国共产党领导的西北地区，后来还有东北和其他解放区，广大文艺工作者深入生活，与工农群众相结合，同时学习人民群众的民间艺术。其中很多人如李季、康濯、李束为、董均伦等，做了民间文学的记录，后来出版了民歌、故事的集子。东北合江鲁艺文工团还编辑出版了《民间故事》一书，主要收集长工斗地主的故事。在这方面，成绩最突出的是延安鲁迅艺术研究院的学者和文艺工作者，他们收集了许多传统的和革命的民歌，以后由何其芳和张松如编成了《陕北民歌选》出版。这个时期，很多作家在学习民间文艺方面做出了成绩，他们依据民间艺术进行创作，新的小型秧歌剧流行一时。在此基础上，发展了新歌剧的创作，产生了《白毛女》等优秀作品。李季运用陕北民歌信天游的形式，写作了长诗《王贵与李香香》。赵树理的小说也与民间文艺有多方面的联系。民间文艺对作家的创作发生了显著的影响。民间说唱艺人韩起祥，这时积极编创新书，整理出版了《刘巧团圆》。还有很多知识分子在和民间文艺的接触中，对它有了新的认识，像周扬、冼星海、吕骥、张庚、柯仲平、艾青、艾思奇、林山等，都发表过评论民间艺术，或民间艺人的文章，鲁艺还成立了"中国民间音乐研究会"，对西北民歌进行搜集和研究。这时期的一部分评论和研究文章，曾经被编成《民间艺术和艺人》《民间音乐论文集》《秧歌论文集》等书。这类书刊，汇集了新的民间文学理论的初步建设的成果。

全国其他地区的爱国进步知识分子接受了延安文艺工作者的影响。华南地区的民俗学者根据两广方言区的特殊情况，开展了华南一带的方言文学运动，唤醒民众迎接新中国的诞生。

第十二讲　所谓印欧文化圈

本书开首就已介绍,在欧洲,经典民俗学的研究起源于印欧文化圈,但是,芬兰学派也很早就提出,芬兰不属于印欧文化圈,因为芬兰语与印欧语系没有联系。20世纪60年代以后,欧美学者在欧洲的田野调查也证明,欧洲仍在流传与印度没有关系的自己的故事。总之,这些不同意见,都是所谓印欧文化圈的反例。然而,一个新现象是,进入多元文化研究时期后,在发现反例的所在地,主要是北欧和东欧国家,反例的存在,反而为那里的民俗学者扩大文化多样性研究提供了支撑,于是他们开展了另一种反操作,即在被证明没有印欧文化圈的联系的前提下,北欧和东欧国家的民俗学者们,主动进入印欧文化圈,针对经典民俗学提出的基本问题,比如史诗和故事的传播形态,展开调查研究。经过几十年的努力,他们取得了丰硕成果。印欧文化圈论提出过世界各地文化与欧洲文化的普遍联系的假设,在这个假设中,欧洲是中心,世界各国是边缘。北欧和东欧学者通过他们的现代研究指出,世界各地文化与欧洲文化,各有各的中心,谁也不是谁的边缘。当然,不同文化仍要在全球关联时代互相了解和共同生存,这种学术研究对丰富文化多样性的理论与方法发挥了积极作用。目前对这种研究我国学术界所知不多,本讲做简要介绍。

第十二讲　所谓印欧文化圈

一、芬兰学派的印度基地

20世纪80年代，芬兰学派将印度作为国际化研究基地，研究全球化语境中的富有文化差异性的民俗。这种国际化有两个目标，一是建立国际民俗学者的合作机构，二是建立民俗学研究生教育的国际化基地，在不同国家研究不同民俗文化差异的高校之间合作进行，主要与印度高校合作，这对发展双方的研究都产生了十分有利的影响。这种国际化的研究方式还能拓宽各国民俗学者的眼界，使民俗学者在全球化环境中放眼世界，打破"本土性"的边界，了解当今的活态民俗。不同国家的民俗学高校师生在一起工作，还能促进彼此之间认识对方的学术传统，互相学习，然后发展本土的民俗学研究。

首先举旗的是芬兰民俗学会主席劳里·航柯。劳里·航柯聚焦于芬兰史诗《卡勒瓦拉》，自1980年开始，他多次到印度搜集史诗，1989在印度南部建立了田野作业基地，1998年出版了重要著作《印度西里史诗的文本化研究》(*Textualizing the Siri Epic*)。在对印度史诗《西里》进行比较研究后，航柯将史诗看作是故事、演唱、仪式、民族民俗和社会功能母题的大型综合文本，里面包括了故事的体裁。他的史诗理论框架要比故事学框架更加宏大和高端，他甚至将这种研究成果推广到国际政治与文化的多样性领域，这对欧洲当代民俗学理论的发展起到了有力的引领作用。于鲁·瓦尔克和他的爱沙尼亚民俗学团队的工作，是在劳里·航柯的宏大理论的主脉上，自动滋长发荣的新枝，并有自己的侧重点，那就是民间叙事和民间信仰。劳里·航柯通过印度的田野研究，提出比较史诗学理论，还提出了著名的"信仰、经验和叙事"理论。

爱沙尼亚民俗学属于芬兰学派，民俗学者于鲁·瓦尔克，于1998年首次来到印度。他的田野之旅到达了印度的南部、中部和北部，最后将主要研究方向确定在印度的故事和民间信仰上，他的学术倾向直接影响了爱沙尼亚当代民俗学的理论结构与国际化目标。①

二、印欧合作：建立青年民俗学者国际化培训制度

1989年，劳里·航柯教授开辟了芬兰、挪威和印度三国的联合田野作业国际化模式，后又将这种模式扩大到其他欧美国家，在印度组织了田野作业国际训练课，并亲自出任课程讲授工作。1990年代中期，他创办了印度国际田野作业冬季学校（winter school）培训制度，②扩大国际民俗学青年人才培养的范围。于鲁·瓦尔克不是劳里·航柯的印度班的学员，但他和他的团队承袭了这种国际化的印度教学模式。2011年，爱沙尼亚塔尔图大学民俗学系在印度东北部建立了田野作业基地，继劳里·航柯的印度南方田野基地之后，开辟了另一个印度北方田野基地。该基地进一步向欧

---

① 参见〔爱沙尼亚〕于鲁·瓦尔克《信仰 体裁 社会——从爱沙尼亚民俗学的角度分析》，董晓萍译，中国大百科全书出版社2017年版。〔爱沙尼亚〕于鲁·瓦尔克：《信仰故事学》，董晓萍译，中国大百科全书出版社2019年版。
② 参见〔芬兰〕佩卡·哈卡梅耶斯、安涅丽·航柯《芬兰民俗学50年——以芬兰民俗学代表人物劳里·航柯的理论贡献为主》，唐超译，董晓萍审校，《民族文学研究》2014年第4期。

美民俗学者提供联合田野作业的场所,同时也用于民俗学教授们指导的研究生群体的专门培训。

芬兰学派的民俗学人才的国际化培养自19世纪末和20世纪初已经开始,但过去是生以师养,换句话说,学生是以老师的田野作业基地作为自己的田野作业基地的。从劳里·航柯的印度班到爱沙尼亚大学的当代印度田野作业基地又有所不同,在当今的印欧比较民俗学领域,教授们的田野作业与研究生们的田野作业已经合并,并将之作为民俗学专业研究生国际化教育的一部分。

从爱沙尼亚塔尔图大学民俗学系方面说,在印度的国际化教育经验,可概括为两个方面。一是建立国际合作机构,如塔尔图大学民俗学系在印度建立了多个研究中心,为双方开展合作调查和比较研究提供了保障;二是开展制度性的学术建设和教育推广工作,如联合举办年度国际学术会议和国际青年民俗学者冬季学校,这一措施的实施,推进了爱沙尼亚民俗学青年人才国际化教育的经常化。

在异国开展民俗学国际化教育培训也有新的问题,那就是不同国家的民俗学高等教育有不同的国情,有不同的学术传统的差异,也有不同的学术关注问题,有一些具体问题是不能做直接比较的。那么,爱沙尼亚民俗学者是怎样设计这种民俗学专业师生的国际化田野之旅和人才培训的?又是怎样面对这种文化多样性和学术差异的问题呢?他们的做法是:将国际学者研究当代民俗学的共性问题放到这类田野作业中,特别就其中一些关键性的理论问题,在欧洲高校与印度高校双方的合作中,直接纳入国际会议讨论,产生年度研究主题;或者将一些问题转为田野作业问题,安排印欧双方高校的师生在印度共同调查,使印度之行变成跨文化的民俗学研究生教育的生动课堂。

2011年2月，塔尔图大学民俗学系以合作组织者的身份，参与组织了印度民俗学者操办的国际民间叙事学会（ISFNR）印度西尔大学（Hill University）国际会议，主题是"讲述认同：民间叙事中的个体与社区"，西尔大学位于印度东北部梅加拉亚邦（Meghalaya）的首府西隆，这是一个冬季会议。2012年6月，塔尔图大学派师生赴印度参与"全球化语境下的地方传说"的国际学术研讨会的组织研讨工作，印度主办方为曼尼普尔邦（Manipur）的曼尼普尔大学。2013年2月，塔尔图大学与印方又在印度梅加拉亚邦的科技大学合作举办了"民俗学视角下的信仰体裁研究"国际研讨会，并在阿萨姆邦和梅加拉亚邦的卡西（Khasi）和阿萨姆（Assamese）两个村庄进行了为期一周的联合田野调查。在这次调查中，塔尔图大学的十位民俗学者和博士研究生，与来自其他国家的国际学者一道，跟印度高校的民俗学专业师生，多方合作，共同调查当代印度民间宗教的传承，以及民间宗教在不同体裁文本中的表述过程，调查印度村民怎样在口头传说和诵读经文的不同文本中，叙述他们自己的民间宗教，结果大家收获颇丰。

印欧青年民俗学人才培养的努力是双向的，近五年来，印度高校也向塔尔图大学民俗学系陆续派出博士生，调查和学习爱沙尼亚深厚的民俗学研究传统。

印度民俗学国际化教育，在不同国家研究不同民俗文化差异的高校之间合作进行，包括爱沙尼亚与印度高校就民间宗教文化的差异研究所进行的合作教学科研，对于发展双方的研究都带来了积极的效果。这种国际化的合作研究和培养人才方式，拓宽了当代民俗学者的眼界，使他们能在全球化的环境中开阔视野，打破

"本土化"的边界，了解当今世界千变万化的活态民俗。不同国家高校的民俗学专业师生在一起工作，还能促进彼此之间对他者学术传统的理解，大家互相学习，提高教学科研水平。

中国改革开放后，加快了高校现代化改革的步伐。在坚持立足中国国情的前提下，我国高校和科研院所的民俗学学术研究和人才培养的国际化方向都十分明确。北京师范大学研究生院逐步推行国际化人才培养计划，北师大民俗学专业已陆续派出学者和博、硕研究生到美国、英国、法国、俄国、爱沙尼亚和日本等国家，在国际著名高校的同行专业或相邻专业学习。我们对印欧民俗学国际化田野作业和青年人才培训工作，也在给予关注。

三、重读印欧民俗圈：本土化与国际化的概念转型

从当代芬兰学派领军人物劳里·航柯在印度南部开辟田野战场，到爱沙尼亚塔尔图大学民俗学系赴印度北部建立田野基地，执行的都是走出本土化、实现国际化的路子。什么是当代印欧民俗学者认同的国际化？它指当代民俗概念已被认为是一种嵌入社会的、交流的、政治语境中的本土人民的表达实践活动。早期民俗学者强调民俗的稳定性，认为民俗是静态和不变的知识，当代民俗学强调民俗知识的变化过程，观察当代民俗的动态变迁和创造性。当代国际民俗学者将本土民俗文化多样性的问题放到全球化语境下研究，并进行跨文化的民俗学研究对话，形成了新的共时性研究。目前这种共时性研究正在形成国际民俗研究的主流。从这一趋势上说，所谓民俗学的国际化，已成为一个学术性兼经验性的概

念，同时是正在成为将民俗学理论的转变与民俗学人才培养目标的转变联系在一起的国际共识。

但是，尽管如此，与民俗的本土化研究密切相关的"传统"的概念，仍然是一个关键概念。对它的研究，仍然需要采用历时化的方法。不过，自美国民俗学者亨利·格拉西（Henry Glassie）提出"超过历史创造未来"（creating future out of the past）的文化过程的观点后，民俗学者对本土化的传统的研究，便不能不受到国际化思潮的影响，从而转向对本土化和国际化的逆序研究，根据这种观点，当代民俗学的历时化研究被视为对传统的新创造和保护。它的实质，是将个体化的日常生活、当地社区生活与非正式社会网络相结合，并与国家和制度相渗透的一种整体行动。

在印欧文化圈与重返印度的讨论上，采用芬兰和爱沙尼亚两个例子，也许不无冒险，但这种微观讨论还是不无意义的。这不仅是因为航柯理论的引领性和爱沙尼亚塔尔图大学在当代欧洲民俗学研究中的积极作用，也因为民俗学者的跨文化交流方式，已由昔日的出国参加会议和异地培训，扩大为即时发生并弥散世界的网络化方式。在当今的互联网时代，国际民俗学者之间会经常在网上碰面，为了民俗学的兴趣和责任，彼此长谈短聊，其中不乏信息和见解，由于跨了文化，就有了各自的期待和意义。

在20世纪相当长的一段时间内，民俗学者使用的"本土化"与"国际化"概念处于矛盾状态，它们曾被当作抵御外来学术文化入侵的思想工具，也被用来捍卫同质性文化，提升民俗学研究的历史价值和社会意义，并成为建立国家的文化自信和文化主体性的依据。21世纪的民俗学在周围世界的开放运行中进入了异质文化交汇的时代。联合国教科文组织颁布的保护民间文化的条款，发布的保护世界非物质文化遗产的公约，将民俗的本土化权利与国际化理解放到了同一个平台上。在这两个概念之间，不存在因果关系，但两者已成为被链接的文化创新结构。

印欧民俗学者的当代国际化研究为什么关注民间文学？从劳里·航柯到爱沙尼亚民俗学的研究可见，他们看重的是印度诵读经文和口头传统的丰富形态。但劳里·航柯不大同意美国民俗学者对芬兰学派的发挥，他认为，美国民俗学者的母题异文分析法比较随意，不能解决活态民俗的共时变迁问题。他提出，应采用功能变异法来分析民间文学母题的变化，它的含义是，母题会发生功能性的变异，但这需要有丰富的日常经验和本土的社会条件，因此他呼吁民俗学者要下田野。

印欧民俗学者为什么关注故事与民间信仰的关系？我们来看劳里·航柯的另一个理论，即"有机变异"（organic variation）论。他本人和爱沙尼亚民俗学者都是对民间医疗和来世信仰充满兴趣的，研究这一问题的学术途径，就是研究故事与民间信仰之间的"有机变异"和转化。世界上没有什么比疾病治疗信仰更有生物的与社会的双重属性，生命是生理化现象，信仰是社会化现象，对生命的信仰，包括对疾病和来世的看法，在民间叙事上，就是故事与信仰的叠合。在这种情况下所发生的母题异文变异，是同质信仰系统起作用的结果；所发生的功能性变异是异质信仰系统渗透的结果。我们来看劳里·航柯的观点，从他的思路分析，在异质社会环境中，会产生不同文化相遇和表演的现象，当一种文化对另一种文化进行仪式性的表演时，就会产生功能性的母题变异。根据劳里·航柯当代研究，正是这种功能性的母题变异，在印度产生了活态史诗。于鲁·瓦尔克则集中研究故事与死亡观之间的联系。

民俗学是经验性的科学,民俗学的本领是分析实际材料。在这方面,劳里·航柯还提出了一些新概念,也值得注意,例如:"精神性文本"(mental text,民间歌手拥有的整体文本意识)、"演唱抄经"(singing scribe,表演后的抄写,附上自己的记忆和思考),等等。将这些新概念用于异质社会的民俗研究,激发了当代民俗学的活力。于鲁·瓦尔克的《老虎与魔法:阿萨姆邦信仰传说的上下文化》和《神迹还是人为? 泰米尔·纳都民间传说中的因缘关系与因果关系》都是这种活力四射的文章。

　　印欧民俗学者为什么关注地点知识(place-lore)的研究? 这与"二战"后传统出现的历史断裂和现代商品社会的经济地理扩张有关。全球化的扩展,使同质社会日益缩小或消失,以往有利于强化历史记忆的社会机制已不存在,于是地理地点对于保存历史记忆和传统知识的重要性凸现。早在1980年代,劳里·航柯就已看到这一点,他曾直截了当地提出,应开展对貌似有相同传统而没有相同基因的群体民俗的研究,关注对这类传统的共时比较研究。[1]

　　在距中国不远的南亚高山的那一侧,在与中国为邻的印欧文化圈,在我们的民俗学同行中,本土化与国际化的问题已悄然交汇。两者不再是现代国家民族进程中的一对矛盾,而是全球化背景下的共性问题。从中国民俗学者的文化期待,看当代印度、欧洲学者的民俗学活动,我们能看到一种现象,就是他们的国际化绝非取消本土化,而是采用了一种直面他者和正视异质化时代的国际性对话。他们积极地投入这种国际化,取得举办国际研讨会的丰

---

[1] Lauri Honko, Senni Timonen and Michael Branch ed., *The Great Bear: a Thematic Anthology of Oral Poetry in the Finno-Ugrian Languages*, poems translated by Keith Bosley, Helsinki, Suomalaisen Kirjallisuuden Seura, 1997, pp. 117-140.

富经验,也取得开展国际田野作业的丰富经验。他们认真地建设这种国际化,以利将不同国家的民俗学教师和研究生集结在一起,创造国际现场的、共时性的学习氛围,让自我与他者共处于异质化的问题中,彼此解释各自的研究政治文化和民俗多样性的经验,更清楚地认识自我是谁?他者是谁?然后回去加强民俗学的本土化研究。

后　记

　　本书是小书，不能承担过于繁重的任务，但拟初探，做一本中国人自己写的、肯定中国经典民俗学独特成就的著作。本书与作者同期在商务印书馆出版的《跨文化民间文学十六讲》和《跨文化社会研究十讲》分工合作，以作者几十年来在北京师范大学从事民俗学教学科研和在欧美高校工作时使用过的讲义为基础，抽取要点，开展讨论。此外，作者近年从事民俗学与跨文化学的交叉研究也有些许心得，本次从中选出适合讨论共享民俗的部分，附上作者曾参与的中外合作研究的少量个案样本，按照新的构架与体例进行撰写，形成此书。

　　多年来，我与不少中外学者相遇，得到他们的思想启发，向他们的著作学习，这些都对写作此书大有帮助。对我而言，他们的名字不仅刻在心里，也写在这本书里。

　　本书出版的机缘始于2021年年初，北京师范大学跨文化研究院与青海师范大学签订合作项目，共建西部高等教育。青藏高原是一个神奇的高地，吸引我们的视野向上向西，也让我们的心志落实落地。感谢青海师范大学校长史培军教授搭建了平台，感谢北京师范大学跨文化研究院诸位教授的参与，感谢北师大同仁李国英教授多次与我飞往青海。

  作为作者,与商务印书馆的编辑团队相遇,总有许多感动,一些在市场条件下暗淡的出版业界的品格,在他们身上仍然保持着,并且光芒四射,一个"谢"字容纳不了我们的诸多赞叹。

董晓萍

2021年7月12日初稿

2021年10月30日改定